面向"十二五"高职高专规划教材

生产运作管理

李敏华 主 编

中央广播电视大学出版社

北 京

图书在版编目（CIP）数据

生产运作管理 / 李敏华主编. —北京：中央广播电
视大学出版社，2011.12
面向"十二五"高职高专规划教材
ISBN 978-7-304-05392-5

Ⅰ. ①生… Ⅱ. ①李… Ⅲ. ①企业管理：生产管理—
高等职业教育—教材 Ⅳ. ①F273

中国版本图书馆 CIP 数据核字（2011）第 250250 号

面向"十二五"高职高专规划教材

生产运作管理

李敏华　主编

出版・发行：**中央广播电视大学出版社**

电话：营销中心：010-66490011　　总编室：010-68182524

网址：http://www.crtvup.com.cn

地址：北京市海淀区西四环中路 45 号

邮编：100039

经销：新华书店北京发行所

策划编辑：苏　醒　　　　　　　　责任编辑：刘　恒

印刷：北京博图彩色印刷有限公司　　印数：3001～4000

版本：2011 年 12 月第 1 版　　　　2015 年 7 月第 2 次印刷

开本：787×1092　　1/16　　　　　印张：16.75　　字数：387 千字

书号：ISBN 978-7-304-05392-5

定价：32.00 元

《生产运作管理》

编写人员

主　编：李敏华

副主编：亓智斌

编　委：郝碧涛　付金艳　荀集群　吕　红

左　琪　杨　华　张晓爱　孙　伟

陈　锋　王方方　陈　宇　吴　彦

陈　旭　王　伟　付晓晖　刘　欢

前　言

从 20 世纪初科学管理诞生以来，生产运作管理的理论与方法伴随制造业的发展而不断丰富、完善。随着服务业的兴起与快速发展，生产运作管理的理论研究扩展到了服务业，生产管理的研究对象也由单纯的制造业向制造业服务业并重的方向发展，形成了现在的生产运作管理体系。为了学习掌握最新、最适合中国企业的生产运作管理体系，我们特意编写了这本书。

本书共分 10 个项目，主要包括生产过程组织，研究与发展管理，工作设计与工作研究，生产计划管理，从 MRP 到 ERP，项目管理和网络计划技术，质量管理，物流库存和供应链管理，设备综合管理，生产现场管理等内容。为了突出教材的实用性，本书在每个任务后面加入了任务目标、情境导入、任务落实等板块供学生实践与训练，方便学生快速融入生产运作管理的学习。

本书以就业为导向，以提高学生的实践操作能力为本位，以努力满足岗位实际需要为目标，结构严谨，内容新颖，文字简练，适用面较广。本书可作为高职高专院校、高校工商管理专业和物流管理专业的教材，也可作为企业各级生产、物流管理人员的岗位培训教材，还可供各类企业生产管理人员和社会读者自学、阅读之用。

本书由李敏华担任主编，亓智斌担任副主编。书中项目一至项目五由李敏华执笔，项目六至项目十由亓智斌执笔。全书由李敏华统稿并修改。郝碧涛、付金艳、苟集群、吕红、左琪、杨华、张晓爱、孙伟、陈锋、王方方、陈宇、吴彦、陈旭、王伟、付晓晖、刘欢等人协助参与了有关项目的编写。在编写过程中，参考了大量资料，对于引用其资料的作者，还有其他给予了我们热心支持的人们，在此一并致以诚挚的谢意。

虽然我们在编写本套丛书时力求做到尽善尽美，但由于时间和水平有限，书中的不足之处在所难免，欢迎广大读者提出宝贵的意见和建议，以便今后更好地改进和提高。

编　者

前　言

目 录

CONTENTS

项目一　生产过程组织

了解生产运作管理的基本知识，明白学习生产与运作管理的意义，树立现代运营管理意识。同时，知道生产过程组织是企业生产管理的重要内容，它是研究工业企业怎样从空间上和时间上合理地组织产品生产，将生产活动中各项生产要素有机地组织起来，使生产过程能以尽可能少的劳动消耗和劳动占用，生产出尽可能多的符合市场需要的产品，从而获得最好的经济效益。

任务一　生产运作管理概述

任务目标

学习生产与运作管理的基本概念，了解运营系统及其管理、运营系统的分类，以及运营管理发展历史及趋势。

情境导入

理想的供需关系——准时生产

按需生产是组织生产运作的基本原则，准时性是组织生产运作的基本要求。

准时生产（Just-in-Time，JIT）的概念来自于日本企业。JIT是一种生产管理的哲理，它把生产活动中供方和需方的关系描述得十分透彻。有人将JIT与牵引式（Pull）和看板管理等同，这是一种误解。牵引式只是实现JIT的一种方式，并不是唯一方式；看板只是实现牵引式生产的一种工具，也不是唯一工具。在大量重复性生产中，实施JIT可以采用牵引式，也可以采用看板管理系统。然而，在单件小批量生产和"一样一件"（One Kind of a Piece）生产中，也需要准时生产，但完全不能采用牵引式生产和看板管理系统。

尽管牵引式生产和看板管理系统有局限性，但JIT哲理却具有普遍性，它适用于所有生产管理模式。例如，对于实施敏捷制造的动态联盟，其任务往往是一次性的，为了及时响应顾客的需求，要求加入联盟的各个企业都做到准时生产。

JIT 哲理是供需双方协调所遵循的原则。所谓供需协调，就是供方完全按需方要求提供产品和服务。具体地讲，就是在需方要求的时间、要求的地点，将需方所需的产品和服务按需方要求的数量和质量，以合理的价格提供给需方；相反，供需不协调可以表现为在数量上供不应求或供过于求，在质量上达不到需方的要求或价格上不能接受，在时间上供早于求或供迟于求，在空间上与需方要求的交付地点有位置差距。这里说的供方和需方不仅包括供应链上的企业之间，而且包括每个企业内部的上道工序与下道工序之间。

传统的上游企业与下游企业、上道工序与下道工序之间是通过库存来协调的。通过库存调节，实际上是在需求发生之前就提前生产，这种方式违背了 JIT 哲理。

JIT 哲理提供了协调供需双方生产活动的最高标准，这是一种极限。实际生产活动可以无限接近这个标准，却永远达不到，这就使得改进永无止境，从而为不断改进提供了可能。

知识广场

一、生产运作管理的概念

（一）生产

按照马克思主义的观点：生产是以一定生产关系联系起来的人们，利用劳动资料改变劳动对象，以适合人们需要的过程。这里所说的生产主要是指物质资料的生产。

服务业的兴起使生产的概念得到延伸和扩展。过去，西方学者把与工厂联系在一起的有形产品的制造称作 Production（生产），而把提供劳务的活动称作 Operations（运作）。现在，他们将两者均称为 Operations。西方学者将有形产品和劳务都称作"财富"，把生产定义为创造财富的过程，从而把生产的概念扩大到非制造领域，这是有道理的。虽然，搬运工人和邮递员转送的都不是他们自己制造的东西，但他们付出了劳动，不能说他们不是在从事生产活动。事实上，在现代社会已经很难将制造产品和提供服务截然分开，单纯制造产品不提供任何服务的企业几乎是不存在的。一个汽车制造厂如果只将汽车销售给顾客，而不提供售后服务，是没有顾客愿意购买它的产品的。只是不同社会组织提供产品和服务的比例不同，汽车制造厂提供产品的比重大一些，餐馆提供服务的比重大一些，教学则提供服务的比重更大一些。然而，单纯提供服务而不提供任何有形产品的活动却是存在的，比如顾问。因此，生产的概念必须扩展。英文教科书已经从最初的生产管理（Production Management）改为生产和运作管理（Production and Operations Management），现在大都称运作管理（Operations Management）。由于 Operations 是操作层面的问题，故译为"运作"。为了符合汉语的习惯，将 Operations Management 译作"生产运作管理"或"运作管理"。

从一般意义上讲，可以给生产运作下这样一个定义：生产运作是一切社会组织将对它的输入转化、增值为输出的过程。为了解释这个定义，表 1-1 列出了几种典型的社会组织的输入、转化和输出的内容。

表 1-1　典型社会组织的输入、转化和输出

社会组织	主要输入	转化的内容	主要输出
工厂	原材料	加工制造	产品
运输公司	产地的物资	位移	销地的物资
修理站	损坏的机器	修理	修复的机器
医院	病人	诊断与治疗	看过病的人
大学	高中毕业生	教学	高级专门人才
咨询站	情况、问题	咨询	建议、办法、方案

　　社会组织要提供输出，则必须有输入。俗话说"巧妇难为无米之炊"，输入是由输出决定的，生产什么样的产品和提供什么样的服务，决定了需要什么样的原材料和其他投入。输入不同于输出，这就需要转化。转化是通过人的劳动实现的，转化的过程就是生产运作，转化是在生产运作系统中实现的。生产运作系统是由人和机器构成的，能将一定输入转化为特定输出的有机整体。生产运作系统本身是一个人造的系统，它也是由输出决定的，输出的"质"不同，则生产运作系统不同。显而易见，钢铁厂的生产系统不同于机床厂的生产系统，餐馆的运作系统不同于银行的运作系统。不仅如此，生产运作系统还取决于输出的"量"。同是制造汽车，大量、大批生产运作和小批量生产运作所采用的设备以及设备布置的形式是不相同的；同是提供食物，快餐店和大饭馆的生产运作组织方式也是不同的。

　　输入、转化和输出与社会组织的 3 项基本活动——供应、运作和销售相对应。

（二）生产运作管理

　　生产运作管理是对生产运作系统的设计、运行与维护过程的管理，它包括对生产运作活动进行计划、组织与控制。

1. 生产运作管理的内容

　　生产运作系统的设计包括产品或服务的选择和设计、生产运作设施的选址、生产运作设施布置、服务交付系统设计和工作设计。生产运作系统的设计一般在设施建造阶段进行。但是，在生产运作系统的生命周期内，不可避免地要对生产运作系统进行更新，包括扩建新设施、增加新设备，或者由于产品与服务的变化，需要对生产运作设施进行调整和重新布置。在这种情况下，都会遇到生产运作系统设计问题。

　　生产运作系统的设计对其运行有先天性的影响。如果产品和服务选择不当，将导致方向性错误，一切人力、物力和财力都将付诸东流。厂址和服务设施的位置选择不当，将铸成大错。在何处建造生产运作设施对生产经营活动的效果有很大影响，尤其是对服务业。同时，设施位置与设施的布置往往决定了产品和服务的成本，决定了产品和服务在价格上的竞争力，决定了对优秀人才的吸引力，甚至决定了一个组织的兴衰。

　　生产运作系统的运行主要是在现行的生产运作系统中如何适应市场的变化，按用户的需求生产合格产品和提供满意服务。生产运作系统的运行主要涉及生产运作计划、组织与控制 3 个方面。生产运作系统的运行与生产运作活动的驱动方式有关，预测驱动、库存驱动和订单驱动对生产活动的组织有很大影响。

计划方面解决生产什么、生产多少和何时出产的问题。在预测驱动的生产模式下，一切生产活动都建立在预测的基础上。长期预测为企业能力扩充提供了依据，中期和短期预测是生产计划与作业计划的基础。在库存驱动的生产模式下，库存的变化为生产计划和作业计划提供依据。在订单驱动的生产模式下，订单是制订生产计划和作业计划的依据。计划工作包括确定产品和服务的品种与产量、设置产品交货期和服务提供方式、编制生产运作计划、做好人员班次安排、统计生产进展情况等。

组织方面解决如何合理组织生产要素，使有限的资源得到充分而合理的利用的问题。生产要素包括劳动者（工人、技术人员、管理人员和服务人员）、劳动资料（设施、机器、装备、工具、能源）、劳动对象（原材料、毛坯、在制品、零部件和产品）和信息（技术资料、图纸、技术文件、市场信息、计划方案、统计资料、工作指令）等。劳动者、劳动资料、劳动对象和信息的不同组合与配置构成了不同组织生产的方式，或简称生产方式，例如福特生产方式、丰田生产方式等。一种生产方式不是一种具体方法的运用，而是在一种基本思想指导下的一整套方法、规则构成的体系，它涉及企业的每个部门和每项活动。

控制方面解决如何保证按计划完成任务的问题，主要包括接受订货控制、投料控制、生产进度控制、库存控制和成本控制等。对订货生产型企业，接受订货控制是很重要的。接不接、接什么、接多少是一项重要决策，它决定了企业生产经营活动的效果。投料控制主要是决定投什么、投多少、何时投，它关系到产品的出产期和在制品数量。生产进度控制的目的是保证零件按期完工，产品按期装配和出产。库存控制包括对原材料库存、在制品库存和成品库存的控制。如何以最低的库存保证供应是库存控制的主要目标。

2. 生产运作管理的目标

生产运作管理所追逐的目标可以用一句话来概括：高效、灵活、准时、清洁地生产合格产品和提供满意服务。

效率是投入和产出的比较，提高效率就是提高生产率。生产率是投入资源和产出（产品和服务）的比率，产品和服务是通过各种资源转化而来的，这种转化的效率越高，产出就越多，也就越能提供更多的产品或服务价值。提高生产率有两种途径：动力、资本和管理。管理是整个系统的关键，即投入通过管理转化为产出。生产同样数量和质量的产品，人力、物力和财力的消耗最少才能实现低成本，低成本才有低价格，低价格才能争取到用户。生产率可以通过下式计算：

$$生产率 = \frac{产生的量}{投入的量}$$

例如，如果产出的量 =10 000 单位，而花费的工时是 500 小时，则生产率 $= \dfrac{10\,000}{500} =$ 每小时 20 个单位的产出。

上例只使用一种投入资源来衡量生产率，称为单因素生产率。如果通过所有投入的资源（如劳动力、物资、能源、资本）来衡量生产率，则称为多因素生产率。多因素生产率可按下式计算：

$$多因素生产率 = \frac{产生的量}{(劳动力 + 物资 + 能源 + 资本 + 其他)}$$

为了计算多因素生产率,需要将劳动力、物资、能源、资本和其他资源换算成统一单位,通常换算成货币金额。

灵活是指能很快地适应市场的变化,生产不同的品种和开发新品种,或提供不同的服务和开发新的服务。要能够很快地适应市场变化,需要提高生产系统的柔性。生产系统的柔性是指处理环境变化的能力。提高机器设备的柔性有助于提高生产系统的柔性,但仅仅提高"物"的柔性是不够的,只有协调地提高机器、人员和组织的柔性,企业的整体柔性才能提高。

准时是指在用户需要的时间,按用户需要的数量,提供所需的产品和服务。准时性是市场经济对生产过程提出的要求。从市场角度来审视连续性、平行性、比例性与均衡性,它们都有一定的局限性。不与市场需求挂钩,追求连续性、平行性与均衡性是毫无意义的。在市场多变的情况下,比例性也只是一种永远达不到的理想状态,瓶颈出现永远是正常现象。

质量是指合格产品和(或)满意服务。对有形产品,通常以性能、可靠性、维修性、安全性、适应性、经济性等作为衡量质量的指标;对服务,通常以功能性、经济性、安全性、时间性、舒适性和文明性等作为衡量质量的指标。

当前,激烈的市场竞争对企业的要求包括 5 个方面:时间(Time,T)、质量(Quality,Q)、成本(Cost,C)、服务(Service,S)和环保(Environment,E)。T 指满足顾客对产品和服务在时间方面的要求,即交货期要短而准时;Q 指满足顾客对产品和服务在质量方面的要求;C 指满足顾客对产品和服务在价格与使用成本方面的要求,即不仅产品形成过程中的成本要低,而且在用户使用过程中的成本也要低;S 为提供产品之外为满足顾客需求而提供的相关服务,如产品售前服务及售后服务等;E 为对环境的保护程度。

3. 生产运作管理人员所需的技能

自从 20 世纪初美国推行泰勒的科学管理以来,美国制造业的劳动生产率一直高于欧洲各工业发达国家。美国在制造业的领先地位促进了农业劳动生产率的提高和服务业的发展,也使得美国很多企业逐渐把生产管理放到次要地位,使从事生产管理的人员成了"灰姑娘"。日本经济的振兴主要靠的是制造业的高效率、低成本与高质量。面对日本企业咄咄逼人的挑战,美国一些企业又重新把注意力放到生产上,提出了各种夺回制造业优势的对策。要搞好生产运作管理,必须有一支高水平的生产运作管理人员队伍。生产运作管理人员运用了企业的绝大部分资金(固定资产——设施、设备等,流动资金——原材料、在制品、成品)来组织生产运作,他们活动的效果决定了企业效益的好坏。因此,生产运作管理人员在企业中的作用是十分重要的。生产运作管理人员与其他管理人员一样,也是通过他人来完成工作任务。因此,他们必须具备两方面的技能。

(1)技术技能。技术技能包括两个方面:专业技术与管理技术。生产运作管理人员面临的是转化物料或提供各种特定服务这样的活动,他们必须了解这个过程,因此,必须具备有关的专业技术知识,特别是工艺知识。不懂专业技术的人是无法从事生产运作管理的,但只有专业技术知识对生产运作管理人员来说是不够的,他们还需懂生产运作过程的组织,懂计划与控制，懂现代生产运作管理技术。

（2）行为技能。生产运作管理者要组织工人和技术人员进行生产活动，他们必须具备处理人际关系的能力，要善于与他人共事，调动他人的工作积极性，协调众人的活动。

因此，对生产运作管理人员的要求是很高的。要获得这些技能，当一名合格的生产运作管理者，一靠培训，二靠实践。生产运作管理人员是企业的宝贵财富，企业主管应当充分发挥他们的作用。

二、生产运作管理的发展历程

（一）生产运作管理的历史

1. 产业革命

自从人类出现在地球上生产活动就开始了，伴随着生产活动，就产生了生产管理。古代中国人修建了万里长城、开凿了大运河、兴建了都江堰水利枢纽工程，古埃及人建造了金字塔，这些伟大的工程没有有效的管理是不可能完成的。但是，生产产品以供销售的现代工厂系统只是在产业革命之后才出现的。

产业革命始于18世纪70年代的英国，随后扩展到欧洲，19世纪传到美国。产业革命前，生产活动是以师傅带徒弟的方式，以家庭为单位或在手工作坊中进行的。在这种方式下，没有明确的分工，靠人力采用简单的工具进行操作。

1764年，瓦特（James Watt）发明了蒸汽机；1770年，哈格里夫（James Hargreave）发明了珍妮纺纱机；1785年，卡特莱特（Edmund Cartwright）发明了动力织布机，这3项发明带来了纺织工业的革命。煤和铁的开采使铁制机器代替了木制机器，机器的动力和耐久性大大提高。

早期制造业的产品是手工方式（Craft Production）生产的。具有高超技能的工人利用简单而富有柔性的工具，按照顾客的要求制造产品。手工生产效率低、成本高，产品维修困难，其经济性不会随产量增加而改善，即不具有规模经济性，因此不会出现大的工场，而是小的作坊。

2. 科学管理运动

科学管理的创始人是泰勒（Frederick W.Taylor）。泰勒将科学的方法用于生产管理，他通过对工作方法的观察、测量和分析，得到最好的工作方法；通过挑选和培训工人，寻找做每项工作的最佳方法。泰勒还研究了工具的改进，研究了工人的操作，制定了劳动定额，并实行了差别计件工资制。泰勒的这套方法极大地提高了生产效率，并将他这一套科学管理整理成了一本著作——《科学管理原理》。

与泰勒同时代的从事科学管理运动的代表人物还有吉尔布雷斯（Frank Gilbreth）夫妇、甘特（Henry Gantt）、爱默生（Harrington Emerson）、福特（Henry Fort）。吉尔布雷斯夫妇专门从事动作研究，将各种动作分解成动作因素，帮助工人消除多余笨拙的动作，从而节省体力消耗。甘特看到了非金钱奖励对刺激工人的价值，并发明了至今仍然广泛使用的用于编制作业计划的甘特图。爱默生提出将泰勒的思想用于组织结构来提高组织的效率，他以科学管理用于铁路能提高运营效率，来论证了这一思路。福特是一位伟大的实业家，他将科学管理原理用于汽车制造，将亚当·斯密（Adam Smith）的劳动分工论发挥得淋漓尽致，实行大量生产（Mass Production），极大地提高了生产率，降低了成本，使汽车进入美国普通居民家庭，使汽车工业成为美国的支柱产业，并改变了美国人的生活方式。

3. 管理科学

1915 年，哈里斯（F.W.Harris）提出了第一个库存管理数学模型，从此将数学引入管理领域。1930 年，贝尔电话实验室的道奇（H.F.Dodge）、罗明格（H.G.Romig）、休哈特（W.Shewhart）提出了抽样和质量控制的统计方法。1935 年，梯培特（L.H.C.Tippett）提出了统计抽样理论。最初，数量方法在实业界的应用并不广泛，但是，到了第二次世界大战期间，基于战争对军需物资供应的要求，这些方法得到广泛的应用。大战期间，美国政府组织各方面的专家对战争中遇到的各种问题进行研究，使得作业研究或称运筹学（Operations Research，OR）逐渐发展起来，OR 在第二次世界大战中发挥了很大作用。战后，人们将其用于企业管理领域，发展成为管理科学（Management Science）。管理科学通过建模、提出算法、编制软件，有效地实现了需求预测、库存控制、生产作业计划编制、项目管理等。管理科学使普通人做事能够达到专家的水平。

4. 日本制造业

日本的制造业以高质量、低成本而具有强大的竞争力。日本的全面质量管理是通过美国质量管理专家引入的，但是，日本企业非常重视人的因素，并将质量控制方法简化，使普通工人而不只是专家懂得如何使用，从而使质量控制成为全员参与的工作。日本企业强调"不断改善"和"团队精神"，创造了准时生产方式（Just-in-Time，JIT），这些都是现代生产运作管理需要的。

（二）当前生产运作管理面临的形势及发展趋势

1. 形势

（1）全球化市场。世界经济国际化进程进一步加快，世界范围的对外直接投资以前所未有的速度增长，越来越多的行业正在演化为全球性行业，全球化市场和全球性工厂、全球性公司不断涌现，越来越多的产品成为全球性产品。世界三大经济集团联盟已经形成：以美国为主的纵贯南北美洲的经济集团联盟，以欧洲经济共同体为主的横贯西欧、北欧、东欧的欧洲经济集团联盟和亚太经济集团联盟。买方市场范围不断扩大，过剩能力增加，导致竞争更加激烈，更多公司出现生存危机。产品生命周期越来越短，新产品开发正跨越多种技术领域，研究与开发的费用越来越高。新的信息与通信技术正在迅速地缩短国家之间的距离，打破国家经济活动在时间、空间上的约束，因特网的发展正在对世界经济产生巨大的影响，给产品生产和服务传输带来根本性的变化，也给国家内部和国家之间的生产组织带来根本性的变化。全球化市场使竞争转向高技术行业和高附加值产品的生产，竞争的重点已由制造领域向技术创新领域转移，基于时间的竞争显得更加突出，激烈的竞争导致许多势均力敌的竞争者走向联合，建立跨国战略联盟。

（2）基于时间的竞争。1988 年，乔治·斯托克（George Jr. Stalk）在《哈佛商业评论》

发表了一篇具有里程碑意义的文章《时间：下一个竞争优势资源》，提出了基于时间竞争（Time-Based Competition）的概念。

19世纪是"精雕细刻"地制造产品的手工时代，20世纪是"大量生产、大量消费"的工业经济时代，21世纪将是"即时满足顾客个性化需求"的网络经济时代。工业革命后的200多年，世界经济一直呈加速发展趋势，当今世界唯一不变的就是变化。急剧变化的时代使得时间成为取得竞争成功的最重要的因素。

（3）环境问题。发展生产，本意是不断改善人们的物质生活和精神生活，但世界上往往出现事与愿违的情况，人们在物质生活越来越丰富的今天，却面临生存环境日益恶化的问题。在人们高喊"向自然界索取"、"向自然开战"、"人定胜天"的口号，并付诸行动之后，大自然已经对人类进行报复。阳光、空气和水是维持人类生存的最基本条件，然而，人们赖以生存的地球已被严重污染。资源的掠夺性开采和浪费已造成森林、草原的破坏，气候恶化，水土流失，"沙尘暴"袭击，河流断流。大量的工业垃圾和生活垃圾随意排入大气和江湖，人们已没有清洁的水可供饮用，没有新鲜的空气可供呼吸，大气臭氧层的空洞使人们面临太阳紫外线的照射，人类为工业化付出了沉重代价。可喜的是，人类已开始觉醒。生产运作管理者不仅要对提供产品和服务负责，而且要对产生的"三废"负责。于是，提出了"绿色制造"的概念。如何变废为宝，不仅有科学技术问题，而且有管理问题。在生产运作管理上，就是要构造一条"生态供应链"，使任何一个企业或居民的所有产出物都成为其他企业或居民的可用资源。

2. 发展趋势

（1）重视生产运作策略。过去人们认为，生产运作只是执行公司的战略，无生产策略可言。随着经济全球化进程的加快，生产运作策略不仅得到了承认，而且被提到了重要位置上。在经济全球化的形势下，生产运作管理就是要在全球范围优化资源配置，以尽可能低的成本、最快的响应速度制造个性化的产品和提供个性化的服务。没有生产运作策略的成功实施，就不能实现企业整体战略。

（2）业务过程重组。1993年，哈默（Michael Hammer）和钱皮（James Champ）出版了《公司重组》（Reengineering the Corporation）这本具有划时代意义的著作。哈默和钱皮认为，由于3C（Customers，Competition，Change）的作用，亚当·斯密的劳动分工论已经过时。首先，公众大市场已不复存在，它已经细分为更小的市场，甚至细分到每个顾客（个人或公司）。市场已完全是买方市场，对每个顾客，都要按其特殊要求生产产品或提供服务。其次，贸易壁垒的消除使得各个国家、各个厂商的产品在同一个市场出现，产品价格低、质量高、服务好，才能赢得顾客，公司之间的竞争已经白热化。再次，变化已经成为常规，不变倒是例外。变化在加速，急剧的技术变革推进了创新，产品生命周期从以年计算到按月计算。由于3C引起了环境变化，按任务导向的管理已经过时，公司应该围绕"流程"（Process）来组织所有的活动。他们将"重组"（Reengineering）定义为：从根本上对业务过程进行再思考和再设计，在现行的关键绩效（成本、质量、服务和速度）考核上取得戏剧性的改进。进行业务过程重组，首先要正确理解"流程"。流程是一组活动的集合，这组活动通过一种或多种输入产生对顾客有价值的输出。流程是一个整体概念，它不同于某项具体任务。要思考公司应该做什么和如何做，而不是思考如何把公司已经或正在做的事情做好；要摒弃现存的组织结构和工作程序，发明全新的工作方式，它是业务的再发明，而不是原有业务的改进和扩展。

业务流程重组实质上是为了提高对顾客的服务效率和服务质量，以取得竞争优势。亚当·斯密的劳动分工论强调的是提高企业内部的效率和改善内部资源的利用。显然，在买方市场的条件下，它不会给企业带来竞争力。

（3）精细生产。精细生产（Lean Production，LP）是美国麻省理工学院国际汽车项目组（International Motor Vehicle Program，IMVP）的研究者 John Krafoik 给日本汽车工业的生产方式起的名称。之所以用 Lean 这个词，是因为与大量生产相比，LP 只需要一半的人员、一半的生产场地、一半的投资、一半的工程设计时间、一半的新产品开发时间和少得多的库存，就能生产质量更高、品种更多的产品。

精细生产既是一种原理，又是一种新的生产方式。Lean 的本意是指人或动物瘦，没有脂肪。译成"精细生产"反映了 Lean 的本意，反映了 Lean Production 的实质。企业中的库存如同人体内的脂肪，库存占用生产面积，占用厂房、设备和人员，造成资金大量占用。不仅如此，库存还掩盖了管理中的各种问题，使企业丧失竞争力，甚至导致企业亏损、破产。可见，库存在企业中的作用与脂肪在人体中的作用一样糟糕。

从一般意义上讲，精细生产是指对一切资源的占用少，对一切资源的利用率高。资源包括土地、厂房、设备、物料、人员、时间和资金。精细的含义包括质量，质量高的产品在消耗同样多的物化劳动和活劳动的前提下，可以提供更好的功能、更可靠的性能和更长的使用寿命。这实质上是对资源的利用率高。

精细生产方式已在制造业特别是汽车行业得到广泛的应用，并取得了良好的效果。

（4）供应链管理。在不确定性的环境下，任何一个企业都只能在某一方面或在一定时间内拥有优势。为了赢得竞争，摒弃过去那种从研究开发到设计制造到销售，从原料到半成品到成品到发货，都自己承担或由自己控制的企业承担的"纵向一体化"模式，转而选择在设计工艺、原料供应、毛坯制造、零部件加工、产品装配、包装、运输等各个环节最有优势的企业进行合作，构成了一条从供应商、制造商、分销商到最终用户的物流和信息流网络，这就是供应链（Supply Chain）。对供应链的构成和运作的管理称作供应链管理（Supply Chain Management）。供应链使得链上企业专注发展自己的核心竞争能力，各个企业都发挥优势，从而使供应链有更强的整体竞争力，使单个企业之间的竞争变成供应链之间的竞争。

（5）敏捷制造。20 世纪 80 年代后期，美国意识到了必须夺回在制造业上的优势，才能保持在国际上的领先地位。于是他们就向日本学习精细生产方式，并力图在美国企业中实施，但是由于文化背景和各种社会条件的差别，其效果总是不尽如人意。1991 年美国国会提出要为国防部拟定一个较长期的制造技术规划，要能同时体现工业界和国防部的共同利益。于是，委托里海（Lehigh）大学的亚科卡研究所（Iacocca Institute）编写了一份《21 世纪制造企业战略》的报告。里海大学邀请了国防部、工业界和学术界的代表，建立了以 13 家大公司为核心的、有 100 多家公司参加的联合研究组。耗资 50 万美元，花费了

7 500 多小时,分析研究了美国工业界近期的 400 多篇优秀报告,提出了"敏捷制造"(Agile Manufacturing, AM)的概念,描绘了一幅在 2006 年以前实现敏捷制造模式的图画。该报告的结论性意见是:全球性的竞争使得市场变化太快,单个企业依靠自己资源进行自我调整的速度赶不上市场变化的速度。为了解决这个影响企业生存和发展的世界性问题,报告提出了以虚拟企业(Virtual Enterprise)或动态联盟为基础的敏捷制造模式,提出敏捷制造是一次战略高度的变革。

从竞争走向合作,从互相保密走向信息交流,实际上会给企业带来更大利益。如果市场上出现一个新的机遇,譬如看准半年后推出某种新型计算机必能畅销,于是几家本来是竞争对手的大计算机公司,可能立即组成一种动态联盟。X 公司开发主机性能好,Y 公司的软件开发能力强,Z 公司的外围设备有特色,各家都发挥自己的优势共同开发,就能迅速占领市场。完成这次合作以后,各家仍是独立的公司。这种方式就是"敏捷制造"。

(6)大量定制生产。个性化生产与标准化生产是两种不同的生产。个性化生产是按照顾客个性化的要求生产产品,采用的是定制生产的方式;标准化生产是生产具有共性的产品,采用的是备货型生产的方式。工业革命早期的生产是个性化生产,即完全按照顾客的要求生产顾客所需要的产品。早期王公贵族乘坐的汽车是定制生产的产品;现代订货型生产(Make-to-Order, MTO)的产品(如电站锅炉、大型船舶)也是定制生产的产品。定制生产虽然满足了顾客个性化需要,但效率低、成本高。标准化生产由于是生产具有共性的产品,因而可以实现大量生产。大量生产要求产品标准化,由产品标准化导致零部件标准化和加工过程标准化,从而实现高效率和低成本。但是,标准化生产的产品不能满足顾客个性化的需要。如何以大量生产的效率和低成本生产个性化的产品,一直是人们关心而又没有很好解决的问题。

早在 1970 年,未来学家阿文·托夫勒(Alvin Toffler)在《未来的冲击》一书中,对大量定制生产方式(Mass Customization)就做出了预告。1993 年,B·约瑟夫·派恩二世(B. Joseph Pine Ⅱ)在《大量定制——企业竞争的新前沿》一书中对大量定制的内容进行了描述。1997 年,大卫·M·安德森(David M. Anderson)和 B·约瑟夫·派恩二世在《大量定制生产的敏捷产品开发》一书中进一步论述了如何为单个客户开发易于定制的产品。

大量定制生产巧妙地将个性化与标准化结合在一起,使顾客在获得个性化的产品和服务的同时,只需支付大量生产的产品费用。大量定制的关键是如何变顾客个性化的产品为标准化的模块。模块化使产品的部件如同标准组件一样制造,而产品的特色是通过组件的合并与修改来取得,由于这些部件或组件是标准的,因此能以大量生产方法制造,从而使大量定制产品的成本和质量与大量重复生产相当。因此,模块化是获得规模效益的关键。

三、生产运作的类型

生产运作的类型多种多样,可以从不同角度对其进行分类。从管理的角度可以将生产运作分成两大类:制造性生产和服务性运作。

（一）制造性生产

制造性生产是通过物理和（或）化学作用将有形输入转化为有形输出的过程。例如，通过锯、切削加工及装配、焊接、弯曲、裂解、合成等物理或化学过程，将有形原材料转化为有形产品的过程，属于制造性生产。通过制造性生产能够产生自然界原来没有的物品。

1. 连续性生产与离散性生产

按工艺过程的特点，可以把制造性生产分成两种：连续性生产与离散性生产。连续性生产是指物料均匀、连续地按一定工艺顺序运动，在运动中不断改变形态和性能，最后形成产品的生产。连续性生产又称流程式生产，如化工（塑料、药品、肥皂和肥料等）、炼油、冶金、食品、造纸等。离散性生产是指物料离散地按一定工艺顺序运动，在运动中不断改变形态和性能，最后形成产品的生产，如轧钢和汽车制造。轧钢是由一种原材料（钢锭）轧制成多种产品（板材、型材、管材）；汽车制造是由多种零件组装成不同型号规格的多种产品。像汽车制造这样的离散性生产又称加工装配式生产。机床、汽车、柴油机、锅炉、船舶、家具、电子设备、计算机、服装等产品的制造都属于加工装配式生产。在加工装配式生产过程中，产品是由离散的零部件装配而成的。这种特点使得构成产品的零部件可以在不同地区，甚至不同国家制造。加工装配式生产的组织十分复杂，是生产管理研究的重点。

流程式生产与加工装配式生产在产品市场特征、生产设备、原材料等方面有着不同的特点，见表 1-2。

表 1-2　流程式生产与加工装配式生产的比较

	流程式生产	加工装配式生产
用户数量	较少	较多
产品品种数	较少	较多
产品差别	有较多标准产品	有较多用户要求的产品
营销特点	依靠产品的价格与可获性	依靠产品的特点
资本/劳力/材料密集	资本密集	劳力、材料密集
自动化程度	较高	较低
设备布置的性质	流水式生产	批量或流水生产
设备布置的柔性	较低	较高
生产能力	可明确规定	模糊
扩充能力的周期	较长	较短
对设备可靠性要求	高	较低
维护的性质	停产检修	多数为局部修理
原材料品种数	较少	较多
能源消耗	较高	较低
在制品库存	较低	较高
副产品	较多	较少

由于流程式生产与加工装配式生产的特点不同，导致生产管理的特点也不同。对流程式生产来说，生产设施地理位置集中，生产过程自动化程度较高，只要设备体系运行正常，

工艺参数得到控制，就能正常生产合格产品，生产过程中的协作与协调任务也少，但由于高温、高压、易燃、易爆的特点，对生产系统可靠性和安全性的要求很高；相反，加工装配式的生产设施地理位置分散，零件加工和产品装配可以在不同地区甚至在不同国家进行，由于零件种类繁多，加工工艺多样化，又涉及多种多样的加工单位、工人和设备，导致生产过程中协作关系十分复杂，计划、组织、协调任务相当繁重，生产管理大大复杂化。因此，生产管理研究的重点一直放在加工装配式生产上。在讨论制造性生产时，流程式生产运作管理相对简单。

2. 备货型生产与订货型生产

按照企业组织生产的特点，可以把制造性生产分成备货型生产（Make-to-Stock，MTS）和订货型生产（Make-to-Order，MTO）两种。MTS 是预测驱动的，是指在没有接到用户订单时，经过市场预测按已有的标准产品或产品系列进行的生产，生产的直接目的是补充成品库存，通过维持一定量的成品库存来及时满足用户的需要。轴承、紧固件、小型电动机等产品的通用性强，标准化程度高，有广泛的用户，通常采用备货型生产。MTS 的优点是能够及时满足顾客共性化的需求，有利于企业编制计划并按计划组织生产活动；缺点是顾客只能在制造商提供的有限的产品品种中做出选择，在不确定性因素日益增加的情况下，往往造成库存积压和产品短缺并存。MTS 的产品通常要经过分销渠道销售。

与 MTS 相反，MTO 是以顾客的订单为依据，按用户特定的要求进行的生产。生产的产品品种、型号规格和花色完全符合顾客的要求，产品一旦生产出来，就可以直接发送给顾客，不必维持成品库存，也不必经过分销渠道销售。电站锅炉、船舶等大型产品的生产属于订货型生产，这些产品的专用性强，大都是非标准的，而且有特定的用户。近年来，由于顾客个性化需求的增强，在传统的备货型生产领域，如汽车、家电、电脑等标准化产品，也开始按订单生产（Build-to-Order，BTO）。MTO 模式是从单件小批生产类型发展起来的，在 MTO 模式下，大部分零部件由本企业加工制造，BTO 模式是在大量大批生产类型下发展起来的，大多数零件由外部采购。无论是本企业加工的，还是外部采购的，都由本企业组装成产品。由于当代技术变革的加快，市场竞争的日益激烈，消费者的成熟和个性化要求的增强，BTO 模式是一种值得推广的生产组织方式。戴尔（Dell）电脑公司实行 BTO 方式取得了很大成功。

一般而言，备货型生产的产品标准化程度高、生产效率高，用户订货提前期短，但库存水平高，并难以满足顾客个性化需求；订货型生产的产品标准化程度低、生产效率低，用户订货提前期长，但库存水平低，对顾客的个性化需求的满足程度高。为了兼顾顾客的个性化要求、订货提前期和生产过程的效率以及库存水平，可以将备货型生产和订货型生产组合成各种不同的生产模式，这种组合的关键是确定备货生产与订货生产的分离点，简称"备货订货分离点"（Customer Order Decoupling Point，CODP）。在 CODP 的上游是备货型生产，是预测和计划驱动的，是推进式（Push）的；在 CODP 的下游是订货型生产，是订单驱动的，是牵引式（Pull）的。

对于加工装配式生产，可以划分为研究与开发、产品设计、原材料采购、零部件加工和产品装配等几个典型的生产阶段。将 CODP 定在不同的生产阶段之间，就构成了不同的组织生产的方式，如图 1-1 所示。

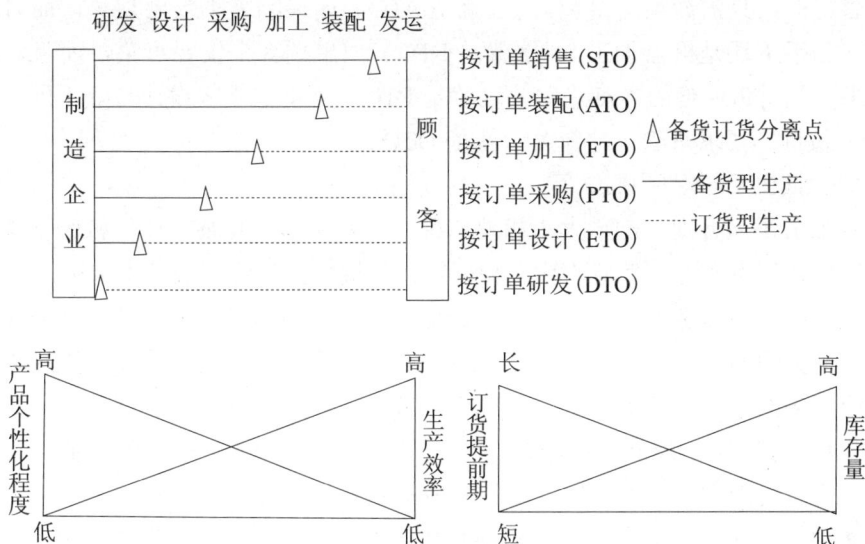

图 1-1 备货型生产和订货型生产的结合

当 CODP 在装配与发运之间时，说明装配及其上游的所有生产阶段都是备货型生产，产品已经制造出来，顾客只能在其中选购，通过发运得到所需产品。当 CODP 在加工和装配之间时，零部件加工及其上游生产阶段都是备货型生产，零部件已经制造出来或采购到货，按照顾客的要求装配成不同的产品，即按订单装配（Assemble-to-Order，ATO）。当 CODP 在原材料采购与零部件加工之间时，表明原材料采购及其上游生产阶段都是备货型生产，顾客可以对零件加工及其下游生产阶段提出特定要求，这就是按订单加工（Fabrication-to-Order，FTO）。当 CODP 在设计与采购之间时，说明产品已经按照预测设计完成，顾客可以对采购及其下游生产阶段提出特定要求，这就是按订单采购（Purchase-to-Order，PTO）。当 CODP 在设计阶段之前时，说明设计及其下游生产阶段都是按照顾客的特定要求进行的，这就是按订单设计（Engineering-to-Order，ETO）。当 CODP 在研发阶段之前时，说明研发及其下游生产阶段都是按照顾客的特定要求进行的，这就是按订单研发（Development-to-Order，DTO），例如要制造"火星探测车"，就得按照 DTO 方式进行。

随着 CODP 的左移（往上游生产阶段移动），产品的个性化程度越来越高，生产效率越来越低，订货提前期越来越长，但库存水平越来越低；随着 CODP 的右移（往下游生产阶段移动），产品的个性化程度越来越低，生产效率越来越高，订货提前期越来越短，但库存水平越来越高。DTO 和 STO 是两个极端，DTO 生产的产品个性化程度最高，库存水平最低，但生产效率最低，订货提前期最长，STO 生产的产品个性化程度最低，库存水平最高，但生产效率最高，订货提前期最短。

另外，备货型生产和订货型生产的结合可以形成一个连续带，而不是若干间断点。比如，CODP 点可能在装配过程中的任何位置，表明部分零部件可以按计划先组装，部分零部件在接到订单之后再组装，以更好地缩短响应顾客的时间。对零件加工过程也可以这样处理，部分零部件按计划加工，部分零部件接受订单之后加工。以此类推到设计和研发阶段。

服务业也有不同的组织运作的例子。例如，餐馆按菜单点菜，每种菜的原料和半成品是事先准备好的，只需炒菜（组装），这就是 ATO；如果顾客不仅要点菜，而且有特定的制作要求（如手工还是机器加工），这就是 FTO；如果顾客不仅要点菜，而且对原材料有特定的要求（如对鱼或鸡的"点杀"），这就是 PTO；为特定顾客设计与众不同的宴席，这就是 ETO；按特定要求研制一种新菜，就是 DTO。

3. 大量大批生产与单件小批生产

产品和服务千差万别，产量大小相差悬殊，过程又十分复杂，如何按照基本特征对其分类，以把握各种生产运作类型的特点和规律，是进行生产管理的基本前提。

可以根据产品或服务专业化程度来划分生产运作类型。产品或服务的专业化程度可以通过产品或服务的品种数多少、同一品种数的产量大小和生产运作的重复程度来衡量。显然，产品或服务的品种数越多、每一品种产量越少、生产运作的重复度越低，则产品或服务的专业化程度就越低；反之，则越高。按产品或服务的专业化程度的高低，可以将生产运作划分为大量生产运作、单件生产运作和成批生产运作。

（1）大量生产运作。大量生产运作品种单一、产量大，生产运作重复程度高。美国福特汽车公司曾长达 19 年始终坚持生产 T 型车一个车种，是大量生产运作的典型例子。

大量大批生产运作的品种数少、产量大，生产或服务的重复程度高，这一基本特点使它具有以下几个方面的优势：

①设计方面。由于可以采用经过多次制造和使用检验的标准图纸生产，不仅大大减少了设计工作量（重复生产时，图纸只需作小的修改），节省了设计阶段所需的时间，而且保证了设计质量，也节省了设计人员。

②工艺方面。由于设计图纸变化小，产品结构相对稳定，可以编制标准制造工艺，标准工艺经过反复生产验证，其质量可不断提高。由于减少以致消除了重复编制工艺的工作，不仅大大减少了工艺编制的工作量，缩短了工艺准备周期，而且减少了工艺人员。由于产量大、生产重复程度高，可设计专用、高效的工艺装备，便于且宜于精确制定材料消耗定额，减少原材料消耗。

③生产组织方面。可进行精细分工，工作地专业化程度高，工人操作简化，可推行标准操作方法，提高工作效率。宜于购置专用高效设备，采用流水线、自动线等高效的组织生产的形式。

④生产管理方面。便于且宜于制定准确的工时定额。由于产品品种及产量稳定，原材料、毛坯变化小，易与供应厂家和协作厂家建立长期稳定的协作关系，质量与交货期容易得到保证。例行管理多、例外管理少，计划、调度工作简单，生产管理人员易熟悉产品和工艺，易掌握生产进度。

由于大量大批生产具有上述优势，它可给企业带来很多好处：从设计到出产的整个生产周期短，因此资金周转速度加快；用人少，机械化、自动化水平高，产出率高，劳动生产率高；人力、物力消耗少，成本低；产品质量高而稳定。如使福特成为"汽车大王"的 T 型车的生产。

（2）单件生产运作。单件生产运作与大量生产运作相对立，是另一个极端。单件生产运作品种繁多，每种仅生产一台，生产的重复程度低。例如，我国某汽车公司冲模厂家生产的汽车模具、法庭上律师的辩护，都是典型的单件生产运作。

单件小批生产类型具有完全不同的特点。单件小批生产品种繁多，每一品种生产的数量甚少，生产的重复程度低，这一基本特征带来了一系列的问题。

①设计方面。每生产一种新产品都必须重新设计，绘制新图，或作较大修改，因此设计工作量大、设计周期长、需要的设计人员多。因图纸得不到制造过程和使用过程的检验，设计质量也不易提高。

②工艺方面。必须为每种新设计的产品编制工艺，需设计、制造新的工艺装备。编制工艺的周期长。由于生产的重复程度低，材料消耗定额也不易或不宜准确制定。工艺质量不易提高，需要的工艺人员多。

③生产组织方面。只能进行粗略分工，工作地专业化程度不高。工人需完成多种较复杂的操作，需较长时间培训。多品种生产只适于使用通用设备，效率低，工作转换时间长。一般只能采用按功能布置（机群式布置），零件运输路线长。

④生产管理方面。只能粗略制定工时定额。原材料、毛坯种类变化大，不易建立长期稳定的协作关系，质量与交货期不易保证。计划、调度工作复杂，例行管理少、例外管理多，需要管理人员多。

由于以上问题，使单件小批生产具有很多缺点：产品制造周期长，资金周转慢，用户订货提前期长；需要工人人数多，生产效率低，劳动生产率低；成本高；产品质量不易保证。

（3）成批生产运作。成批生产运作介于大量生产运作与单件生产运作之间，即品种不单一，每种都有一定的批量，生产运作有一定的重复性。在当今世界上，单纯的大量生产运作和单纯的单件生产运作都比较少，一般都是成批生产运作。由于成批生产运作的范围很广，通常将它划分成"大批生产运作"、"中批生产运作"和"小批生产运作"3种。由于大批生产运作与大量生产运作的特点相近，所以，习惯上将其合称"大量大批生产运作"。同样，小批生产运作的特点与单件生产运作相近，因此，习惯上将其合称"单件小批生产运作"，如图1-2所示。

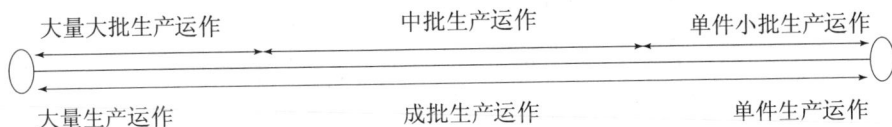

图 1-2 生产运作类型的划分

有的企业，生产的产品品种繁多，批量大小的差别也很大，习惯上称之为"多品种中小批量生产运作"。"大量大批生产运作"、"单件小批生产运作"和"多品种中小批量生产运作"的说法比较符合企业的实际情况。

由于大量大批生产运作具有很大的优势，而单件小批生产运作具有很大的劣势，从企业内部组织生产的角度看，单一品种大量生产运作最有效。然而，"单一产品原理"的应用有一个先决条件，即所选定的单一产品必须是市场上在较长时间内大量需要的产品。离开了市场需要谈效率，只能得到相反的效果。效率越高，生产越多，销售不出去则浪费越大。标准件是长期大量需要的产品，应该采用大量大批生产方式，若采用单件小批生产方式去生产，不仅价昂质劣，而且满足不了市场需要。因此，如果看准了市场需求，就没有必要搞低效率的多品种生产。然而，如果不是市场长期大量需要的产品，而采用了大量生产方式，将会冒很大的风险。福特汽车公司曾因生产 T 型车一个车种而兴旺，但它也正因为长达 19 年生产 T 型车而陷入困境，因为居民消费水平的提高，使曾经畅销一时的朴素、坚固、价廉的 T 型车逐渐不受欢迎了。可见，大量大批生产运作类型的致命弱点是难以适应市场变化。相反，单件小批生产运作类型却具有"以不变应万变"的优点。然而，它的低效率又是其根本缺陷。如何提高单件小批生产运作类型的效率已成为当今生产运作管理理论界和实业界所关注的重要问题。

（二）服务性运作

服务性运作又称作非制造性（Non-Manufacturing）生产运作，它的基本特征是提供劳务，而不是制造有形产品。但是，不制造有形产品不等于不提供有形产品。

1. 服务性运作的分类

（1）按照是否提供有形产品可将服务性运作分为纯劳务运作和一般劳务运作两种。纯劳务运作不提供任何有形产品，如咨询、法庭辩护、指导和讲课。一般劳务运作则提供有形产品，如批发、零售、邮政、运输、图书馆书刊借阅。

（2）按顾客是否参与可将服务性运作分为顾客参与的服务性运作和顾客不参与的服务性运作。前者如理发，保健、旅游、客运、学校、娱乐中心等，没有顾客的参与，服务不可能进行；后者如修理、洗衣、邮政、货运等。顾客参与的服务性运作管理较为复杂。

（3）按劳动密集程度和与顾客接触程度可将服务性运作分为大量资本密集服务、专业资本密集服务、大量劳务密集服务和专业劳务密集服务，如图 1-3 所示。

高	大量资本密集服务 航空公司 大酒店 娱乐场	大量劳务密集服务 中小学校 批发 零售
与顾客接触程度	专业资本密集服务 医院 车辆维修	专业劳务密集服务 律师事务所 专利事务所 会计事务所
低	资本密集	劳动密集
	劳动或资本密集程度	

图 1-3　按劳动密集程度与顾客接触程度对服务进行分工

2. 服务性运作的特征

服务以提供劳务为特征，但服务业也从事一些制造性活动，只不过制造处于从属地位，例如饭馆，它需要制作各种菜肴。

由于服务业的兴起，提高服务运作的效率已日益引起人们的重视。然而，服务运作管理与生产管理有很大不同，不能把制造性生产管理的方法简单地搬到服务运作中。与制造性生产相比，服务性运作有以下几个特点：

（1）服务性运作的生产率难以测定。一个工厂可以计算它所生产的产品的数量，而一个律师的辩护则难以计量。

（2）服务性运作的质量标准难以建立。

（3）与顾客接触是服务性运作的一个重要内容，但这种接触往往导致效率降低。

（4）纯服务性运作不能通过库存来调节。理发师不能在顾客少的时候存储几个理过发的脑袋，以便顾客多的时候提供极快的服务。

因此，需要专门对服务性运作管理进行研究。

对于服务性运作，如医生看病，可以看作是单件小批生产运作，因为每个病人的病情不同，治疗方法也不同；而对于学生体检，每个学生的体检内容都一致，可以看作是大量大批生产运作。中、小学教育可以看作是大量大批生产运作，因课程、课本相同，教学大纲也相同；大学本科生的教育可以看作是中批生产运作，因专业不同课程设置不同，但每个专业都有一定批量；硕士研究生教育只能是小批生产运作，而博士研究生教育则是单件生产运作。

制造业和服务业不同生产运作类型划分举例见表1-3。

表1-3 制造业和服务业不同生产运作类型划分举例

生产运作类型	制造业	服务业
单件小批生产运作	模具、电站锅炉、大型船舶、长江大桥、三峡工程	研究项目、计算机软件、博士生教育、咨询报告、包机服务、保健、理发、特快专递邮件、出租车服务、零售
大量大批生产运作	汽车、轴承、紧固件、电视机、洗衣机、电冰箱、灯泡	公共交通、快餐服务、普通邮件、批发、体检
流程式生产运作	化工、炼油、面粉、造纸	保安值班、游乐场"鬼屋"游戏

四、实施生产运作管理的意义——能力与需求的匹配

生产是为了消费，没有消费，就没有必要生产，消费是满足需要的过程，生产企业提供产品和服务，是供方，消费企业消耗产品和服务，是需方。既然生产是为了消费，供方就应该按照需方的要求生产产品和提供服务，在过剩经济时代是这样，在短缺经济时代也是这样，这是进行生产活动的前提。

供需协调是组织生产活动应该遵循的原则。所谓供需协调，就是供方应该按照需方的要求，合理配置内部和外部资源，形成与需求匹配的生产能力，准时提供需方所需的产品和服务。要做到供需协调，供方先要了解需方，了解顾客的需求及其变化的规律性，然后合理地配置企业内部各种生产要素并充分利用外部资源，设计、运行和改善生产系统，使之适应外界的变化而不断地完善。

（一）供应链

满足人的需要是通过产品和服务来实现的。产品和服务本质上是一种人的需要的满足物。产品和服务是生产出来的，人的需要层次的提高导致生产活动的复杂化。试想，如果人们只是靠采集野生植物的果实为生，那么靠自己的双手就够了，但人们若想吃麦当劳这种食物，这里面就要涉及许多人的劳动。单就其中的炸薯条来讲就够复杂的了，炸薯条需要专门种植的土豆，要将这种土豆收获并运送到麦当劳店，运送土豆又需要运输工具（汽车或火车）。炸薯条需要植物油，需要制作专门包装炸薯条的纸盒。植物油的生产需要种植油料作物和生产榨油设备，炸薯条需要炸薯条的设备，包装纸盒需要造纸设备。制造各种设备又需要各种不同的加工制造厂，而加工制造厂所需的原材料又来自冶炼企业，冶炼企业的原料又来自采掘企业。凡此种种活动，构成了复杂的供需关系，需要各种企业的配合才能完成。

一般来说，从原材料到最终产品，有各种企业加入生产过程，每种企业只是完成产品制造过程一定阶段的加工任务。采掘企业将天然原料（如矿石、石灰石等）和燃料（如煤、石油、天然气等）提供给冶炼企业，冶炼企业消耗采掘企业提供的原料和燃料，提炼出有用的材料（如钢材、铝材、水泥等）供给设施制造企业（如机器制造、运输工具制造、建筑构件制造等），设施制造企业将各种产品（如机器设备、设施等）提供给各种各样的用户。有的产品（如轿车、住房等）直接提供给最终消费者，有的产品提供给其他企业、事业单位（如采掘企业、冶炼企业、设施制造企业、食品加工企业、纺织服装加工企业、运输企业、商店、餐馆、学校、政府机关等）。这样，在整个社会生产过程中就形成了一系列供方和需方，供方和需方一般都有多个。这一系列供方和需方构成了一条供应网链，图1-4所示为一条简化的供应链。生产过程也是消费过程，需方消费供方的产品，同时也为它的需方提供产品，如机械制造厂消费钢铁厂提供的钢材，同时又为它的需方提供机械产品。

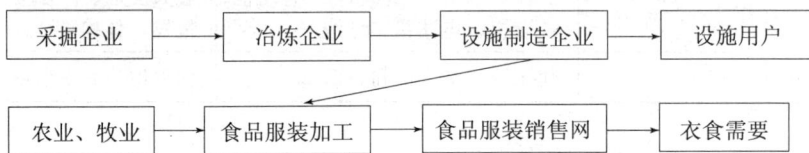

```
┌────────┐    ┌────────┐    ┌──────────┐    ┌────────┐
│ 采掘企业 │ → │ 冶炼企业 │ → │ 设施制造企业 │ → │ 设施用户 │
└────────┘    └────────┘    └──────────┘    └────────┘
                                   ↓
┌────────┐    ┌──────────┐    ┌────────────┐    ┌────────┐
│农业、牧业│ → │食品服装加工│ → │ 食品服装销售网 │ → │ 衣食需要 │
└────────┘    └──────────┘    └────────────┘    └────────┘
```

图1-4　一条简化的供应链

供需关系不仅表现在企业之间，而且表现在企业内部。在生产过程中，前一生产阶段和后一生产阶段、上道工序与下道工序都是供方和需方的关系。供方按需方的要求进行生产，最终保证外部顾客的需要。

这里需要强调的是，尽管供应链上有一系列供方和需方，但最终消费者是最终需方，除最终消费者之外的消费者都是中间消费者。人的需要是最终需要，除最终需要之外的需要都是中间需要或派生需要。最终需要是驱动生产的原动力，为最终用户提供产品和服务的活动是各种生产活动的源头。如果人们不吃麦当劳，也就不需要生产包装炸薯条的纸盒，不需要炸薯条的设备，也不需要生产面包和饮料的设备，也就不需要生产这些设备的设备和为提供设备制造厂提供原材料的企业了。之所以区分最终消费者和中间消费者、最终需要和中间需要，是因为它们对生产活动和经济发展的影响是不同的。

（二）供应链瓶颈及其对生产运作管理的影响

凡是有多个供方或多个需方，就会出现供方和供方、需方和需方之间的竞争。需方之间的竞争对供方有利，供方之间的竞争对需方有利。在供方内部，如果某个环节只有一个生产厂家，而上游和下游环节的企业都有多个，则该企业就形成一对多的关系，在竞争中就处于十分有利的地位。

最终需求和生产能力之间如果不平衡，就会出现不同的现象，就会对组织生产活动带来完全不同的影响。当最终需求超过社会生产能力时，造成人们所需要的物品和服务短缺，供应链的瓶颈就出现在供方。当瓶颈出现在供方时，供方在市场中就处于主导地位，形成卖方市场。当社会生产能力超过最终需求时，就造成人们需要的物品和服务过剩，供应链的瓶颈出现在需方。当瓶颈出现在需方时，需方在市场中就处于主导地位，形成买方市场。供应链也有瓶颈，瓶颈环节决定了整条供应链的产出率。为了说明供应链瓶颈变化对生产运作管理的影响，举一个简单例子。假设制造某产品 P 的供应链如下：原料生产企业 A——材料加工企业 B——产品制造企业 C——最终用户 D。A、B、C、D 都可能有一个以上企业或消费者，如图 1-5 所示。

| 原料生产企业 | → | 材料加工企业 | → | 产品制造企业 | → | 最终用户 |

A	B	C	D
	生产能力		最终需求
15（瓶颈）	20	25	24
27	20（瓶颈）	25	25
27	26	25（瓶颈）	26
……	……	……	……
30	29	29	28（瓶颈）

图 1-5　供应链的瓶颈

假设 D 每周需要 24 台 P 产品，A 的生产能力为每周生产 15 台产品相应的原料，B 的生产能力为每周生产 20 台产品相应的材料，C 的生产能力为每周加工制造 25 台产品 P。

如果相对最终用户 D 的需求 24 台来说，A 与 B 的生产能力都小于 24 台，好像都是瓶颈。但是，只有 A 为瓶颈，因为 B 的生产能力虽然每周只能生产 20 台产品的材料，但每周只能获得 A 所能提供的 15 台产品的原料，还有加工 5 台产品材料的能力被闲置，B 就不是瓶颈。A 只能生产 15 台产品的原料，决定了整条供应链每周只能生产 15 台产品。尽管 B 的生产能力也小于最终需求，但扩充 B 的能力不仅不能提高整条供应链的产出，而且白白浪费了投资。

由于供不应求，在市场机制的作用下，就会刺激原料生产，促使原料产量增加。A 企业将扩大生产能力，或者更多的企业加入到原料生产的行列。如果原料的生产能力扩展到每周 27 台，最终需求增加到 25 台，供不应求的情况虽有所改善，但 B 的能力没有扩充，仍为 20 台，这时 B 就成为瓶颈，B 限制了整条供应链每周只能生产 20 台产品。

如果将 A 的能力扩大到 27 台，B 的能力扩大到 26 台，C 的能力为 25 台不变，最终需求增加到 26 台，则 C 成为瓶颈。

经过一段时间的能力扩充，最后原料生产企业能力达到 30 台，材料加工企业能力达到 29 台，产品制造企业能力达到 32 台，最终需求达到 28 台，则瓶颈出现在最终消费方面。

当 A、B、C 中任何一个企业的生产能力都没有超过 D 的需求时，供应链的瓶颈就出现在生产环节中，与该产品对应的是卖方市场。当 A、B、C 中最小的生产能力超过最终需求时，供应链的瓶颈就出现在消费环节中，该产品处于买方市场。如果绝大多数产品都处于供不应求状态，则是短缺经济；反之，则是过剩经济。

在卖方市场条件下，供方之间的竞争弱化，需方之间的竞争激化。物品和服务短缺导致以下现象出现：供方处于支配地位，价格上涨、质量和服务水平下降。在市场机制的作用下，促使更多的供应商加入，导致产量增加，同时，会出现投机者。更多供应商加入需要一定时间，需要扩充能力的资源，投机者出现却是随时的。投机者的出现并不增加生产和服务能力，只是在正常的供应链中增加了多余的供方和需方，它的出现使得在源头供方与最终需方之间增加了更多的供需层次，使得最终消费者承受更高的价格。比如，我国在相当长时期内运输能力不足，满足不了人们"出行"的需要，就出现了很多票贩子，其正是因为供不应求。

在卖方市场环境下，企业不愁产品卖不出去。因此，不重视市场营销，不重视顾客，不重视产品质量和服务质量，不重视新产品的研究与开发，只重视生产，重视提高企业内部效率和降低成本。典型例子是福特汽车公司初创时期的企业管理和企业行为。当时供应链的瓶颈出现在生产环节，只要大量生产，就能赚钱。为了大量、高效率、低成本地生产，福特提出"单一产品原理"，用一种通用的、满足人们基本需要的、廉价的 T 型车去满足当时人们要"拥有一辆车"的愿望。

相反，在买方市场条件下，需方之间的竞争弱化，供方之间的竞争激化。物品和服务过剩导致以下现象出现：需方处于支配地位，需方地位提高，价格下跌，质量和服务水平提高。在市场机制作用下，促使部分供应商退出，产量减少。为了争取顾客，回扣现象出现。现在，铁路、公路、水运和空运都发展起来了，在正常情况下，运输能力超过运输需求，迫使运输部门不断改进服务质量，使用户满意，甚至要超越顾客的期望，才能赢得顾客。为了与航空公司竞争，过去几乎垄断了运输的铁道部门也采取了提速措施，安排"夕发朝至"的车次，以争取顾客。

在买方市场环境下，企业关注的是产品能否卖出去。因此，重视市场营销，重视顾客，重视产品质量和服务质量，重视新产品的研究与开发。不仅重视生产，重视提高企业内部效率和降低成本，而且重视提高对顾客的服务效率和服务质量。当今世界面临的就是这种环境。由于 200 多年的工业化使社会财富大量积累，加之发达国家人口数量下降，最终消费疲软，形成了产品过剩状态。企业必须赢得顾客才能生存和发展，于是出现了一系列与工业化初期完全不同的现象。"用户至上"、"用户是帝王"的观念开始形成，用多品种、高质量、好服务去吸引顾客、满足顾客，才有"全面质量管理"、"客户关系管理"等新概念的提出。当前，顾客需要的个性化、科学技术日新月异的变化加上争夺顾客的竞争白热化，使得单个企业不可能完全凭借自己的资源去满足顾客的需要，使得人们不得不去研究如何在全球范围内合理利用资源，高效、灵活、准时、清洁地生产顾客个性化的产品和提供个性化的服务，才出现了大量定制生产、供应链管理和敏捷制造等新的生产方式。

（三）能力与需求的匹配

组织生产运作所面临的基本问题是如何有效地组织企业内部和外部资源，使其具有满足不断变化的外部需求的能力。生产运作管理要解决的一个基本问题是如何使生产运作能力适应需求的变化，企业生产运作能力与市场需求的匹配是组织生产运作过程的永恒主题。在短缺经济时代，生产运作能力严重不足，满足共性的需求是主要问题，生产运作能力在"量"方面的扩充是主要问题，提高生产效率是企业追求的目标；在过剩经济时代，生产运作能力过剩，满足顾客个性化需求成为主要问题，顾客需求在质量、品种、时间和服务方面迅速变化，生产运作能力在"质"的方面的改进是主要问题，提高生产运作系统的柔性是企业追求的目标。

需求是波动的、不断变化的，而能力却是相对稳定的。需求是由顾客决定的，企业不能不按顾客的需求生产。要使能力与需求匹配，可以采取改变生产运作能力和改变库存两种办法。但是，生产不是完全被动的，通过合理组织生产运作，也能对需求产生影响。如产品系列化，可以在满足顾客需求的同时，减少产品品种；通过价格折扣，也可以转移需求；另外，产品成本的降低、质量的提高、性能的改善，还能够刺激需求。生产运作能力是由生产场地、生产设施和劳动力的数量、质量及其协调程度决定的。需求的变化包括"质"和"量"两个方面。"质"的方面的变化是指产品品种、质量的变化，"量"的方面的变化是指产品需要量的变化。

当需要的产品品种发生变化时，可以采取两种方式改变生产运作能力："以不变应变"和"以变应变"。所谓"以不变应变"，就是硬件设施不变，通过改变软件来适应外界需求的变化。例如，采用数控机床、加工中心和柔性制造系统，就可以在不改变硬件的条件下，通过改变编程来加工不同的零件。又如在 U 形生产单元中，设备数量按最高负荷确定，当生产任务量发生变化时，只要改变生产单元中工人的数量就行了。由于数控机床、加工中心和柔性制造系统的柔性都是有限的，它们只能加工一定范围的零件，而不能加工所有零件，因此应变能力是有限的。能够完全实现"以不变应变"的"全能机器"或"理想机器"应该能够加工所有不同的零件，这种"全能机器"或"理想机器"如果能够出现，企业处理品种变化的能力将空前提高。"全能机器"或"理想机器"给机器的改进提供了最高标准和方向。然而，由于技术发展水平的限制，目前还不能制造出"全能机器"或"理想机器"。

然而，即使"全能机器"或"理想机器"能够制造出来，单纯采取"以不变应变"的方式还是不能完全解决问题。因为处理外界变化的能力不仅包括机器，还包括人。机器体系的柔性高，不等于整个企业柔性高。如果组织结构是刚性的，企业整体柔性也不可能高。于是，就出现了"以变应变"的方法。所谓"以变应变"，就是对生产系统有关要素进行重新组合来适应外界需求的变化。例如，"业务过程重组"（Business Process Reengineering，BPR），就是从顾客需求的角度出发，按业务流程来重组企业内部资源，以提高对顾客服务的效率和质量。而敏捷制造则是通过动态地组织企业外部资源来适应市场需求变化的。这些都是"以变应变"的典型例子。

"以不变应变"方式的应变范围较小;"以变应变"方式的应变范围大、应变能力强,但需要不同企业和组织的配合,实施难度较大。以往"以不变应变"方式应用较多,但由于顾客需求的个性化、科学技术的发展变化以及竞争的激化引起的不确定性,"以变应变"方式将会得到更多的应用。

改变库存是一种传统的能力与需求协调方法。成品库存将生产系统与外界需求隔开,以维持生产过程的均衡。当外部需求增加时,库存降低;当外部需求减少时,库存增加。利用库存调节生产,就像利用水库调节水位一样,其作用仅限于"量"的调节。如果产品品种变化,就不能用库存方法。另外,对纯服务也不能用库存调节。

任务落实

简单论述什么是生产运作管理。

任务二 工业企业的生产过程

任务目标

熟悉基本生产过程的组成。

情境导入

2011 年 1-8 月全国规模以上工业企业利润同比增长 28.2%

据中新网 2011 年 9 月 27 日电 据国家统计局网站消息,2011 年 1—8 月份,全国规模以上工业企业实现利润 32 281 亿元,同比增长 28.2%。

在规模以上工业企业中,国有及国有控股企业实现利润 10 175 亿元,同比增长 20.6%;集体企业实现利润 519 亿元,同比增长 31.8%;股份制企业实现利润 18 362 亿元,同比增长 33.8%;外商及港澳台商投资企业实现利润 8 431 亿元,同比增长 14.4%;私营企业实现利润 8 871 亿元,同比增长 45.6%。

在 39 个工业大类行业中,38 个行业利润同比增长,1 个行业同比下降。主要行业利润增长情况:石油和天然气开采业利润同比增长 36.3%,黑色金属矿采选业增长 54.5%,化学原料及化学制品制造业增长 55.6%,化学纤维制造业增长 39.5%,黑色金属冶炼及压延加工业增长 22.8%,有色金属冶炼及压延加工业增长 64.6%,交通运输设备制造业增长 11.5%,通信设备、计算机及其他电子设备制造业增长 2.1%,电力、热力的生产和供应业增长 5.4%，石油加工、炼焦及核燃料加工业下降 85.3%。

规模以上工业企业实现主营业务收入 531 695 亿元，同比增长 29.9%。每百元主营业务收入中的成本为 85.08 元，主营业务平均收入纯利润率为 6.07%。

在规模以上工业企业中，国有及国有控股企业实现主营业务收入 148 081 亿元，同比增长 23.2%，每 100 元主营业务收入中的成本为 82.23 元，主营业务收入利润率为 6.87%；集体企业实现主营业务收入 8 112 亿元，同比增长 29.1%，每 100 元主营业务收入中的成本为 85.7 元，主营业务收入利润率为 6.4%；股份制企业实现主营业务收入 299 286 亿元，同比增长 33.7%，每 100 元主营业务收入中的成本为 84.8 元，主营业务收入利润率为 6.14%；外商及港澳台商投资企业实现主营业务收入 139 683 亿元，同比增长 22.2%，每 100 元主营业务收入中的成本为 86.12 元，主营业务收入利润率为 6.04%；私营企业实现主营业务收入 158 663 亿元，同比增长 39.3%，每 100 元主营业务收入中的成本为 86.37 元，主营业务收入利润率为 5.59%。

8 月末，规模以上工业企业应收账款 68 464 亿元，同比增长 21.2%。产成品资金 26 449 亿元，同比增长 23.4%。

知识广场

一、生产过程及其组成

（一）生产过程的概念

任何工业企业的产品生产，都需要经过一定的生产过程。所谓生产过程是指从准备生产开始，一直到成品生产出来为止的全部过程，这是广义的概念。狭义的概念是指从原材料投入生产开始，直到成品生产出来为止的全部过程。产品生产过程的基本内容，是人的劳动及机器对原材料加工的过程，即劳动过程。在某些情况下，实现产品的生产，还需要借助于自然力的作用，使劳动对象发生物理变化，如铸件的时效处理、铸件的自然冷却、林木和油漆的自然干燥、食品的自然发酵等。这时，生产过程就是劳动过程和自然过程的有机结合。

不同工业，由于产品结构和工艺特色不同，生产过程的形式也不完全一样。从制造业看，可分为以下两类：

一类是流程式生产过程（工艺流程式制造工业）。原材料由工厂的一端投入生产，按照固定的顺序，经过连续的作业而成为产品。这种流程式还可进一步分为综合流程式和分解流程式。前者是集合各种不同的原材料或半成品共同或先后投入而制成为一种产品的生产过程，如冶金、纺织、炼铁、化工、印染、造纸等工业；后者是将原料分解为各种产品，如炼焦、石油裂化、制糖、面粉等工业。另一类是加工装配式生产过程，一般是先制造毛坯、零件，然后逐级装配成部件、组件，集合在一起进行总装配、试车等，最后经过检验合格而成为产品，如机械、建筑、服装、制鞋、电子产品、汽车、机器、家具等工业。

（二）生产过程的组成

不论哪一类生产过程，其组成可按生产各阶段的不同作用，分为以下几个组成部分。

1. 生产技术准备过程是指产品在投入生产前所进行的全部生产技术准备工作，如产品设计、工艺设计、工装设计制造、材料与工时定额的制订修改、标准化工作、劳动组织调整等。

2. 基本生产过程指直接把劳动对象变为企业基本产品的生产过程，如纺织企业的纺纱、织布和印染等过程；钢铁企业的炼铁、炼钢、轧钢；机械企业的铸锻（造）、机械加工、装配；汽车厂零部件的加工、装配；纤维板生产的流水生产等。这一过程是企业主要的生产过程，基本产品代表着企业的专业方向。

3. 辅助生产过程指为了保证基本生产过程的正常进行所必需的各种辅助性生产活动，如机械企业中的动力生产（如电力、蒸汽、压缩空气）、工具与量具制造、设备维修等。

4. 生产服务过程指为基本生产和辅助生产所进行的各种生产服务活动，如原材料、半成品的供应、采购与运输等。

5. 附属或副业生产过程指为基本生产提供附属材料或为市场提供某些非专业化方向的产品的生产过程。前者是企业自行生产的包装箱过程；后者，如飞机制造厂生产日用铝制品过程等，如某飞机制造厂，主产品为飞机，副产品为客车、旅游车及日用铝制品等。

上述几个部分既有区别，又有联系。核心是基本生产过程，其他部分可根据企业具体情况，或包括在企业的生产过程中，或由独立的专门单位来完成，如生产技术准备过程可由公司、总厂研究所、设计单位完成，动力生产、工具制造、设备修理可由专门的协作厂来完成；分析化验、运输等可由专门的生产服务单位（如化验站、运输公司）来完成。

二、基本生产过程的组成

企业的基本生产过程，按照工艺加工性质不同，可分为若干相互联系的工艺阶段。所谓工艺阶段，是按照使用的生产手段的不同和工艺加工性质的差别而划分的局部生产过程。每个工艺阶段，又由若干工序组成。工序是构成生产过程的基本单位，是指一个或几个工人，在同一个工作地（或同一台机床上），对一个或几个劳动对象连续进行的生产活动。工序按其作用不同，可以分为基本工序和辅助工序两类。凡直接使劳动对象发生变化，使其成为产品的工序，称为基本工序，也称工艺工序；凡为基本工序的生产活动创造条件的叫辅助工序，如产品的检验工序、运输工序。检验工序是指对原材料、半成品、成品的质量进行检验的工序；运输工序是指在工艺工序之间、工艺工序与检验工序之间运送劳动对象的工序。正确划分工序，对于组织生产、制定劳动定额、配备工人、检验质量和编制生产作业计划等工作有着重要的影响。工作地是工人使用劳动工具对劳动对象进行生产活动的地点，由一定的场地面积、机器设备和辅助工具组成。

在生产过程中，一件或一批相同的劳动对象，顺序地经过许多工作地，这时，在每一个工作地内连续进行的生产活动，就是一道工序，超过了一个工作地的范围，那就是另一道工序了。如果劳动对象固定在工作地上不移动，而由不同工种的工人顺序地对它进行加工，这时，每个或一组工人在这个工作地上连续进行的生产活动，就是一道工序。当一组工人共同完成一个比较复杂的工序或该工序劳动量较大时，可分为几个较小的工序（岗位），交由几个工作地去完成；也可将几个工作地完成的较小的工序（岗位），合并为一个较大的工序，由一个工作地完成。前者叫工序的分散，后者叫工序的集中。

由于各企业的生产技术和生产组织条件等不同，从而导致各企业生产过程的组成也不相同。影响企业生产过程组成的因素有：企业的产品特色和工艺特色；企业的生产规模；生产类型；专业化和协作化水平；企业的多种经营。

影响企业生产过程构成的因素很多，有内外因素，故要根据企业的内外条件，应用系统分析的方法确定先进合理的生产过程构成，以取得最大的经济效益。

三、合理组织生产过程的要求

合理组织生产过程，是指把生产过程从时空上很好地结合起来，使产品以最短的路线、最快的速度通过生产过程的各个阶段及工序，并且使企业的人、财、物得到充分利用，达到高产、优质、低耗。其目的，就是生产出满足社会需要的产品和劳务，提高企业经济效益。

为此，组织生产过程必须努力实现以下要求。

（一）生产过程的连续性

连续性指产品在生产过程各阶段、各工序之间的流动，在时空上是紧密衔接、连续不断的，不发生或很少发生不必要的中断、停顿和等待现象，即产品在生产过程中始终处于连续运动状态，或在加工、装配、检验，或处于工序间运输、或自然过程中。要达到生产过程的连续性，必须做到：按工艺流程的要求，搞好工厂布置；采用先进的技术、设备，提高自动化、专业化水平；采用先进的生产组织形式；做好生产前的一系列准备工作和生产中的服务工作。

（二）生产过程的比例性（协调性）

比例性指生产过程的各个工艺阶段、各工序之间在生产能力上要保持适当的比例关系。即各个生产环节的工人数、机器设备数、生产效率、开动班次、生产面积等因素要符合客观需要的比例，避免互不适应、脱节现象。为此：在工厂设计或生产系统设计时，要统筹规划；加强计划管理，做好综合平衡；采取必要措施，消除薄弱环节，保持各生产单位间应有的比例关系。

（三）生产过程的节奏性（均衡性）

节奏性指产品在生产过程的各个工艺阶段，从投料到成品入库，都能按计划有节奏地均衡地进行，在相等的一段时间间隔内，生产相等或递增数量的产品，使各工作地的负荷充分并相对稳定，不出现前松后紧、时松时紧、松紧不匀的不良现象。节奏性表现在生产的全过程，包括产品的投入、生产和产出3个环节，其中产出的节奏性是最关键的一环，而生产的节奏性是实现产出节奏性的基础，生产的节奏性又取决于投入的节奏性。因此，必须把3个环节统筹安排，才能保证整个生产过程的节奏性。

（四）生产过程的平行性

平行性是指生产过程的各个阶段、各工序在时间上实行平行作业。有两种情况：一是组成产品的各个零部件，同时在各个生产环节进行生产；二是在大量、成批生产条件下，同种产品（零件）同时分散在各个生产环节进行生产。

（五）生产过程的适应性

适应性指生产过程的组织形式能适应市场形势多变的需要，灵活有效地进行多品种、小批量生产的适应能力。为此：必须采用先进合理的生产组织方法，如成组流水线、可变流水线、网络计划技术、成组工艺、多品种混流生产；也可以在企业主流产品的生产线之外，成立一个"灵活的生产单位"或"零活工段"，专门负责临时订货；还可以组织一支包括设计、工艺、制造在内的"快速部队"——产品开发部门，进行新产品的开发、试制、试销工作。

（六）生产过程的经济性

经济性指在生产过程中，以最少的消耗，生产出尽可能多的适销对路的产品。为此，首先保证连续性、比例性、节奏性等要求；其次，必须加强生产系统的全面管理工作，开展经济活动分析，力求成本费用的支出最低。

上述要求是相互联系、相互制约的，比例性是实行连续性、平行性的条件，是保证均衡性的前提；均衡性、连续性、平行性又相互影响与作用。这几项要求是衡量生产过程是否合理的标准，也是取得良好经济效益的重要条件。

任务落实

某企业现有3个工厂，A、B和C，它们在不同的地方。有两个仓库P和Q，它们位于不同的地方，仓库用来存放产品，每个仓库每月需供应市场2 400吨产品。为了更好地为顾客服务，该企业决定再设置一个新仓库。经过市场调研，确定X和Y两点可建仓库。有关资料如表1-4所示，该企业应如何决策。

表1-4　工厂生产能力、到各仓库单位运费数据

工厂	生产能力（吨／月）	到各仓库单位运费（元／吨）			
		P	Q	X	Y
A	2 000	15	27	48	50
B	2 800	27	12	24	16
C	2 400	45	24	8	12

任务三 生产过程空间组织

任务目标

熟悉生产过程的空间组织。

情境导入

生产过程的空间组织的原则

一、工艺专业化原则

按照不同的生产工艺特征来分别建立不同的生产单位，这种分工原则称为生产工艺专业化原则。在按工艺专业化原则建立的生产单位里，集中了相同类型的机床设备和相同工种的工人，可以对不同种类的工件，从事相同工艺方法的加工。这样构成诸如铸造厂、锻造厂、热处理厂、铸造车间、锻造车间、机械加工车间、热处理车间、车工工段、铣刨工段等生产单位。对于人的组织，按照工艺专业化原则建立的是职能部门，如计划处、财务处、设备处等。

（一）按照工艺专业化原则建立生产单位的优点：

1. 对产品品种变化的适应能力强，不论产品如何变化，只要加工工艺的范围不变，都有相应的加工单位对其加工，保证了产品全部加工的需要。

2. 工人完成工艺相同的加工任务，操作容易熟练，可以缩短操作时间。

3. 相同的机器设备放在一起，工艺及设备管理较方便，比如将铸造设备、锻造设备、机械加工设备分别安装在不同的车间，比将它们混合安装在一起管理起来要方便得多。

4. 生产系统的可靠性较高，某台机器出现故障或者某个工人缺勤，相同的机器或相同技能的工人可以顶替，生产单位不会因为个别原因而不能生产。

（二）按照工艺专业化原则建立生产单位的缺点：

1. 工件在加工过程中要经过不同的加工车间或工段，转运次数多，运输线长。

2. 不同加工单位之间协作关系复杂，协调任务重。

3. 由于任务经常变化，只能使用通用机床和通用工艺装备，通用设备的生产效率低。

4. 运输路线长和等待加工时间多，造成在制品数量大，生产周期长。

二、对象专业化原则

按不同的加工对象（产品、零件）分别建立不同的生产单位，这种分工原则称为产品对象专业化原则。在按对象专业化原则建立的生产单位里配备了为加工某种产品（零件）所需的全套设备、工艺装备和各有关工种的工人，使该产品（零件）的全部（或大部分）

工艺过程能在该生产单位内完成。这样构成诸如汽车制造厂、发动机分厂(车间)、电机车间、齿轮工段、曲轴工段等生产单位。

（一）按对象专业化原则建立生产单位的优点：

1. 可减少运输距离，缩短运输路线。

2. 协作关系简单，简化了生产管理。

3. 由于对象固定，可使用专用高效设备和工艺设备。

4. 在制品少，生产周期短。

（二）按对象专业化原则建立生产单位的缺点：

1. 按照特定的产品对象建立的生产单位，对品种变化的适应性差。

2. 不同的设备构成生产系统，一台设备出故障，没有替代，生产单位的可靠性较差。

3. 不同的设备安置在同一地点，造成工艺及设备管理较复杂。

知识广场

一、生产和服务设施选址的主要影响因素

影响生产和服务设施选址的主要因素有以下几点：

（一）经济因素

1. 运输条件与费用

企业一切生产经营活动都离不开交通运输。原材料、工具和燃料进厂，产品和废物出厂，零件协作加工，都有大量的物料需要运输；职工上下班，也需要交通方便。交通便利能使物料和人员准时到达需要的地点，使生产活动能正常进行，还可以方便原材料产地与市场保持紧密联系。

在运输工具中，水运运载量大，运费较低；铁路运输次之；公路运输运载量较小，运费较高，但最具有灵活性，能实现门到门运输；空运运载量小，运费最高，但速度最快。因此，选择水、陆交通都很方便的地方是最理想的。在考虑运输条件时，还要注意产品的性质。生产粗大笨重产品的工厂，要靠近铁路车站或河海港口；制造出口产品的工厂，厂址要接近码头。

在企业输入和输出过程中，有大量的物料进出。有的企业输入运输量大，有的企业输出运输量大。在选址时，要考虑是接近原材料供应地，还是接近消费市场。

（1）接近原料或材料产地企业。原材料成本往往占产品成本的比重很大，优质的原材料与合理的价格，是企业所希望的。如水泥厂、钢铁冶炼厂、水果和蔬菜罐头厂、金属选矿企业等。

（2）接近消费市场企业。工厂区位接近消费市场的主要目的，是节省运费并及时提供服务。在作选址决策时，要追求单位产品的生产成本和运输成本最低，不能追求只接近消费市场或只接近原料或材料产地。应该接近消费市场的企业，大多数为服务业，如商店等。

2. 人力资源费用与可获性

人力资源主要是指体力劳动者和脑力劳动者。对于劳动密集型企业，人工费用占产品成本的大部分，必须考虑劳动力的成本。工厂设在劳动力资源丰富、工资低廉的地区，可以降低人工成本。一些发达国家的公司纷纷在经济不够发达的国家设厂，一个重要原因是降低人工成本。

凡使用熟练工的企业，劳动力的可获性不成为选址的条件。但是，对于高新技术企业，高素质劳动力资源的可获性和成本就成为选址的重要条件。在大城市较容易获得高水平的劳动力资源，选择在城市或城郊建厂，容易解决劳动力资源问题。例如，在偏僻的山区建厂，劳动力资源的可获性就会成为一个问题。

3. 能源可获性与费用

没有燃料（煤、油、天然气）和动力（电），企业就不能运转。对于耗能大的企业，如钢铁、炼铝、火力发电厂，其厂址应该靠近燃料、动力供应地。

4. 厂址条件和费用

厂址的地势、利用情况和地质条件，都会影响到建设投资。显然，在平地上建厂比在丘陵或山区建厂要容易施工得多，造价也低得多。在地震区建厂，则所有建筑物和设施都要达到抗震要求。同样，在有滑坡、流沙或下沉的地面上建厂，也都要有防范措施，这些措施都将导致投资增加。此外，选择在荒地上还是良田上建厂，也会影响投资的数额。需要强调的是，我国人均耕地面积十分有限，选择厂址要尽可能不占良田或少占良田。地价是影响投资的重要因素。城市地价高，城郊地价较低，农村地价更低。

厂址条件还应考虑协作是否方便。和人类一样，企业也需要"群居"，与世隔绝的企业是难以生存的。由于专业化分工，企业必然与周围其他企业发生密切的协作关系。大城市是企业群居的地方，但地价高。因此，这些因素需要综合考虑。

（二）其他因素

其他因素包括政治因素、社会因素和自然因素。

1. 政治因素

政治因素包括政治局面是否稳定，法制是否健全，税赋是否公平等。建厂，尤其是在国外建厂，必须要考虑政治因素。

政治局面稳定是发展经济的前提条件。在一个动荡不安的国家投资建厂，是要冒极大风险的。有些国家或地区的自然环境很适合设厂，但其法律变化无常，资本权益得不到保障，也不宜设厂。要了解当地有关法规，包括环境保护方面的法规，不能将污染环境的工厂建在法规不允许的地方。若税赋不合理或太重，使企业财务负担过重，也不宜设厂。相反，一些国家为了吸引外资，制定建厂地价从优，保障外商合法权益，并采取减免税收等政策，营造了一个有利的投资环境。

2. 社会因素

投资建厂要考虑的社会因素包括居民的生活习惯、文化教育水平、宗教信仰和生活水平，不同国家和地区、不同民族的生活习惯不同。企业生产的产品一定要适合当地的需要。

本国流行的产品或流行的款式，拿到外国就不一定流行了。

在文化教育水平高的地区设厂，不仅有利于招收受过良好教育和训练的员工，而且文化教育水平高的地区的氛围也有利于吸引更多的优秀人才，这对企业的发展是至关重要的。

到经济不发达地区建厂，要注意当地居民的文明程度和宗教信仰。清朝末年，修建铁路曾遭到举国上下的反对，甚至受到愚民和顽吏的破坏。如果生产企业的性质与当地宗教信仰相矛盾，则不仅原料来源和产品销路有问题，招收职工有困难，而且会遭到干涉。

建厂地方的生活条件和水平决定了对职工的吸引力。人们的住房、交通工具、饮食、衣着等，能够反映人们的生活水平。生活水平高的地区，企业付给员工的工资也高，从而产品的成本也高。贫困地区人工费用低，如果产品的科技含量不高，对劳动力素质要求不高，到贫困地区设厂是可行的。

3. 自然因素

自然因素主要是指气候条件和水资源状况。气候条件将直接影响职工的健康和工作效率。根据美国制造业协会的资料，气温在 15～22℃之间，人们的工作效率最高。气温过高或过低，都会影响工作效率。

水资源也是选址的重要因素之一。耗水量大的企业，应该靠近水资源丰富的地区，如造纸厂、钢铁厂。耗水量大的企业，一般对水环境污染也大，一定要适应环境法律的需要，增加环保设施。随着世界性的水资源紧缺和环保压力的增大，高耗水、高污染的企业将被淘汰。一些传统产业也必须开发和选择低耗水、低污染的生产方式，才能避免被淘汰出局的境地。

制造业企业选址时应首先考虑：好的劳动力条件、靠近目标市场、好的生活条件、靠近原材料供应地、靠近公司的其他工厂或设施。

根据我国目前的情况，制造企业的选址都应考虑选在"工业园区"或"经济技术开发区"。至于这两区选址时就要综合考虑上述这些因素。

二、厂区布置

厂区布置的实质是，对企业的生产单位在厂区的范围内进行合理的布局。下面以机械制造企业为例，讨论一般企业的生产单位组成。

（一）生产单位的组成

企业的生产过程是由生产技术准备过程、基本生产过程、辅助生产过程、生产服务过程所组成。因此，企业必须相应设置以下几个部门：

1. 生产技术准备部门

它是为基本生产和辅助生产提供产品设计、工艺设计、工艺装备设计、非标准设备设计等技术文件并负责新产品试制工作的部门。一般大中型制造企业都设有研究所、设计科、工艺科、工具科、试制车间等。

2. 基本生产部门

它是直接从事企业基本产品生产，实现企业基本生产过程的部门。对于大型机械制造企业来说，一般包括：

（1）准备车间。如铸造车间（铸钢车间、铸铁车间）、有色金属铸造车间、锻工车间、水压车间、备料车间等。

（2）加工车间。如机械加工车间、冲压车间、铆焊车间、热处理车间、电镀车间等。

（3）装配车间。如部件（总成）装配车间、成品装配车间、油漆车间和包装车间等。

3．辅助生产部门

它是实现辅助生产过程，为基本生产提供辅助产品与劳务的部门。大型机械制造企业一般包括：

（1）辅助车间。如工具车间、木模车间、金属模车间、机修车间、电修车间和建筑修理车间等。

（2）动力部门。如热电站、压缩空气站、煤气站、氧气站、锅炉房、变电所等。

4．生产服务部门

它是为基本生产和辅助生产服务的部门。大型机械制造企业一般包括：

（1）运输部门。如车队、装卸队等。随着现代物流业的发展，企业的运输部门主要精力将集中于厂内运输和装卸，厂外运输采取外包方式来解决。

（2）仓库。如材料库、成品库、半成品库、工具库、设备库等。

（3）试验与计量检验部门。如试验室、计量室、技术检查站等。

企业生产单位的组成是建立企业管理的组织机构、确定各部门分工协作关系、组织日常经营活动的前提与依据。企业生产单位的组成合理与否，对企业管理工作的水平和企业生产经营活动的成果有很大影响。

上述生产单位的组成，是企业生产单位组成的典型情况，并非是所有企业生产单位组成的模式。不同的企业，甚至同类企业，由于生产条件和生产任务的差异，生产单位的组成也不相同。

（二）厂区平面布置原则

制造工厂的布置是企业生产管理的一项重要内容，科学的工厂布置是合理组织生产的先决条件。所谓工厂布置，就是由原料的接收到成品的制造完成和发运的全部过程中，将人员、设备、物料所需要的空间作最适当的分配，使之形成有机系统，以最经济的方式满足生产的要求，获得最大的经济效果。理想的工厂布置，开始于建厂的设计阶段。平面布置又分为工厂平面布置（总平面布置）和车间平面布置。

工厂总平面布置的原则如下：

1．工厂厂房、设备和其他建筑物的布置，应满足生产过程的要求，尽可能使厂区内物件运输路线最短，减少交叉和往返运输，从而缩短生产周期，节约生产成本。

2．尽可能使厂区平面布置紧凑，以减少占地面积，节约投资和生产费用。

3．生产联系和协作关系密切的单位应相互靠近布置。

4．充分利用外部环境提供的便利条件。如充分利用城市现有的运输条件，公路、铁路、港口及供电、供水等公共设施。

5. 厂区布置要有利于安全和职工的健康。有利于安全的布置包括防火、防爆、防毒、防盗等标志及设施。有利于职工健康布置包括环境的美化、绿化，设置休息区域等。

6. 厂区布置要充分考虑远景发展的需要，预留发展余地。

7. 厂区布置要与环境相协调。布置工厂总平面时，应使厂区环境、建筑布置和式样当与周围社区的环境相协调。

在工厂平面布置设计工作中，一般拟定几种不同的平面布置方案，然后进行方案比较，详细分析各个方案的优缺点，根据总体最优的原则选择一个合理的方案。图1-6是某电器制造厂总平面布置示意图，是一个较好的平面布置方案。

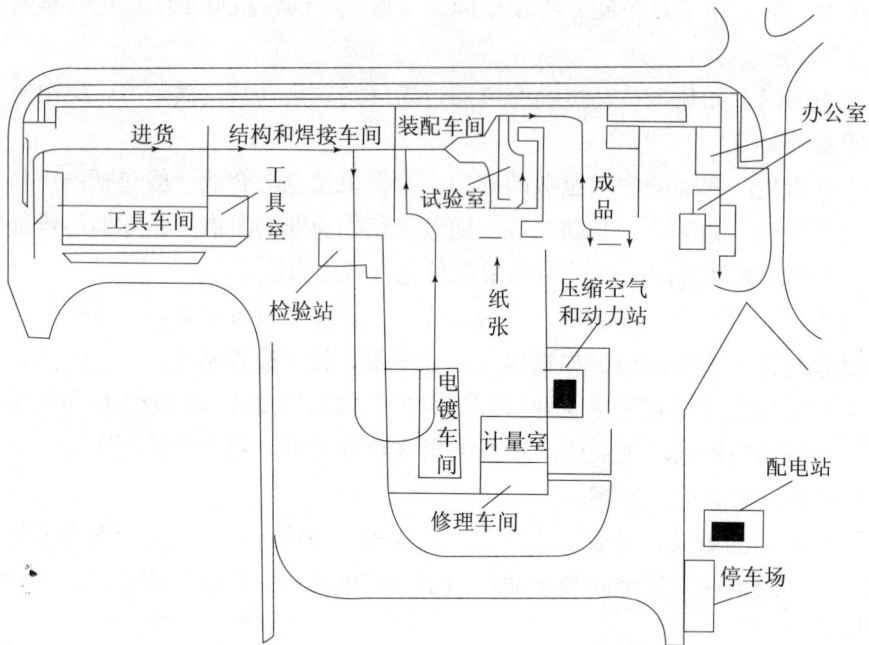

图 1-6 某电器制造厂总平面布置示意图

（三）厂区平面布置设计的方法

物料运量图法就是按照原材料、在制品、成品及其他物资在生产过程中总的流动方向和搬运量来进行工厂布置，即布置工厂的车间、设施和生产服务单位。它适用于物料运量很大的工厂。应用物料运量图法布置工厂平面图的步骤如下：

1. 根据工厂布置的初步方案和生产工艺的顺序，绘制初步物流图，表明物料在单位之间的流动方向。

2. 统计车间或部门之间的物流量，制定物流运量表（见表1-5）。

各部门的物料搬运量，按如下公式进行计算：

$$N = \sum n_{ij} \cdot L_{ij}$$

式中　N——搬运量；

　　　n_{ij}——自 i 部门至 j 部门的搬运次数；

　　　L_{ij}——自 i 部门至 j 部门的搬运距离。

各部门间的搬运距离可通过实地测量或计算确定;搬运次数和搬运量要根据生产计划、生产批量、运输方式、工位器具等因素确定。

表1-5 车间或部门之间运量表　　　　单位:10 吨

从 ___ 车间　至 ___ 车间	一	二	三	四	五	六	总 计
一			2	1	2	6	18
二			6	2	8		
三		4		5	1	1	11
四		6			2		8
五				2		1	3
六							0
总 计	0	11	14	10	5	8	

注:表中一、二等为车间或部门的代号。

3. 根据运量表,绘制运量相关线图,以便直观和清晰地表示各部门间的物料运量,如图1-7所示。最后,通过运量相关线图确定各车间或部门的布置。本图中,部门二、三、四之间运量最大。最后平面布置如图1-8所示。

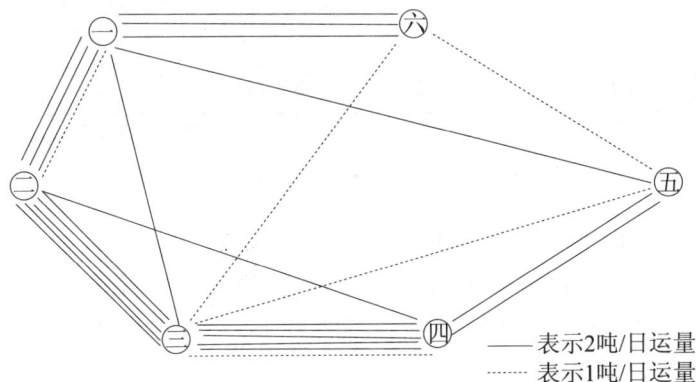

——表示2吨/日运量
······表示1吨/日运量

图1-7 各部门之间的运量

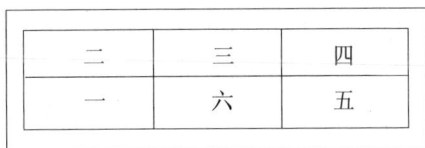

二	三	四
一	六	五

图1-8 车间或部门平面布置图

三、车间的平面布置

车间的平面布置首先要确定内部生产组织的专业化形式。所谓专业化,是指把一定产品的生产细分为许多独立部分,形成专门的生产组织,如分厂、车间、工段和班组等。

内部生产组织的专业化形式，决定了企业内部的生产分工和协作关系，决定了工艺过程的流向及原材料、在制品在厂内的运输路线和运输量，它是企业生产过程空间组织的一个重要问题。内部生产组织的专业化形式一般有 3 种：工艺专业化形式、对象专业化形式和综合形式。

（一）工艺专业化形式

工艺专业化又称工艺原则，它是指按照生产工艺的特点来设置生产单位，如图 1-9 所示。它集中同类设备、同工种工人，进行相同工艺方法的加工任务。如：机械厂设置金工、磨工、冲压、热处理、铸造等车间。钢铁厂设置炼铁、炼钢，初轧、轧板等车间（分厂）。

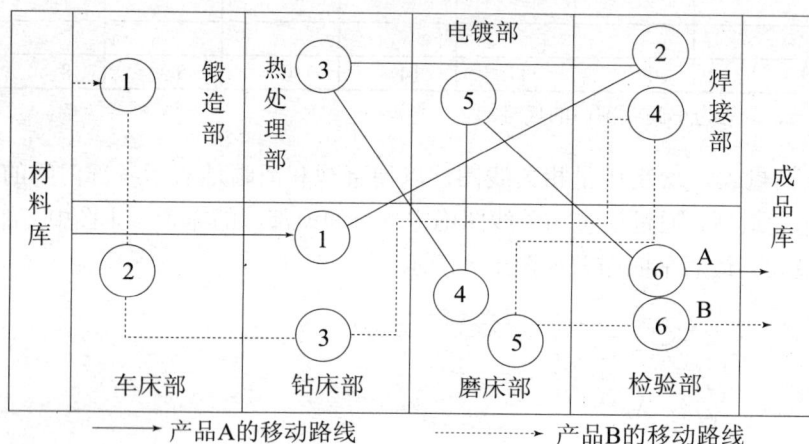

图 1-9　工艺专业化形式

工艺专业化形式的主要优缺点如下。

优点：能较好适应产品品种变化；便于工艺管理；能充分利用生产设备和生产面积。

缺点：生产周期长（产品大量存放）；运输路线长；生产单位之间协作往来频繁，使计划管理、在制品管理、质量管理等各种管理工作变得复杂。

（二）对象专业化形式

对象专业化又称对象原则，它是指按照产品（部件、零件）的不同来设置生产单位。如图 1-10 所示。它集中不同设备、不同工种工人，进行不同工艺方法的加工任务。如：汽车制造厂设置发动机、底盘分厂等。

对象专业化形式的主要优缺点如下。

优点：生产周期短；运输路线短；减少车间之间的协作联系，简化计划管理，便于质量管理，可划小核算单位，有利于经济核算。

缺点：生产过程适应性差；不便于工艺管理；不能充分地利用生产设备和面积。

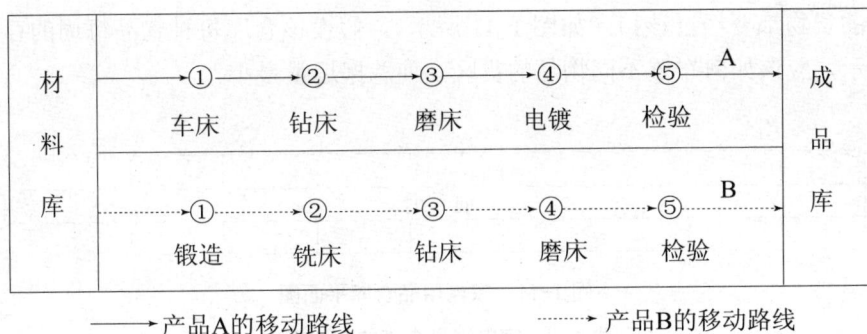

图 1-10　对象专业化形式示例图

这两种专业化形式的特点及适宜范围见表 1-6。

表 1-6　工艺专业化和对象专业化的特点及适宜范围

项目　内容	工艺专业化形式	对象专业化形式
生产设备	集中同类设备	集中不同类型的设备
工人工种	同工种工人	不同工种工人
工艺方法	对产品进行相同工艺方法的加工	对产品进行不同工艺方法的加工
完成工艺过程	只完成生产过程中部分工艺阶段或部分工序的加工任务，属协作型生产过程	基本上独立完成该产品全部或大部分工艺过程，属封闭型生产过程
适宜范围	适宜于生产过程适应性强，专业化程度较低的单件或小批生产类型	适宜于专业方向明确、产品结构、产量、品种较稳定的大量或大批生产类型

（三）综合形式

两种设置方式各有其特点，在实际生产中，往往结合起来应用。如在一个企业内部，有些车间按对象设置，有些车间按工艺设置；在一个车间内部，也可能有些工段和班组按对象设置，有些工段和班组按工艺设置。

对于流程式生产类型，一般称为工艺线（生产线），其特点为生产过程长，连续性强。从整体来说，企业一般以工艺专业化形式设置内部生产单位，即按照不同的工艺将生产线分段来设置内部生产单位。当原料、半成品、成品能分开时，也可按对象专业化形式来设置低一级的内部生产单位。

四、仓库布置

无论在制造企业还是服务企业（特别是物流企业）都有不同类型的仓库，储存不同种类的物资。生产或服务过程中会经常有物资运进搬出，工作量很大。如果仓库布置不合理，也会影响生产成本。仓库类似于制造过程，因为物品也需要在不同地点（单元）之间移动。因此，仓库布置也可以有多种不同的方案。下面举一简单例子说明。

例：有一个家电用品仓库，共有 16 个货区，分别储存 8 种家电，仓库有一个出入口，进出仓库的货物都要经过该口（如图1-11所示）。假设该仓库每种物品每周的存取次数如表1-7所示，应该如何布置不同物品的货区，使总搬运量最小？

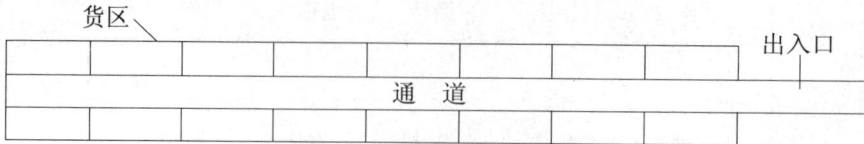

图1-11　家电用品仓库平面图

表1-7　家电用品仓库的存取情况

库存物品名称	搬运次数/周	所占库区/个
1. 空调	200	2
2. 电冰箱	540	3
3. 微波炉	520	2
4. 音响	80	1
5. 电视机	840	4
6. 收音机	60	1
7. 厨房电器	150	1
8. 其他	100	2

　　这实际上就是一个典型的仓库布置问题。显而易见，这个问题的关键是寻找一种布置方案，使得总搬运量最小。这个目标函数与一般设施布置的目标函数是一致的。实际上，这种仓库布置的情况比制造业工厂中的生产单元的布置更简单，因为全部搬运都发生在出入口和货区之间，而不存在各个货区之间的搬运。

　　进一步分析，这种仓库布置可分为两种不同情况：

　　第一种是，各种物品所需货区面积相同。在这种情况下，只需把搬运次数最多的物品货区布置在靠近出入口之处即可。

　　第二种是，各种物品所需货区面积不同。需要首先计算某物品的搬运次数与所需货区数量之比，取该比值最大者靠近出入口，依次往下排列。由表1-7可知此例中，各种物品的该比值从大到小的排列顺序为（括号中为比值数）：3（260），5（210），2（180），7（150），1（100），4（80），6（60），8（50）。图1-12是根据这种排列所做出的布置方案。

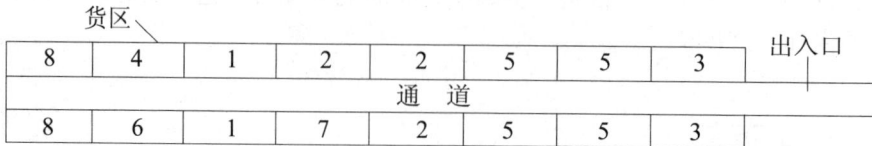

图1-12　仓库新布置方案

　　上面是以总负荷数最小为目标的一种简单易行的仓库货区的布置方法。在实际中，根据情况的不同，仓库布置可以有多种方案，多种考虑目标。不同物品的需求经常是季节性的，因此，若以上述家电仓库为例，应在元旦、春节期间应把电视、音响放在靠近出入口处，而在春夏之季将空调放在靠近出入口处。又如，空间利用的不同方法也会带来不同的仓库布置要求，在同一面积内，高架立体仓库可存储的物品要多得多。由于拣运设备、存储记录方式等的不同，也会带来布置方法上的不同。再如，新技术的引入会带来考虑更多有效方案的可能性：计算机仓储信息管理系统可使得拣运人员迅速知道每一物品的准确仓储位置，并为拣运人员设计一套汇集不同物品于同一货车上的最佳拣出行走路线，自动分拣运输线可使仓储人员分区工作，而不必跑遍整个仓库等。总而言之，根据不同的目标，所使用技术不同以及仓储设施本身的特点，仓库的布置方法有多种。

五、办公室布置

办公室在制造业和服务业都普遍存在，如何通过合理、有效的办公室布置提高工作效率，提高"白领"的劳动生产率也日益成为一个重要问题。

（一）办公室布置的主要考虑因素

信息传递与交流的迅速、方便。人员的劳动生产率。

其中信息的传递与交流既包括各种书面文件、电子信息的传递，也包括人与人之间的信息传递和交流。对于需要跨越多个部门才能完成的工作，部门之间的相对地理位置也是一个重要问题，这一点与生产系统相似。

办公室布置中要考虑的另一个主要因素是，办公室人员的劳动生产率，必须根据工作性质的不同、工作目标的不同来考虑什么样的布置更有利于生产率的提高。例如，在银行营业部、贸易公司等，开放式的大办公室布置使人们感到交流方便，促进了工作效率的提高；而在一个出版社，这种开放式的办公室布置可能会使编辑们感到无端受到干扰，无法专心致志地工作。

（二）办公室布置的几种基本的模式

1. 传统的封闭式办公室，办公楼被分割成多个小房间，伴之以一堵堵墙、一道道门和长长的走廊。显然，这种布置可以保持工作人员足够的独立性，但却不利于人与人之间的信息交流和传递，使人与人之间产生疏远感，也不利于上下级之间的沟通。而且，几乎没有调整和改变布局的余地。

2. 开放式办公室布置，在一间很大的办公室内，可同时容纳一个或几个部门的十几人、几十人甚至上百人共同工作。这种布置方式不仅方便了同事之间的交流，也方便了部门领导与一般职员的交流，在某种程度上消除了等级的隔阂。但这种方式的一个弊病是，有时会相互干扰，会带来职员之间的闲聊等。因此，后来进一步发展起来的一种布置是带有半截屏风的组合办公模块。这种布置既利用了开放式办公室布置的优点，又在某种程度上避免了开放式布置情况下的相互干扰、闲聊等弊病，而且这种模块式布置具有很大的柔性，可随时根据情况的变化重新调整和布置。有人曾估计过，采用这种形式的办公室布置，建筑费用比传统的封闭式办公建筑能节省40%，改变布置的费用也低得多。实际上，在很多组织中，封闭式布置和开放式布置都是结合使用的。

3. 20世纪80年代，在西方发达国家又出现了一种称为"活动中心"的新型办公室布置。

在每一个活动中心，有会议室、讨论间、电视电话室、接待处、打字复印室、资料室等进行一项完整工作所需的各种设备。楼内有若干个这样的活动中心，每一项相对独立的工作集中在这样一个活动中心进行，工作人员根据工作任务的不同在不同的活动中心之间移动。但每人仍保留有一个小小的传统式个人办公室。显而易见，这是一种比较特殊的布置形式，较适用于项目型的工作。

4. 20 世纪 90 年代以来，随着信息技术的迅猛发展，一种更加新型的办公形式——"远程"办公也正在从根本上冲击着传统的办公布置方式。所谓"远程"办公，是指利用信息网络技术，将处于不同地点的人们联系在一起，共同完成工作。例如，人们可以坐在家里办公，也可以在出差地的另一个城市或飞机、火车上办公等。可以想象，当信息技术进一步普及、其使用成本进一步降低以后，办公室的工作方式和对办公室的需求，以及办公室布置等，均会发生很大的变化。

任务落实

某公司现有两个工厂 A 和 B，3 个仓库 U、V 和 W。这些工厂和仓库位于不同的地方。该公司决定选择某个城市再建一个新工厂。现在有两个备选厂址 X 和 Y，它们位于不同的地方。有关资料如表 1-8 所示，该企业应如何决策。

表 1-8　工厂生产能力、到各仓库单位运费数据

现有工厂和备选工厂	生产能力（台／月）	到各仓库的单位运费（元／吨）		
		U	V	W
A	2 800	10	24	36
B	2 000	20	16	14
X	2 400	30	22	12
Y	2 400	40	30	8
各仓库的需求（台／月）		2 200	2 600	2 400

任务四　生产过程时间组织

任务目标

熟悉生产过程的时间组织。

情境导入

关于 Cycle Time 的含义

小王读了一本英文书，里面有 Cycle Time 一词，对它的意思吃不准，就去问小张，小张告诉他，应该译成"循环时间"。他还是不能理解，又去问小李，小李说，应该译成"周期"。小王就更糊涂了，于是去找博士生小马，小马告诉他，应该译成"节拍"。小王就去

查《英汉辞典》，发现没有节拍的意思，而节拍在英语里是另一个词：Rhythm。Cycle Time 到底是什么意思，你能够给小王一点帮助吗？

知识广场

一、生产过程时间组织的概念

生产过程的时间组织，是指要求各个生产单位之间、各加工工序之间在时间上紧密地衔接起来，以缩短生产周期的做法。

产品从投入生产开始，到最后制成产品为止所经过的时间，称为生产周期。这里的产品是广义的，包括零件、部件、整机等，因此，存在单件产品的生产周期和一批产品的生产周期的概念。

缩短生产周期的作用有：提高劳动生产率；降低成本；减少在制品，减少资金占用。因此，生产过程时间组织对整个生产与运作管理具有重要的意义。

二、零件在工序间的移动方式

零件在工序间移动，对于不同行业、不同企业表现形式是不相同的。如在建筑、造船等企业，劳动对象固定不动，工人顺序移动；冶金、化工等企业，原料整批或连续投入，整批地按加工顺序进行工序间移动，同批产品不可能同时在两道工序上加工。

在加工装配式企业内，生产周期与零件在工序间移动方式有关。当一批零件数量大于 2 时，一般有 3 种移动方式：顺序移动方式、平行移动方式、平行顺序移动方式。

（一）顺序移动方式

顺序移动方式，是指把一批零件在前道工序全部加工完毕后，再整批地转移到下道工序去加工。

例：一批零件 4 件，经过 4 道工序加工，各道工序的单件加工时间为 10、5、15、5 分钟，求该批零件在顺序移动方式时的生产周期。

解：假设该批零件在各工艺工序之间无停放等待时间，工序间的运输时间略而不计，则该批零件的生产周期，等于它们在全部工序上作业时间的总和。用公式表示如下：

$$T_{顺}=nt_1+nt_2+nt_3+nt_4=nx\ (t_1+t_2+t_3+t_4)=[4\times(10+5+15+5)]\ 分钟=140\ 分钟$$

一般公式：

$$T_{顺}=n\sum_{i=1}^{n}T_i$$

从图 1-13 中可看到，按照顺序移动方式进行生产过程时，其设备开动、工人操作是连贯的，并不存在间断时间。但就每一个零件而言，在转序时，没有达到连续进行加工，存在着工序间的等待时间，故生产周期很长。

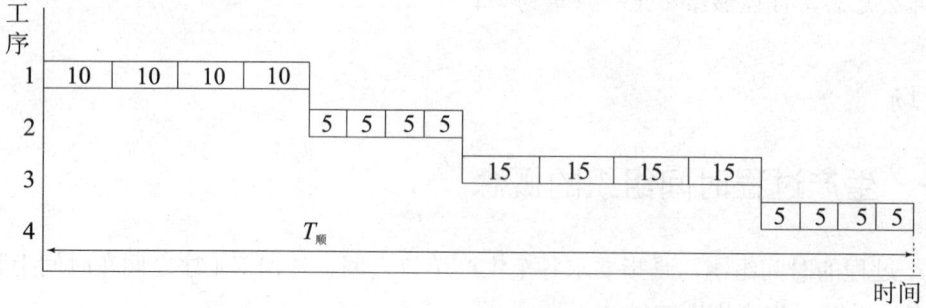

图 1-13　顺序移动方式

（二）平行移动方式

平行移动方式，是指每个零件在前道工序加工后，立即转移到下道工序进行加工。

在平行结合方式下，整批零件的加工周期可按下式计算：

$$T_平 = t_1 + t_2 + t_3 + \cdots + nt_L + \cdots + t_m$$

$$= t_1 + t_2 + t_3 + \cdots + t_L + \cdots + t_m + (n-1)t_L$$

$$= \sum_{i=1}^{n} T_i + (n-1)t_L$$

式中　　$T_平$——平行结合方式的加工周期；

　　　　t_L——最长的单位加工时间。

利用平行移动方式解决上例，则得：

$$T_平 = [(10+5+15+5)+(4-1)\times 15] \text{分钟} = 80 \text{分钟}$$

从计算结果和图 1-14 可清楚看到，平行移动方式的生产周期是最短的，但它的运输次数是最多的，而且当前后道工序时间不相等时，就会出现间歇性的设备停歇时间。这些停歇时间短而分散，不便于充分利用。

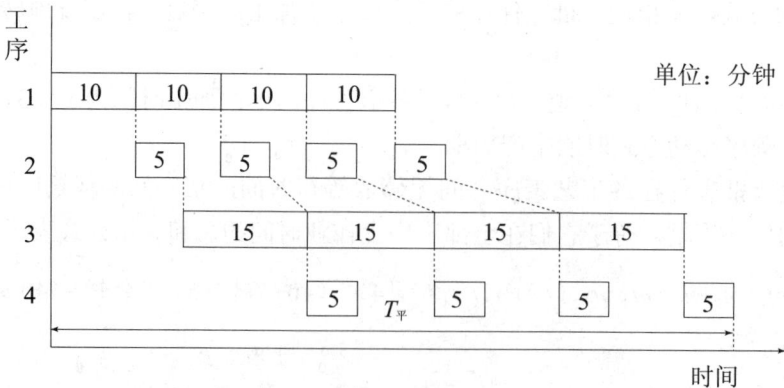

图 1-14　平行移动方式

（三）平行顺序移动方式

平行顺序移动方式的特点是将平行和顺序移动相结合，减少短暂停顿时间和缩短生产周期。总的原则是每批零件都连续加工,合并零碎停顿时间。对长、短工序有两种移动方式:① $t_前 < t_后$,平行移动;② $t_前 > t_后$,前工序完工零件数足以保证后工序连续加工时,才将零件转入下道工序。即后工序结束时间比前工序结束时间差一个 $t_后$,才能使后工序加工零件时,不出现间隙,后工序开始时间为前工序结束时间反推 $(n-1) t_后$。

平行顺序移动方式的生产周期,为零件顺序移动方式下的周期减去各重合部分的时间求得。当 $t_前 < t_后$ 时,重合部分为 $(n-1) t_前$;当 $t_前 > t_后$ 时,重合部分为 $(n-1) t_后$,这时 $t_前$ 或 $t_后$ 都是短工序。

平行顺序移动方式如图 1-15 所示。

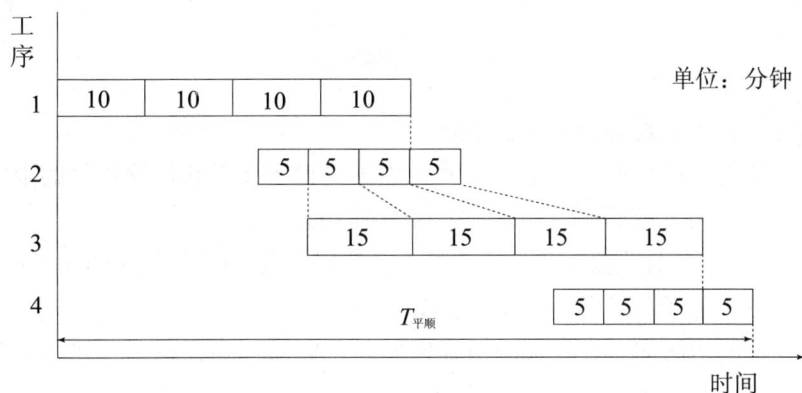

图 1-15 平行顺序移动方式

平行顺序结合方式的加工周期,可用下式计算:

$$T_{平顺} = n \sum_{i=1}^{n} t_i - (n-1) \sum_{i=1}^{m-1} t_短$$

式中 $T_{平顺}$——平行顺序结合方式下的加工周期;

$t_短$——前后两道工序单件加工时间中的短者。

利用平行顺序移动方式解决上例,可得:

$$T_{平顺} = [4 \times (10+5+15+5) - (4-1) \times (5+5+5)] \text{分钟}$$
$$= 95 \text{分钟}$$

上述公式可转换为下列公式:

$$T_{平顺} = n \sum_{i=1}^{m} T_i - (n-1)(\sum t_L - \sum t_s)$$

式中 t_L——同前后工序相比为较长工序的单件时间(又称峰工序时间);

t_s——同前后工序相比为较短工序的单件时间(又称谷工序时间)。

第二种公式的峰工序和谷工序由工序峰谷图(如图 1-16 所示)来确定。

从图 1-16 中可明显看出,峰工序为:1,3 工序。谷工序为:2 工序。而工序 4 为坡工序。

从计算结果可看出,平行顺序移动方式的生产周期居中,其综合效果较好。

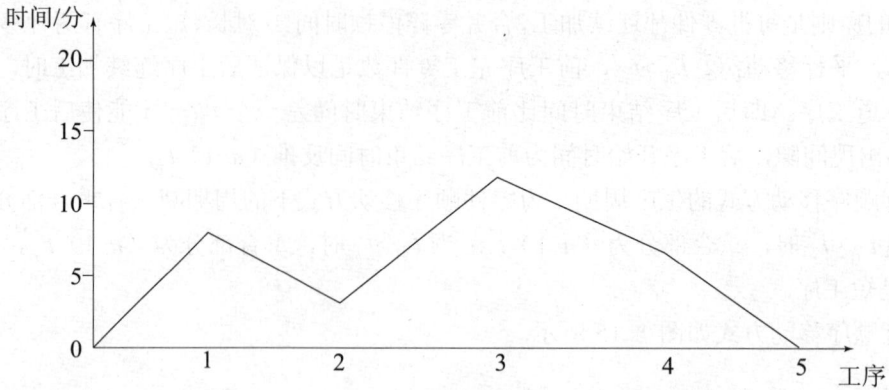

图 1-16　工序峰谷图

（四）选择移动方式应考虑的因素

1. 企业内部的专业化形式。工艺专业化由于受设备布置和运输条件的限制，一般采取顺序移动。对象专业化宜采用平行或平行顺序移动方式。

2. 工序工作量和零件重量。工序劳动量大，且零件重，采用平行或平行顺序移动方式。工序劳动量小，且零件轻，采用顺序移动方式。

3. 设备调整所需时间。设备调整所需时间长，宜采用顺序移动方式。设备调整所需时间短，宜采用平行或平行顺序移动方式。

4. 生产类型。单件小批生产类型宜采用顺序移动方式，大量大批生产类型一般采用平行或平行顺序移动方式。

5. 任务紧急程度。加工任务紧急一般都采用平行移动方式，因为它的生产周期最短。

具体选择移动方式时，除了考虑以上 5 种因素外，还可参照 3 种移动特性比较表，如表 1-9 所示。

表 1-9　3 种移动特性比较表

特性　　　 移动方式	生产周期	运输次数	停顿时间
顺序移动	最长	最少	集中且长
平行移动	最短	最多	分散较短
平行顺序移动	居中	居中	集中较长

任务落实

某多对象流水线上生产 A、B、C 三种产品，年计划产量分别为：N_a=5 万件，N_b=4 万件，N_c=3 万件，各产品的单件时间定额分别为：T_a=20 分钟，T_b=35 分钟，T_c=30 分钟，流水线年制度工作日 300 天，两班制，时间有效系数为 0.9，试求各产品生产节拍。

项目二 研究与发展管理

在研究与发展（Research and Development，R&D）管理中，研究按国际最通用的划分方法可分为基础研究、应用研究和技术开发研究。基础研究进行的是探索新的规律、创建基础性知识工作，它没有特定的商业目的，其研究成果一般是广泛的真理、普遍的原则、理论或定律。应用研究是将基础理论研究中开发的新知识、新理论应用于具体领域，它是为了某种特定的目标而进行的。发展（有时也称技术开发研究）是运用基础研究和应用研究及实验的知识，为了引入、开发新材料、新产品、新装置、新方法，或是为对现有材料和中间生产作重大改进而进行的系统的创造活动。

任务一 研究、发展与技术创新

任务目标

了解技术创新，熟练掌握动态模型的意义。

情境导入

日本 JVC 公司 VHS 主导设计的确立

日本 JVC 公司在 20 世纪 50 年代还是一家小公司，经过 20 年的努力，成功开发 VHS 型家用录像机，JVC 成为家用录像机行业的领先者，20 世纪 80 年代的年收入达到了 30 亿美元，VHS 成为行业的主导设计。

美国无线电公司（RCA）最早开始录像机的研究，美国 Ampex 公司在 1956 年首次在世界成功开发了录像机并向公众进行了展示，到 1961 年，Ampex 占领了世界录像机市场的 75% 的市场份额，累计已销售出近 900 台录像机，当时的市场价格为每台 5 万美元，Ampex 成为录像机行业的领先者，而且获有录像机关键技术的专利权。

日本国家广播公司（NHK）在 1958 年进口了一台 Ampex 录像机（VR-1000），并在东京进行展示，以鼓励日本公司研制自己的录像机。索尼、松下、胜利（JVC）等公司于

20 世纪 50 年代中期在日本最早进行录像技术研究，结果只有索尼公司在录像机市场上稍获利润，索尼公司 1962 年推出了 Ampex 原型机 1/50 大小、系统更为简化的录像机；20 世纪 70 年代初期发明了 10 种生产家用录像机的技术；1971 年推出了一种家用录像机；到 1974 年中期，研制出了一种叫做"贝塔麦克斯"的原型机。

JVC 公司于 1955 年开始录像机研究，1958—1959 年复制出 Ampex 机器，1963 年向市场推出螺旋扫描录像机。尽管 JVC 推出了大多数录像机项目都亏损，但是 JVC 并没有停止研究家用录像机。1971 年，JVC 公司成立了专门的研究小组开发称为"家庭录像系统（VHS）"的家用录像机，项目小组将技术研发定位在"了解消费者需要什么样的家用录像机，再去开发能够满足这些需求的技术"。

1974 年，索尼公司希望松下公司和 JVC 公司采用他们的贝塔（Beta）制式，但是松下公司认为贝塔制式录像时间过短（1 小时）是其一个重大的缺陷；JVC 公司认为自己推出的能够录制 3 小时的 VHS 制式是有很大潜力的，所以，松下公司和 JVC 公司都没有接受索尼的贝塔制式。

于是，索尼公司在 1975 年将其贝塔制式的录像机自行推向日本市场，推入市场后，日立公司要求购买索尼贝塔制式的技术，但是没获许可。而 JVC 公司在其 VHS 制式的录像机还未大批量生产之前，与松下、日立、三菱、三洋和东芝公司结成了临时的联盟，以推广其 VHS 标准，但是这一时期各个公司都还在推出自己的录像机。1976 年，日本通商产业省（MITI）对以索尼公司和 JVC 公司为代表的两大家用录像机标准进行协调，但是未能达成协议。

1976 年，JVC 公司向市场推出了 VHS 制式家用录像机，JVC 相继与日立、夏普公司达成了 OEM（Original Equipment Manufacturer，原厂家制造商）协议，向对方提供 VHS 录像机，JVC 公司的 VHS 阵营开始扩大。与此同时，索尼公司也试图扩大基于其贝塔制式的阵营，三洋、东芝等公司开始接受贝塔制式的标准。至此，录像机产业开始分类成为两大派别，两大标准之争持续了此后的 10 年，这一时期，也是录像机工业发展最快的时期。

贝塔制式和 VHS 制式都采用螺旋扫描器，但是两者并不兼容，两者的录像和放像能力、录像带尺寸和装带装置都不一样。

最初，索尼公司在家用录像机市场处于明显的领先地位，1976 年和 1977 年，索尼公司占领了录像机市场的 50% 的市场份额，贝塔制式的录像机处于明显的市场优势地位。但是，到 1987 年底，松下公司取得了录像机市场 35.8% 的市场份额，而索尼只取得了 27.9% 的份额；到 1988 年，基于 VHS 制式的录像机取得了 95% 的市场份额，VHS 制式成为家用录像机的主导设计。

（资料来源：程源，雷家骕等. 技术创新：战略与管理 [M]. 北京：高等教育出版社，2005）

知识广场

一、研究与发展的分类和特征

研究是针对某个主题的科学知识进行大量的、系统的、反复的探索，通过对事物现象的周密调查与反复思索而揭示出事物的本质。它是一个重要的科学调查实验与分析过程。发展（或称开发）是指运用科学知识对基本思想、基本原理作进一步的发展，以产生一种新的物质形态。因而，研究是探索未知，发展或开发则是从潜在的或基本的因素中创造出某种具体的物质形态（如新产品、新工艺、新材料等）。人们往往习惯把研究与发展统称为科学研究。

研究与发展（Research and Development，R&D），按国际最通用的划分方法可分为基础研究、应用研究和技术开发研究。基础研究进行的是探索新的规律、创建基础性知识工作，它没有特定的商业目的，其研究成果一般是广泛的真理、普遍的原则、理论或定律。应用研究是将基础理论研究中开发的新知识、新理论应用于具体领域，它是为了某种特定的目标而进行的。技术开发研究（有时也称试验发展）是运用基础研究和应用研究及实验的知识，为了引入、开发新材料、新产品、新装置、新方法，或是为对现有材料和中间生产做重大改进而进行的系统的创造活动。研发分类实例见表2-1。

表2-1　研发分类实例

基础研究	应用研究	技术开发研究
研究微生物耐辐射的生物化学和生物物理的机制	为获得保存果汁方法所需的知识，就加热和辐射对酵母自下而上的影响而进行微生物学的研究	发展一种用 Y 射线保存果汁的方法

不同的研发类别呈现的特征也不同，上述 3 种类型研发的特征比较见表 2-2。

表2-2　3种研究发展的特征比较表

	基础研究	应用研究	技术开发研究
目的	寻求真理，扩展知识	探讨新知识应用的可能性	将研究成果应用于生产实践
性质	探讨发现新事物、新规律	发明新事物	完成新产品、新工艺，使之实用化、商品化
内容	发现新事物、新现象	探求基础研究应用的可能性	运用基础研究，应用研究成果从事产品设计、产品试制、工艺改进
成果	论文	论文或专利	专利设计书、图样、样品
成功	成功率低	成功率较高	成功率高
经费	较少	费用较大，控制松	费用大，控制严
人员	理论水平高，基础雄厚的科学家	创造能力强、应用能力强的发明家	知识和经验丰富、动手能力强的技术专家
管理原则	尊重科学家意见，支持个人成果，采用同行评议	尊重集体意见，支持研究组织在适当时候做出评价	尊重和支持团体合作
计划	自由度大，没有严格的指标和期限	弹性，有战略方向，期限较长	硬性，有明确目标，较短期限

二、技术创新及动态模型

（一）技术创新概念

科学技术的任务在于认识世界和改造世界。科学着重于认识世界，技术着重于改造世界。人类运用科学技术发现世界的过程，也就是技术进步和技术变革的过程。

技术变革大体上要经过发明、创新、扩散 3 个阶段，其中，发明是基础研究和应用研究的结果，创新则是发展研究的结果，技术创新阶段要投入大量的人力、物力和财力，其成果直接关系到国民经济的发展和企业经营的成败。

技术创新是为了满足社会需要而对现有知识新的综合，是新技术第一次商业性应用，也是科学直接转化为生产力的阶段。

技术创新主要是指产品创新、工艺创新和扩散。产品创新是指技术上有变化的产品的商品化，它可以是完全新产品，也可以是对现有产品的改进。工艺创新是指一个产品的生产技术的重大变革，它包括新工艺、新设备及新的管理和组织方法。扩散是指创新通过市场或非市场的渠道的传播。

（二）技术创新的动态模型

为了更好地了解产品创新和工艺创新的相互作用及动态特性，现将两者的动态特性综合为一个模型。如图 2-1 所示。

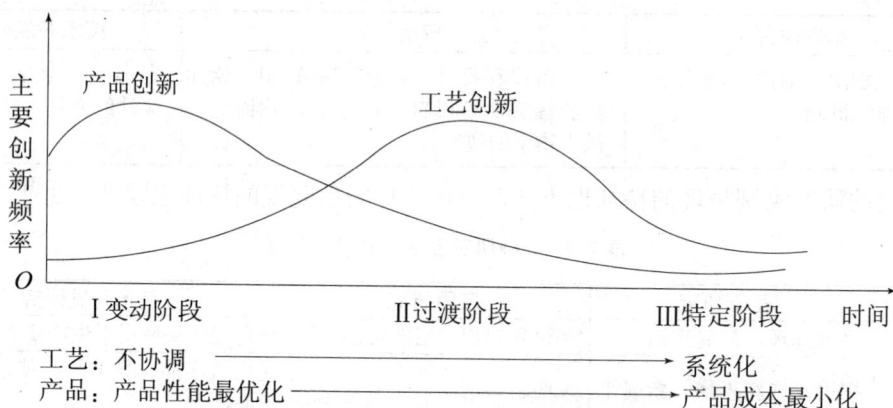

图 2-1　技术创新动态模型

技术创新动态过程分为以下 3 个阶段：

1. 变动阶段

通过频繁的产品创新，使存在的许多有关产品的技术问题得到解决，从而使产品性能和结构得到明显的改进。开始时工艺因陋就简，但随着生产的发展，工艺创新率必须逐步提高。用户的比较和评价是把产品创新引向改进与提高产品性能的重要推动力和信息源。

2. 过渡阶段

为进一步开拓市场、增加市场占有率，产品创新将集中于解决便于制造、运输和维修等方面的要求，解决结构的工艺性、产品系列化、通用化和组件的标准化问题。产品创新的频率大幅度下降，工艺创新率大幅度上升。

3. 特定阶段

某种特定产品的高效、低成本阶段。这时竞争基础已不是创新产品的性能，而是产品的质量与成本之比。产品性能和生产工艺趋于稳定，产品和工艺创新率降到最低。

以上3个阶段是由美国学者阿柏纳赛（Abernathy）与厄多伯克（Utterback）提出的，又称 U-A 模式。

（三）二次创新及动态模型

U-A 模式适用于自主创新。但由于科技基础结构、技术能力、经济发展水平、教育和文化等诸方面所存在的差异，发展中国家的自我技术发展能力往往是从发达国家引进技术的基础上，通过消化吸收积累而成的。创新的基本模式是以引进、消化、吸收先进技术为基础的二次创新模式，是发展中国家的必然选择。

对于引进技术方面，有日本、韩国引进技术的成功经验。而引进技术的成功关键在于"二次创新"，否则就会掉入引进技术的陷阱，"引进—落后—再引进—再落后"，对于引进技术不能"只引进不消化"或"只消化不创新"。

究竟引进什么技术好，这方面存在一定的争议，关键在于如何对引进技术进行再创新，以形成自身在市场上的竞争优势。我国作为一个发展中国家，技术创新应走"二次创新"的道路。

1. 二次创新的定义。二次创新是指在引进技术的基础上，囿于已有的"技术范式"，结合自身市场的条件，循新的"技术轨迹"发展的技术创新。二次创新贯穿于引进技术的消化、吸收全过程。

2. 二次创新的动态模型。我国浙江大学学者提出了不同于 U-A 模型的二次创新的动态模型。如图 2-2 所示。

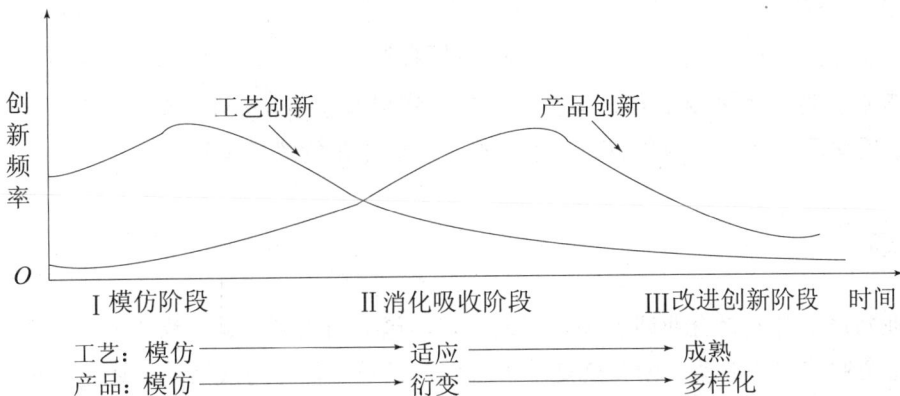

图 2-2　二次创新动态模型

二次创新分为3个阶段：模仿阶段、消化阶段、改进阶段。二次创新动态模型各阶段的特点，见表 2-3。

表 2-3 二次创新动态模型各阶段的特点

	模仿阶段	消化阶段	改进阶段
竞争焦点	产品质量	降低成本	改进产品性能
创新动力	内部技术"瓶颈"	社会需求内部技术"瓶颈"	新市场需求
创新主类型	工艺创新	工艺创新产品衍变	改进型产品创新
产品种类	单一	标准产品系列化	产品多样化
生产过程	向预定方式跃进	适应性调整	高效、稳定
组织管理	强调目标与规划	标准化、专业化	发挥企业家作用
主导战略	尽早打入市场	低成本、高质量扩大市场	多样化开拓新市场

任务落实

请联系实际，举出一个企业二次创新的实例。

任务二 企业新产品

任务目标

能够就某个具体的产品，设计其开发的方式。

情境导入

小李的难题

小李在上海一个外企工作，某天，他回老家时拿出 Iphone4 向旁人炫耀这个新产品，身边的小侄女问，什么是新产品？小李犯难了，你能帮他解释吗？

知识广场

企业新产品开发是企业研究和发展的重点，包括物质形态和非物质形态新产品的研究开发，是企业的创新活动。创新既是一种思想，又是一种行为或活动，还是一种成果。创新成果是通过创新行为或创新活动产生的。新产品是在这种创新思想指导下从事创新活动所取得的成果。

一、新产品的概念和开发的重要性

（一）新产品概念

新产品对企业来说应该是本企业新生产的或过去生产的产品不具备这些使用功能和性能的产品。从生产技术角度来看，新产品是指采用新技术原理、新设计构思研制生产的科研型产品，或在结构、材质、工艺等某一方面或几方面比老产品有明显改进，使产品性能显著提高或扩大了使用功能的新型产品；从企业经营角度来看，新产品是指与现有产品相比较，在技术原理、结构性能、经济技术指标等方面均有显著改进和提高，并在一定市场或范围内首次投放市场的产品。

新产品可分为全新型新产品、仿制型新产品、换代型新产品、改进型新产品（包括开发了新用途的新产品），还可分为国际新产品、国内新产品、地区新产品或企业新产品。

（二）新产品开发的重要性

新产品开发是把科研成果转化为现实生产力的重要途径；通过新产品开发能提高企业实力，增强国际竞争力；能改善提高人民生活质量和水平；能促进社会经济发展。新产品开发对企业的生存和发展具有更重要的意义。如20世纪90年代末韩国企业开发投资的63%用于新产品开发，其余用于产品改良（10.8%）、技术改造（8.5%）和新技术开发（4%）等。

1. 新产品开发能提高企业生存能力。科学技术迅速发展，新技术、新产品随之不断产生，产品生命周期越来越短，社会对新产品的需求越来越强烈，企业只有跟上时代的步伐，根据产品的生命周期源源不断地开发出适销对路的新产品并推向市场，才能提高生存能力，才能不断发展。

2. 企业进行新产品开发能不断满足社会需求。企业以向社会提供产品来服务社会。随着科学技术的不断进步和社会经济的不断发展，公民的收入和生活水平也在不断提高，社会需求的变化也在不断加快，因此，企业只有不断淘汰过时的产品，开发生产新产品，才能有效地为社会服务。

3. 新产品开发能提高企业竞争力。知识经济全球化的发展趋势越来越明显，而且越来越快，并已遇到了加入WTO后的国际挑战，所以，企业参与的国内和国际竞争更加激烈，企业只有不断开发出国内或国际新产品，才能在竞争激烈的市场上站得住脚，才能取得胜利。国内外许多成功企业的经验也证明，只有不断开发新产品，才能提高竞争力，才能占有竞争优势。美国著名管理学家说过，"不创新，就死亡"。20世纪90年代，美国学者普拉哈拉德和英国学者加里·哈默尔首先提出了"核心竞争力"的概念，目前此概念已广泛地在学术界和企业界得到采用。

4. 新产品开发可促进企业生产技术的提高。新产品开发是一个不断探索和创新的过程，是学习新知识和运用新知识的过程。产品的更新，必然导致原有的工艺装置、设备、厂房建筑、能源、原材料结构、人员素质与配置以及管理方式方法等产生一系列相应变化。可见，新产品开发过程也是不断提高企业生产技术水平和管理水平的过程。

5. 新产品开发能提高企业经济效益。新产品开发，要求尽量采用新的科学技术成果，提高产品的科技含量，这一方面可使生产过程的人力、物力和财力消耗下降；另一方面必然使新产品比老产品具有更优的性能、更高的技术含量和更高的附加值，从而不仅能更好地满足用户的需求，而且能给企业带来更大的经济效益。

（三）核心竞争力的概念

在普拉哈拉德和哈默尔看来，核心竞争力首先应该有助于公司进入不同的市场，它应成为公司扩大经营的能力基础。其次，核心竞争力对创造公司最终产品和服务的顾客价值贡献巨大，它的贡献在于实现顾客最为关注的、核心的、根本的利益，而不仅仅是一些普通的、短期的好处。最后，公司的核心竞争力应该是难以被竞争对手所复制和模仿的。

企业核心竞争力是特定企业个性发展中的产物，它的表现形式多种多样，始终融于企业的研究开发、设计、制造、销售、服务等各方面的职能部门，体现企业有形资源与无形资源的有机结合。由于信息、专长、能力等在本质上仍是企业组织内部的知识，而组织独特的价值观与文化，属于组织特有的资源。因此，企业核心竞争力本质是企业特有的知识和资源。

企业核心竞争力的特征有：独特性，它是公司"独一无二"的；增值性，它能使公司为用户提供更多的价值，使用户在使用过程中更多获益：延伸性，它能使企业衍生出一系列新产品或新服务；动态性，它并非一成不变，随着时间的推移、环境的演变和市场需求的变化等，必须给予重建和发展；综合性，它不是一种单一的能力，是多种能力和技巧的综合，是多学科知识在长期交叉作用中的积累；不可模仿性，这是一项重要的特征，是人们用来识别它与非核心竞争力的一个重要判别标准。

二、新产品开发的方式

（一）独立开发方式

它指的是企业只依靠自己拥有的创新资源，完成产品的全部开发工作的新产品开发方式。韩国中小企业的技术开发方式中，70.2% 为独立开发，22.9% 为合作开发，大型企业独立开发的比例会更高，表明中小企业对独立技术研究开发活动的日益重视。独立开发的方式可分为以下几种：

1. 企业完成基础研究、应用研究和产品开发研究的全部工作，这种开发一般适合创新资源特别雄厚的大型企业。

2. 企业只进行应用研究和产品开发研究，这种开发一般适合具有较雄厚创新资源的企业。

3. 企业只进行产品开发研究，这种开发一般适合中小型企业。

（二）合作开发方式

它指的是企业同高等院校或科研单位合作进行新产品开发的方式，是一种创新资源优势互补的方式，在我国一般称为"产、学、研联合"。高等院校和科研单位在人才和信息等方面具有优势，企业在物力、财力方面具有优势，相互合作，可以迅速取得成果，可以迅速地将高等院校、科研单位的研究成果转化为现实生产力，获得经济效益。这种方式应用最广泛，不仅为众多的中小企业采用，也为许多大企业所采用。

（三）技术引进方式

它指的是通过各种方式和途径引进国外比较先进的已经成熟的技术，进行新产品开发的方式。此方式的特点是企业投资较少，掌握新技术较快，投产较早，适合创新资源较弱的企业采用。但是，这种方式不能使企业掌握世界先进水平的技术，而且在科技高速发展的今天，引进的成熟技术被淘汰速度也快。例如，上海大中型工业企业技术引进经费与用于消化、吸收、创新经费之比，1990 年是 37∶1，1997 年是 39∶1，1998 年是 7.89∶1，而日本一般是 1∶3。这说明与日本企业相比，我国企业注重技术引进，而不注重引进后对技术的消化、吸收和创新。所以，我国企业要调整用于技术引进与消化吸收和创新的投资比例，提高用于消化吸收和创新投资所占的比重。

（四）自行开发与技术引进相结合的方式

它指的是企业在引进技术的基础上，进行创新，开发出先进适用的新产品的开发方式。这种方式是对引进技术进行消化、吸收并创新，一方面可以实现花钱少、见效快、产品先进的目的，另一方面还可使企业技术队伍得到锻炼提高，增强企业研发的能力。

企业开发新产品，可根据企业创新资源（人力、物力、财力及信息资源等）情况，选择适当的新产品开发方式。

三、新产品开发的程序

（一）新产品开发程序的一般步骤

新产品开发由创意与概念形成开始，至产品在市场成功销售为止，期间有众多不同职能单位的参与以及大量时间与金钱的投入，因此，如何有效规划新产品开发程序与管理新产品开发的活动，是所有企业都关注的重要课题。新产品开发程序一般分为以下几个时期：

1. 构思、计划期

人们在一定范围内首次提出开发某种新产品的设想，称为新产品构思。首先根据市场的需求，提出吸引顾客的新产品构思方案。它应该包括对新产品的原理、构造、材料、工艺过程以及新产品的性能指标、功能、用途等多方面的设想。然后对构思方案进行分析、评价、筛选，最后确定方案，制订开发计划。

2. 新产品方案的评估与选择期

根据开发设计目的设计出若干方案，对各种方案进行分析、评价、筛选，最后确定方案，制订开发计划。开发计划遵循"生产一代，储备一代，研制一代，构思一代"的原则，使新产品能够不断地适时取代老产品而进入市场，以保持企业的经营活力和市场占有率。

所谓评估选择，就是对众多的新产品构思进行分析评价，淘汰不可行的和可行性小的构思，保留少数可行性大的有价值的构思，以便集中创新资源进行深入的研究。对新产品构思进行评估选择，一要考虑能否满足社会需要。社会需要有很多方面，一个构思若能满足一方面或几方面的社会需要，就具有开发价值。二要考虑企业目标和企业创新资源。构思应与企业目标（如利润目标、销售成长目标、企业商誉等）相一致，并且要与企业创新资源相符合，即企业运用现有的和可争取到的创新资源能将构思变成新产品；否则，这一构思对企业毫无意义。

3. 新产品设计开发期

在这一阶段对前一阶段确定的技术构思进行评价，然后开始进行新产品的设计，它在新产品开发程序中具有重要作用。

4. 生产技术准备期

在这一阶段对第三阶段的结果进行评价，它是为试制和生产创造一切必要条件的工作。生产技术准备有着较大的工作量。

5. 商业性投产和市场营销

新产品投产以及供应市场，需要大量的投资。企业应根据预测的销售量来决定新产品的生产方式和生产规模。新产品在进入批量生产后，商品正式推出时要做到三个"有利"，即有利的时机、有利的地点、有利的对象。所谓"有利的时机"，就是选择最有利的投放市场的时间。投放时间过早会造成老产品损失，投放过晚，也会使新产品不能处于领先地位，失去新产品的销售良机。"有利的地点"，就是选择主要地区的市场投放新产品，以便占有市场，取得立脚点，然后再扩大到其他地区。"有利的对象"，就是最先使用者、大量使用者，能影响别人购买的带头人，以及对价格敏感的购买者，新产品应尽量先向这些人推销。

新产品开发过程需要耗费大量的资金，企业若要降低研发费用和加快研发进度，必须严格遵守新产品开发程序。

（二）流程性材料的开发及程序

1. 概述

流程性材料（由流程式生产过程生产）的新产品开发，由于其本身的特性，与硬件（由加工装配式生产过程生产）新产品开发有些不同。流程性材料的新产品开发程序为：新产品构思——实验室试验——中间试验——商业性投产和市场营销。它与上述新产品开发的一般步骤的区别在于，产品的性质和习惯的称谓。它的产品设计，强调的是配方的确定，一般可认为是原料品种、各种原料配合的比例及反应（生产）条件的确定等。而配方的确定一般先要经过实验室试验、中间试验等，它没有产品图样的概念，它的生产技术准备强调的是，工艺方案（生产配方、生产工艺条件等），设备的试验及制造、安装等。

流程性材料有许多是中间产品（或称原料产品），也有一些是终端产品。中间产品如纺织工业上的新型纤维材料，某些新的化工材料如药物中间体，它们的终端产品分别为纺织面料、服装和药品。在市场经济体制下，只有当它们的终端产品被市场认可时，中间产品才具有价值。因此，当原料产品的新产品开发成功后，还要关注和积极参与整个产品链的新产品开发。当然，这样需要较长的时间和较多的投资，一旦成功，其经济效益和社会效益都会十分巨大，甚至可以形成一个新的产业。

2. 流程性材料开发中的重要一环——中间试验（简称为中试）

由于我国较长时期处于计划经济体制下，许多科研成果被束之高阁，不能形成生产力，主要是因为忽视了中间试验这一环节。

中间试验是指经初步技术鉴定或实验室阶段研试取得成功的科研成果到生产定型以前的技术经济活动。这些技术经济活动主要是指为了企业技术创新的实现，通过建立生产经营微系统进行的一系列技术试验活动、生产试验活动和市场营销试验活动。

中间试验要在近似于生产的环境中进行，要建立一定装置、机组、车间或试验基地。如制药行业，当药品研发的实验室工艺完成后，即药品工艺路线经论证确定后，一般都需要经过一个比小型实验规模放大 50 ～ 100 倍的中试装置进行放大，以便进一步研究在一定规模装置中各步反应条件的变化规律，并解决实验室阶段未能解决或尚未发现的问题。不仅如此，中间试验得以进行必须有技术试验、生产试验和市场营销试验所需要的各种人员、各种物料、信息、资金及相应的采购、销售组织等，这些要素还要动态地、有机地结合起来，即组成一个类似于工业企业的生产经营系统。由于这个系统在规模上远小于工业企业的生产经营系统，所以可称之为生产经营微系统。

中间试验的目的不仅仅在于验证、改进实验室研究的成果，还在于在很大程度上消除应用新技术所带来的在生产方面、市场方面的种种不确定性，为企业技术创新的实施作全面的准备。并且，通过设计、改进、完善和运营一个基于新技术的生产经营微系统，从而为企业技术创新的实施作示范。

对中间试验的重视除了在观念上进行更新外，国家支持技术创新的措施必须要跟上。有学者提出，国家有必要加强面向社会的中间试验基地的建设。这是因为，从发明到商业化产品的路途是漫长的，实验室试验、中间试验往往必不可少。多数个体发明者根本不具备中间试验的条件，而潜在的技术买主对于不成熟的技术，又很难做出决断，这就陷入一个怪圈。为了推动自主创新，国家除了兴建重点实验室之外，还非常有必要加强面向社会的中间试验基地的建设，尤其是采用开放共享方式、主要为中小企业和个体发明者服务的中间试验基地。当然，这些中间试验基地与请求中间试验的发明者双方可以就一旦相关技术转让成功之后的利益分享问题做出协议安排。这样的开放式中间试验基地将为我国技术水平的稳步提升做出不可估量的贡献。

（三）新产品开发程序的主要类型

由于企业性质、组织文化、产品形态、经营策略、管理风格的差异，企业往往采取不同的新产品开发程序。下面分别介绍新品开发程序的 4 种主要类型：

1. 循序渐进式

所谓循序渐进式的新产品开发模式，即是依循上述 5 个步骤逐步实施。有关产品创意可能数量极多，但只有极少数能通过筛选，而评估的重点在于竞争力、获利率、市场销售量、技术可行性、企业资源能力等。在形成共同的产品概念之前，往往需要经过反复的讨论与评估，因此步骤 1 至 3 是反复的循环进行。产品概念形成后，要进行市场机会分析、销售量预测、财务预测，目的是进一步明确新产品的市场机会与检测新产品开发有关的决策。完成产品原型开发后，要先进行试产与市场测试，以便在正式上市前有修订与弥补的机会，并且为量产与上市做最充分的准备。试产与市场测试，要保证新产品有足够的订单，才能进行批量生产，否则企业将损失巨大。

循序渐进的新产品开发模式的优点是，可以确保有关新产品开发可能面临的议题或困难，均在事前经过详细的评估，因此，可以降低产品开发的风险；不过因此可能也要付出相当的时间与成本的代价，尤其这种模式的弹性与灵活应变的程度相对较低。一般在市场情况变化不大，企业组织结构化，产品开发有充足的时间与资源支持，以及面对不确定的全新产品开发方案时，较常采用这种循序渐进的开发模式。

2. 同步并行式

循序渐进式主要的缺点是部门间的联系与沟通，每一个部门都必须要花费许多时间来了解上一部门移转过来的研发成果。经常由于部门间认知差距与沟通障碍，造成时间拖延与成本上升，尤其严重的是无人需要为产品开发的成败负起全责。为了克服这些问题，产生了同步并行式的新产品开发程序，又称为同步工程（并发的工程）。

同步并行的模式实行项目研发的方式，将与新产品开发有关部门的人员整合起来，并以团队合作方式来运作。在产品概念产生与发展企划阶段，即同步考虑生产制造与营销计划的问题。同步并行式的特色在于产品企划阶段的详细规划，经常运用产品质量机能展开（QFD）的方法，将产品开发各阶段可能面临的设计与规划问题，预先做出整体性的规划，并成为各部门的沟通与共识基础。

3. 机动团队式

由于市场环境的快速变迁，企业对于新产品开发活动与相关决策，要求更高的弹性与应变速度。如果将循序渐进式视为大队接力，那么机动团队式就如同篮球团队一般。机动团队式的新产品研发，强调授权与学习的组织特色，并以独立项目团队的方式来运作。在这个项目团队中，虽然没有明确的作业程序或作业规范，但非常重视成员共识的建立，产品各发展阶段机动地同步进行，独立、自主、创新、学习是机动团队的主要特色。一般企业为克服新产品创新的阻力，经常会采取这种组织模式，企业主要以预算与绩效作为控制与评估这类项目团队的主要手段。

4. 乱中有序式

极其重视创新的企业，为避免因计划、程序阻碍产品创新的机会，因此不主张以程序方式进行新产品开发。这种企业容许各种类型的产品开发形式存在，只要有成功的机会，企业将放任各部门或各成员独立自主地进行产品研发，除非情况失控或需要使用大量资源，高层主管都不会干预或限制新产品创新开发的活动。乱中有序式的新产品开发模式的特色，在于组织成员对于产品创新与企业发展目标有一致的共识，因此勇于放任成员发挥创新潜能，自由组织最合适的产品研发模式，企业以支持的态度给予配合。美国的某家游戏软件开发公司就是采取这种产品开发模式，容许任何员工自主推动游戏软件的开发构想，只要获得高层的认可，即可组成自己认为最适的开发团队。该公司不希望因为任何形式的程序，而限制新产品开发的机会与效率。

以上4种程序类型也可以同时并存于一家企业的新产品开发活动过程中。

请搜集市场上各行业最近半年出现的新产品。

任务三 生产技术准备

任务目标

能够就某个具体的产品，了解其生产技术的重要性。

情境导入

金光公司的新产品生产

金光公司的老总发现，企业的营业额和利润近些年一直在下降，通过调查发现，这是因为市场上出现了新产品，自己公司的产品无论在性能上还是在价格上都明显不占优势。为此，金光公司决定买入一项新的技术进行新产品的生产。请问，金光公司还应该做哪些投入？

知识广场

一、生产技术准备概述

（一）生产技术准备的概念

任何产品的生产过程都包含着准备和生产两个阶段，生产技术准备是为试制和生产创造一切必要条件的工作。生产技术准备工作是企业开发和设计新产品、改造和整顿老产品、采用新技术和改变生产组织时所进行的一系列生产技术准备工作。

生产技术准备工作对于企业具有十分重要的意义。在一个产品个性化、新产品层出不穷的时代，企业必须不断研发、设计出新产品，改造和整顿老产品，采用新技术，才能在竞争激烈的社会竞争中得到成长和发展。坚实的研发能力、优良的新产品设计及工艺技术，使企业生产的产品新颖、优良、可靠、美观大方、经济方便，能有力地吸引顾客，赢得市场。另外，生产技术准备工作又对产品生产过程起着决定性影响。产品的生产效率、材料利用、产品质量以及能否建立良好的生产秩序等都直接取决于产品和工艺技术的开发和设计。

（二）生产技术准备工作的任务

1. 以最快的速度、最低的费用开发出适销对路的产品。

2. 做好企业产品、技术和生产方式新旧交替的准备工作，实现有条不紊的转变。新老产品转产过度的 3 种方式为：①停产过渡（老产品全停），如图 2-3 所示；②平行过渡（老产品不停），如图 2-4 所示；③不停产过渡（老产品逐步减少），如图 2-5 所示。

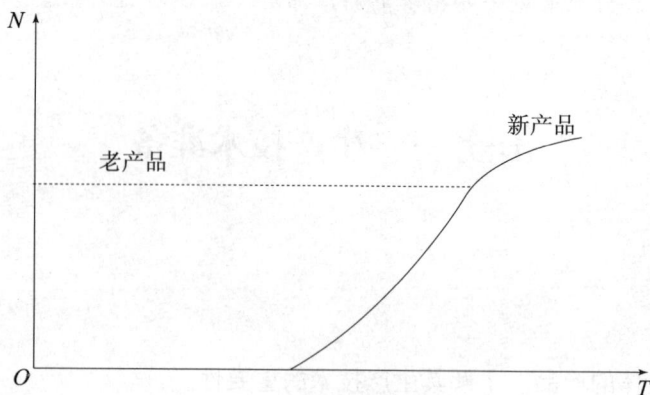

图 2-3　停产过渡

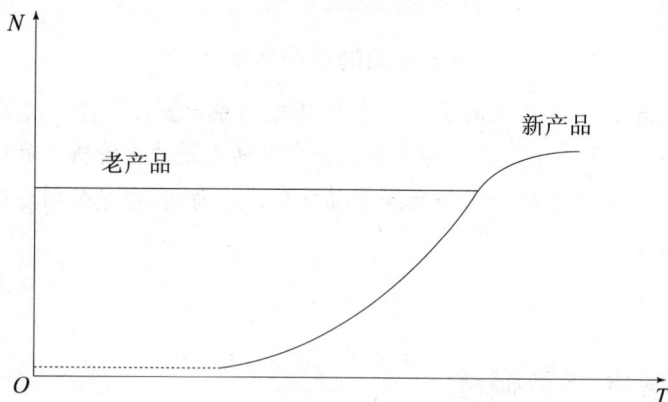

图 2-4　平行过渡

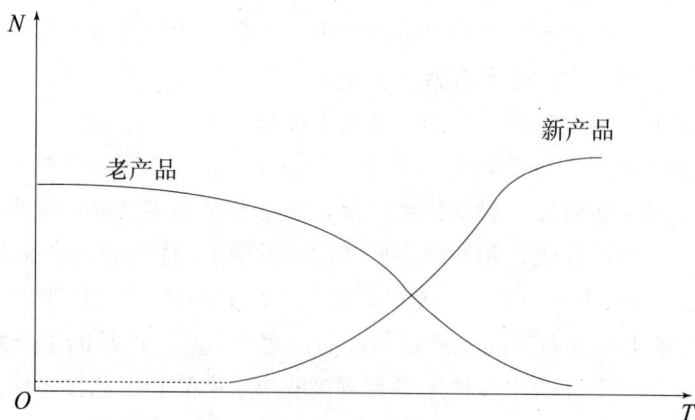

图 2-5　不停产过渡

3. 保证产品设计、制造和使用的经济性。

4. 提高企业的生产技术水平和经济效益。

二、生产工艺准备

新产品设计要解决的问题是生产什么样的产品，至于怎样生产出符合设计要求的产品（如采用什么样的加工顺序和方法、用什么设备加工等），只能依靠工艺准备工作来解决。工艺准备工作，是保证新产品试制和正式生产达到设计要求，保证产品质量，降低生产成本，指导工人操作，提高劳动生产率的重要环节。

工艺准备主要完成以下工作内容：对产品图纸进行工艺性分析与审查；制定工艺方案，编制工艺规程；设计、制造和调整工艺装备；制定工时定额和材料、工艺用燃料、动力、工具、消耗定额；设计及采用合理的技术检查方法；设计先进的生产组织及劳动组织形式等。

（一）产品图样的工艺分析和审查

产品图样的工艺性分析与审查，是根据工艺技术上的要求和企业生产条件以及可利用的外部条件，来评价新产品设计是否合理，加工条件是否具备，企业制造该产品是否能获得良好的经济效益。不但要考虑设计上的先进性和必要性，还要考虑工艺上的可能性和经济性。要在保证产品结构、性能和精度的前提下，努力改善其加工工艺，使所设计的产品尽量符合本企业制造条件，力求获得最好的经济效益。

工艺性分析与审查在新产品设计各阶段进行，新产品设计完成后还应该作一次全面复审。未经工艺审查的图样不得描绘和使用。

（二）制定工艺方案

工艺方案是规定了全部工艺准备工作应遵循的基本原则以及产品试制中的技术关键和解决方法的纲领性文件。工艺方案的主要内容包括：规定设计产品试制及过渡到批量生产或大量生产的质量标准；规定工艺规程的编制原则及形式；制定关键性工艺的解决方案和选定试验研究的课题；规定工艺装备的设计原则和工艺装备系数；确定生产组织形式和工艺路线；分析工艺方案的经济效益；估计工艺准备工作量，规定工艺工作计划。

一个新产品设计，可设计出多种工艺方案，不同的工艺方案，加工过程也不同，产生的经济效益自然不同。因此，必须对各方案进行经济评价，选择最优工艺方案。比较工艺方案优劣，可以先对各工艺方案进行技术经济指标（如劳动消耗量、原材料消耗量、设备构成比、设计的厂房占地面积、工艺装备系数和工艺分散与集中程度等）分析。然后再对各工艺方案的工艺成本进行分析，从综合、整体的角度判断工艺方案的优劣。工艺方案的经济效益分析通常采用工艺成本降低额、投资费用节约额、投资回收期方法进行比较，然后择优选择。

（三）制定工艺文件

工艺文件包括工艺规程、工艺装配图、工时定额、原材料消耗定额等。其中，最主要的是工艺规程。它是具体指导工人进行加工制造的操作文件。其主要内容为：产品及其各部分的制造方法和顺序、设备的选择、切削规范的选择、工艺装备的确定、劳动量的确定、设备调整方法、产品装配与零件加工的技术条件等。

工艺规程的主要形式有：

1. 工艺路线卡（工艺过程卡）。它是按产品的每个零件编制的。它规定每个零件在整个制造过程中所要经过的各工种的工艺路线，列出每个零件经过的车间、小组、各道工序的名称、使用的设备、工艺装备以及工时定额等。

2. 工艺卡。它是按每个零件的每个工艺阶段（车间）编制的一种路线工艺。它规定着加工对象在制造过程中在每一个工艺阶段内所经过的各道工序，以及各道工序的加工方法。

3. 工序卡（操作卡）。它是按产品或零件的每道工序编制的工艺规程。它规定着这一道工序的详细方法、技术要求和注意事项等。

4. 工艺守则（操作规程）。它规定了操作的要领和基本的注意事项，一般是对重要的和关键的工序制定工艺守则。

（四）工艺装备的设计和制造

工艺装备简称工装，是制造产品所用的各种刀具、量具、模具、夹具、辅助工具的总称。合理选用工艺装备，对保证产品质量、提高劳动效率、改善劳动条件具有重要作用。

工装按其使用范围，可分为标准工装和专用工装等两种。前者可以外购，后者需自行设计和制造。

工艺装备设计和制造，工作量大，成本也较高。在机械制造企业中，专用工艺装备的设计制造占整个生产技术准备工作量的 50%（成批生产）～ 80%（大量生产）；工艺装备费用占产品成本的 10% ～ 15%。因此，在设计和制造工装时应遵循以下各项要求：

1. 正确规定工艺装备系数。其公式表格如下：

$$工艺装备系数 = 专用工艺装备 / 专用零件种数$$

2. 提高工艺装备的继承性。

3. 采用规格化工艺装备。工艺装备规格化是指在企业内使工艺装备的结构、形式、尺寸通用化和标准化。

4. 保证质量、缩短周期、节约费用。

三、新产品试制与鉴定

新开发的产品，经过图样设计和工艺准备后，就转入了试制和鉴定阶段。产品试制过程是严格按图样和工艺要求制造实物产品、探索生产的过程。产品鉴定是按照设计要求，分析、判定样品符合设计程度和存在的问题。产品试制鉴定是对新产品设计和工艺的全面审查鉴定。在此阶段检验新产品设计的正确性和加工工艺的可行性，并通过试制产品的检验，及时发现和解决设计中的问题，进一步改进设计和工艺，避免在正式投产后发生人力、物力、财力和时间的浪费。

新产品的试制和鉴定一般包括两个步骤：样品的试制和鉴定、小批试制和鉴定。

（一）样品试制和鉴定

1. 样品试制

样品试制，即制造出一件或几件产品，来考核新产品设计质量，审查产品结构、性能及主要工艺存在的问题，验证和修正图样等。

样品试制的主要内容：

（1）根据产品技术条件对产品进行全面的使用试验。

（2）对产品的重要零部件进行强度、可靠性和寿命试验。

（3）对事先不能用计算方法准确设计的零部件进行实验检查，并使之更为精确。

（4）发现和消除产品结构的缺点、错误和不协调现象，全面检查产品及其各部件的工作精度。

（5）找出产品结构的工艺缺点，提高产品结构的工艺性。

（6）确定复杂零件、部件的最合理制造方法。

2. 样品鉴定

样品先进行性能测试，当性能达到技术要求时，才交付鉴定。

样品鉴定是根据设计任务书、技术设计和工作图设计等图样和技术文件，由专业人员检查和评定产品结构、性能是否达到技术文件所规定的要求，并在鉴定时，编写样品鉴定书载明各种结论，决定是否进行小批试制。

样品鉴定是衡量新产品能否经得起实践考验的重要手段，必须予以重视，严格组织进行。通过试制和鉴定，使新产品样品中存在的问题充分暴露，并及早解决，就能使正式生产时的产品质量得到保证。

所有鉴定一定要注意保密。样品制作，一般不考虑成本。

样品鉴定的主要内容包括：

（1）检查新产品设计文件的完整性。需要检查的文件有：技术任务书、技术设计、现行标准和其他有关文件。

（2）检查样品的精度和外观质量。根据技术标准和有关技术文件的要求，既作一般性精度和外观检查，又作空运转和负荷运转试验后的精度和外观复查。

（3）检查零件、部件的制造和装配质量、磨损程度和材料的选用情况。

（4）检查附件和备件的种类、型号、数量的齐备程度和质量保证程度。

（5）检查整个样品的结构、性能、工艺性、可靠性及经济性，并做出较具体的整体评价。

（6）编写样品鉴定书。内容是对样品的优缺点进行概括，做出结论，提出建议，并确定能否转入小批量试制阶段。样品鉴定以后，需要对设计进行适当的修改，为小批量试制和鉴定作准备。

（二）小批试制和鉴定

1. 小批试制

按正常生产条件（图样、工装、专用设备、检验工具等），进行小批试制。对小批试制产品除进行必要的性能试验外，着重进行质量可靠性、稳定性和零件互换性检查，然后进行鉴定，最后编写小批鉴定书，载明各种结论，决定是否进行批量生产。

2. 小批鉴定

它是消除样品缺陷，考验工艺准备工作质量的试产阶段，应在全部工艺准备工作结束之后，在将要承担正式生产的车间进行制造，以便工人熟悉新产品的图样、工艺及工装，也便于生产部门了解产品生产要求、工艺过程内容，为正式生产做好准备。为了确保正式生产后能获得成功，应该在小批量试制的基础上，对样机实行破坏性试验评价和用户使用验证评价。这些试验、验证获得通过，才能正式组织生产投放市场。

（三）新产品试销

用小批试制的样品，选择较小的市场，做一次或一次以上的试销，以获得第一手消费者反应，并依反应对产品设计或产品性能做出相关修正。

（四）成批或大量生产前的调整

对成批或大量生产的新产品，在小批试制鉴定完成后，投入正式生产前，尚需进行调整。这种调整的主要内容有：根据小批试制鉴定的结果，修改和补充产品图纸和工艺技术文件，补充和调整工艺装备，调整生产设备和劳动组织，培训工人熟悉和掌握新产品的生产技术等。

任务落实

通过调查，了解企业在新产品生产出来以后，会做哪些工作。

项目三　工作设计与工作研究

20 世纪 80 年代，西方发达国家的很多企业大量引入了新技术和新设备，使得企业具有了 20 年前几乎不可想象的生产运作能力，但是经营者们随后却面临一个大问题，即如何发挥这些设备和技术的优势。他们最终发现：人是关键，即需要在人力资源的开发和管理上下工夫。项目一谈到，人是生产运作系统最主要的投入要素之一，但由于人所具有的社会性和精神性，使人力资源的利用和管理与其他任何资源都不同。归根结底，一个系统运行得好坏，最终取决于控制、操作该系统的人，取决于人对工作的态度和工作方式。本项目主要探讨和生产与运作管理联系最密切的两个人力资源管理问题——工作设计和工作研究。首先讨论工作设计中的一些新理论，然后介绍进行工作研究的各种方法，包括作业测定和工作方法改善，这些是工业工程（Industrial Engineering，IE）的基本方法。

任务一　工作设计

任务目标

能够识别出两个工作团队中工作效率高的那一个。

情境导入

糟糕的工作设计与合理的工作设计

当美国人计划飞往国外时，很多人仍旧对恐怖主义非常担心。美国政府已经试图对危险的恐怖分子所造成的威胁做出反应，然而，事实证明在老练的恐怖分子面前没有什么有效的防护措施。更糟糕的是，现有的措施也会因人为原因而失效，特别是机场人员在面对大量不耐烦的旅客和堆积如山的行李进行超负荷工作时，他们经常会不知所措。比如，现有的一个主要问题是 X 光屏幕监视员的工作设计方式。这个工作是重复性的，毫无疑问员工会变得厌烦、劳累，屏幕监视员注意力不集中。考虑到 X 光屏幕监视员注意力不集中可能带来的灾难性的后果，航空公司应该考虑评价现有的工作设计的合理性。重新设计这份工作，使它变得更加有趣，而且使工作人员更加具有工作积极性，这可以拯救很多人的生命。

糟糕的工作设计并不会总是导致危及身体甚至生命安全的后果。但是，在一个利润不断下降且全球竞争越来越激烈的情况下，公司如果不能不断地对产品和工作过程进行改进，后果将不堪设想。工作设计和再设计可以使公司的资源（人力、资本和技术资源）得到充分利用，从而使公司保持竞争优势。

知识广场

一、泰勒管理思想

（一）泰勒管理思想的方法

工作设计方法始于100年前，即泰勒所提出的方法。泰勒科学管理的基本思想是：①工作方法不能只靠经验，而应当科学地研究，制定正确的工作方法和标准工作量。②每个人的工作都可以通过这样的方法得到改善，即把工作内容分解成单元，观察和研究这些单元的工作内容和工作方法，测定所需要的时间，以找到最合理的方法。③对于经过培训、使用标准工作方法，并能达到标准工作量的人员，给予奖励（计件工资制的原理）。泰勒及其追随者们创立了很多具体方法进行工作设计，例如，时间与动作研究、流程图、工作活动图、多动作分析图等。泰勒认为，管理人员应该针对不同的工作岗位认真选定合适的人员，并培训他们使用新方法。泰勒强调管理者与职工之间的合作和责任分担，并认为只有使经营者和职工都分享科学管理带来的利益，科学管理才能真正发挥作用。

（二）泰勒管理思想的意义及局限性

泰勒的科学管理思想及其方法在管理史上具有划时代的意义。20世纪初直至50年代，泰勒的思想和所创立的工作方法对美国企业以及其他一些学习美国工业工程（IE）方法的企业提高生产率起了不可低估的重要作用。直至今天，泰勒的许多方法仍然是企业改善作业、提高生产率的主要方法。但是，从今天的观点来看，泰勒的这些关于工作方法和工作设计的思想，主要是从工作设计的技术性侧面出发，有一定局限性。这些局限性主要表现在：

1．科学管理法的实施结果将工作细分化、单纯化、标准化，使每一个人都必须，也能够按照这样的标准去做，即只强调工作设计的技术性侧面，忽略了人的社会性和精神性侧面。这对于充分发挥人的积极性、创造性，提高人的不断进取的愿望很不利。

2．只注重个人工作效率，强调个人工作方法的改善和最优，忽略团队工作、集体协调的重要性，导致部门之间、工序之间作业的分离，对提高企业整体效率也很不利。

3．追求一种静态的最优方法（Best Way），实际上从哲学的观点来看，并不存在静态的最优方法，任何方法都有改善的余地，而且外界环境是在不断变化的，工作方法也需要不断地随之改变。

二、工作专业化

（一）工作专业化的概念

工作专业化（Job Specialization）是指一个人工作任务范围的宽窄、所需技能的多少。工作专业化程度越高，所包含工作任务的范围就越窄、重复性就越强，因此，某些人认为，这样做效率也就越高（真的吗？）。但是在这种情况下，相应的所需的工作技能范围比较窄，要求也不高。反过来，工作专业化程度低，意味着工作任务的范围较宽、变化较多，从而需要有多种技能来完成这些工作。

（二）工作专业化的优缺点

工作专业化程度究竟是高了好，还是低了好？关于这个问题，工程技术人员、社会学家、心理学家、经济学家、管理者、工人等，从各自的立场出发，有多种观点和看法，其中一些主要的看法如下：

1．工作专业化程度高的优点

（1）工作人员只需较少的时间就可掌握工作方法和步骤。

（2）工作速度较快，产出高。

（3）对工作人员的技能和受教育程度的要求较低，因此人员来源充分，工资水平也不高。

2．工作专业化程度高的不利之处

（1）工作任务的细分化不容易做得完美，从而会导致工作的不平衡，工作人员忙闲不均。

（2）由于工作环节增多，不同环节之间要求有更多的协作，物流、信息流都较复杂。

（3）工作的重复性强容易导致诸如效率低下、质量降低等不利的行为结果。

因此，看待这个问题需要具体情况具体分析。对于某些企业、某些工作，工作专业化程度较高是有利的，对于另外一些企业和工作，可能就相反。在大多数以产品对象专业化为生产组织方式的企业里，高度工作专业化都可取得较好的效果。例如，大量生产方式（汽车、家电）中装配线上的工作就适应这种高度工作专业化。反过来，对于主要进行多品种小批量生产的企业来说，工作专业化程度应低一些才能有较强的适应性。

但是，这也不一定是一般规律。一个著名的事例发生在瑞典的沃尔沃（Volvo）汽车公司。该公司的一个工厂的装配线采取了这样一种工作方法，即将8～10名工人组成一组，负责总车的装配。在这样的小组内，每个工人对于装配线上每道工序的工作都可以胜任，三小时换一次工作内容。这样一个工作小组，一天可装配四辆整车（详见知识链接）。而传统的装配线的工作方法是，每人只负责一道工序，该工序的工作也许只用一两分钟就可完成，每天大量地重复同样的工作。该工厂采用这种小组工作方式后，出现的几个明显结果是：质量提高，效率提高（装配一辆整车所需的时间减少），缺勤率也明显降低（从20%降到8%）。该事例说明了工作设计中的一个重要问题，即应该不仅从技术性的角度，而且从社会性的角度进行工作设计。这就是下述的两种相关理论。

【知识链接】

沃尔沃汽车公司装配厂的工作方式

沃尔沃汽车公司生产的富豪汽车在世界汽车之林堪称世人瞩目之星。而它的乌地瓦拉厂，则更是顶尖中的顶尖，深受世界汽车工业界的瞩目。该厂最不寻常的地方在于它与福特的装配流水线的观念完全背道而驰。该厂所生产的每部汽车，从头到尾都是在单一工作站，由一个 8 ～ 10 人组成的小组完成的，完全取代了原来在传统的装配线旁反复做一两种装配动作的工作方式。

沃尔沃汽车公司之所以采取这种工作方式，是因为这样可以使工人在工作时兴趣盎然，同时使管理方式和工作环境更人性化。在乌地瓦拉厂的每个工作站，都有一套特殊设备，可以将车体放在一个可回转的圆轴上，使汽车的底部也可以倾斜到工作者的面前，以便于装配工作的进行。在配备了这种装置以后，一个原本空无所有的汽车底盘，随着燃料系统、电线系统等各种配件，一齐来到小组成员面前，等待装配。而化油器等系统，会在其前置作业完成后及时赶到。因此，汽车所有的装配都在这一工作站完成，工作人员可以亲眼见到一部完整的汽车在他们手中完成。

每个 8 ～ 10 人的小组一旦成立，就成为一个自主式的管理单位，对其所生产的汽车负完全责任。所有组员对汽车各部分的装配工作都十分熟悉，有些组员甚至可以单独装配整部汽车。此外，每个组员轮流担任小组的领导者，直接向工厂经理报告。在这样的自主管理模式及责任制度下，创造出了一组人员彼此间很强的凝聚力和休戚与共的团结感。

为使员工具备多方面的能力，沃尔沃汽车公司专门设计了一个称为"全力以赴"的培训计划，使每个小组成员不但成为具备装配整部汽车生产技术的作业人员，还知道如何进行生产计划、质量控制、库存管理等工作。公司认为，使员工从工作中得到更大的参与感、喜悦感和成就感，是公司经营成功必不可少的因素。

三、工作设计中的社会技术理论

工作设计中的社会技术理论（Sociotechnical theory）认为，在工作设计中应该把技术因素与人的行为、心理因素结合起来考虑。任何一个生产运作系统都包括两个子系统：技术子系统和社会子系统。如果只强调其中的一个而忽略另一个，就有可能导致整个系统的效率低下，因此应该把生产运作组织看作一个社会技术系统，其中包括人和设备、物料等。既然人也是投入要素，这个系统就应具有社会性。人与这些物性因素结合得好坏不仅决定着系统的经济效益，还决定着人对工作的满意程度，而后者，对于现代人来说是很重要的一个问题。因此，在工作设计中，着眼点与其说放在个人工作任务的完成方式上，不如说应该放在整个工作系统的工作方式上。也就是说，工作小组的工作方式应该比个人的工作方式更重要。

如果把生产运作组织方式、新技术的选择应用和工作设计联系起来考虑，还应该看到，随着新技术革命和信息时代的到来，以柔性自动化为主的生产模式正在成为主流。但是，这种模式如果没有在工作设计的思想和方法上的深刻变革，是不可能取得成功的。为此，需要把技术引进和工作设计作为一个总体系统来研究，将技术、生产组织和人的工作方式三者相结合，强调在工作设计中注重促进人的个性的发展，注重激发人的积极性和劳动效率。这种理论实际上就奠定了现在所流行的"团队工作"方式的基础，详见图3-1。

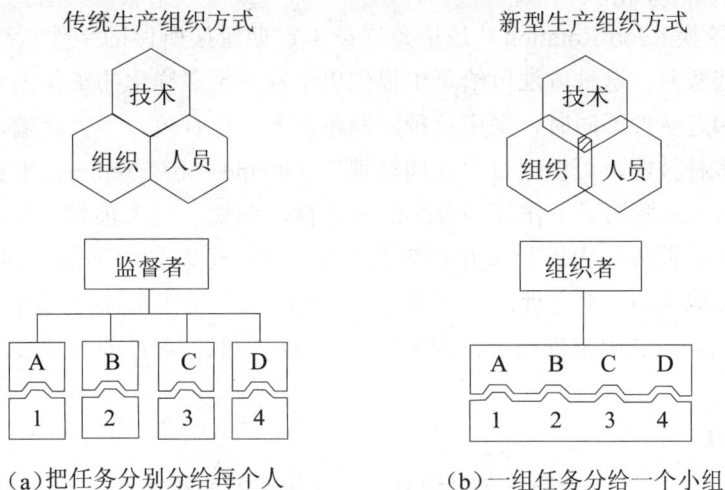

图 3-1　新旧生产组织原则和工作设计思想的对比

四、工作设计中的行为理论

行为理论的主要内容之一是研究人的工作动机，这一理论对于进行工作设计也有直接的参考作用。人们工作的动机有多种：经济需要、社会需要以及特殊的个人需要等（感觉到自己的重要性、实现自我价值等）。人的工作动机对人如何进行工作以及对工作结果有很大的影响。因此，在工作设计中，必须考虑到人的这些精神因素。当一个人的工作内容和范围较狭窄，或工作的专业化程度较高时，人往往无法控制工作速度（例如装配线），也难以从工作中感受到一种成功感、满足感。此外，与他人的交往、沟通较少，进一步升迁的机会也几乎没有（因为只会很单调的工作）。因此，像这样的专业化程度高、重复性很强的工作往往容易使人产生单调感，它导致人对工作变得冷漠，从而影响工作结果。西方的一些研究表明，这种状况给"蓝领"工人带来的结果是：工人变换工作频繁、缺勤率高、闹情绪，甚至故意制造生产障碍。对于"白领"工人，也有类似的情况。由于这些问题直接影响一个生产运作系统的产出，因此需要在工作设计中考虑一些方法来解决这些问题，以下是三种可以考虑的方法。

（一）工作扩大化

工作扩大化（Job Enlargement）是指工作的横向扩大，即增加每个人工作任务的种类，从而使他们能够完成一项完整工作（例如，一个产品或提供给顾客的一项服务）的大部分程序，这样他们可以看到他们的工作对顾客的意义，从而提高工作积极性。进一步，如果顾客对这个产品或这项服务表示十分满意并加以称赞，还会使该员工感受到一种成功的喜悦感和满足感。工作扩大化通常需要员工有较多的技能和技艺，这对提高员工钻研业务的积极性，使其从中获得一种精神上的满足也是有极大帮助的。

（二）工作职务轮换

工作职务轮换（Job Rotation）是指允许员工定期轮换所做的工作，这种定期可以是小时、天、月或数月。这种方法可给员工提供更丰富、更多样化的工作内容。当不同工作任务的单调性和乏味性不同时，采用这种定期轮换方式很有效。不言而喻，采用这种方式需要员工掌握多种技能，可以通过"在岗培训"（On-the-job Training）来实现。这种方法还有其他一些好处：增加了工作任务分配的灵活性，例如，派人顶替缺勤的工人；往瓶颈环节多增派人等。此外，由于员工互相交换工作岗位，可以体会到每一岗位工作的难易，从而使员工理解他人的不易之处，互相体谅，使整个生产运作系统得到改善。

在很多国家的企业中都使用工作职务轮换的方法，但各企业的具体实施方法和实施内容则多种多样。

【知识链接】

丰田汽车公司某工厂的职务定期轮换

该工厂某作业现场的组织体系如图 3-2 所示。

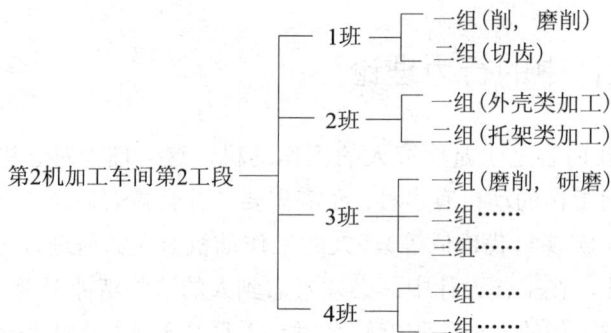

图 3-2　现场组织体系

工段、班、组中分别设工段长、班长及组长，组长下面是一般作业人员。工段长、班长和组长统称基层管理人员。在这样一个工段，配置有数百台设备，共有 220 余名作业人员。

该工厂工作职务轮换的主要目的是使职员"多能化"，即具有多种技能。其具体含义包括以下几方面：

定期调动：指以若干年为周期的工作场所（主要指班或工段）的变动，职务内容、所属关系、人事关系都发生变化。主要以基层管理人员为对象进行。

班内定期轮换：根据情况进行的班内变动，所属关系、人事关系基本不变。班内定期轮换的主要目的是培养和训练多面手。

岗位定期轮换：以 24 小时为单位的有计划的交替作业。

（三）工作丰富化

工作丰富化（Job Enrichment）是指工作的纵向扩大，即给予职工更多的责任，更多参与决策和管理的机会。例如，一个生产第一线的工人，可以让他负责若干台机器的操作、检验产品、决定机器何时进行保养，或自己进行保养。工作丰富化可以给人带来成就感、责任心和得到认可（得到表彰等）的满足感。当他们通过学习，掌握丰富化的工作内容之后，他们会感到取得了成就；当他们从顾客那里得到了关于他们工作成果——产品或服务的反馈信息时，他们会感受到被认可；当他们需要自己安排几台设备的操作、自己制订保养计划、制订所需资源的计划时，他们的责任心也会大为增强。

这三种方法的实施有时是通过团队来进行的，这样会使成员之间得到更好的沟通，从而取得更大的工作成就。

1. 工作丰富化的实施方法

在具体实施中，无论是对基层管理人员还是现场作业人员，都有计划地进行。首先，要求一般作业人员成为多面手，基层管理人员必须先做出典范。基层管理人员的定期调动计划由车间制定，主要考虑被调动人员到目前为止的经历、尚未担任过的工作、本人希望和意愿、对现场工作的影响等几方面因素。基层管理人员的定期调动主要是为了使他们在新的人事关系、工作环境中学习未曾掌握的知识和技能，进一步扩大视野，提高管理能力。而且，在一个新环境中，容易发现原有人员司空见惯、不能引起注意的问题，采取新的对策及改善问题的积极性也较高，因此有利于促进生产率的提高。

对于一般作业人员"多能化"的实现，班内定期轮换具有更重要的意义。班内定期轮换的计划由班长制订。具体做法是把班内所有的作业工序分成若干个作业单位，排出作业轮换训练表，使全体作业人员轮换进行各工序的作业，在实际操作中进行教育和训练，最后使每个人都能掌握各工序作业。在具体实施中，还可制定多能化实现率的年度计划指标，逐步有计划地进行。多能化实现率可以用下式表示

$$（班的）多能化实现率 = \frac{\sum_{i=1}^{n}（各人已训练完毕、掌握了的工序数）}{班内作业工序 \times n} \times 100\%$$

其中，n 为班内人员数。

2. 工作丰富化的效果

通过实施这样的工作职务轮换，使班内流动的可能性增大后，一天中数次班内作业交替也就成为可能。一般来说，一个组织得很好的作业组织内，每个作业人员作业的时间应该基本一样。但是由于作业内容的差异，作业者的疲劳程度是不同的。在长时间作业的情况下，各个作业者之间会出现疲劳度的差异，由此容易引起一部分工序作业时间的延长或容易出差错。所以，以 2 ~ 4 小时为单位的岗位定期轮换的另一个重要意义是能够避免作业人员的这种工作疲劳。

关于交替间隔，应根据具体情况具体设定。如对生产节拍较快的工序来说，因所持有的作业区域比较窄，因此交替间隔应短一些，反之亦然。

通过实施这样的职务定期轮换，不仅实现了作业人员的多能化，还带来了下面一些附带结果。

（1）有利于安全生产。以小时为间隔单位的岗位定期轮换，不仅减轻了作业人员的身

体疲劳，也使人的情绪得到了调节。一般来说，工作内容的改变本身就是一种比什么都强的刺激，与人的工作积极性很有关系。由于情绪调节和疲劳减少，注意力提高了，因不留神、注意力分散而引起的劳动事故会大为减少。

（2）改善了作业现场的人际关系。制订作业交替计划表的基本原则是使全体作业人员平等。制订时既要考虑到对年老体弱者的照顾，也要考虑当天各人的身体情况、作业熟练程度、个人愿望以及相互之间的照顾等，这样就容易促进全体的协调精神。在职务调换时，每个人前后工序的成员不同，通过作业中的接触很自然地扩大了人与人之间的交流圈子。此外，全体作业人员对各个工序都熟悉、都做过，因此即使因为某种原因在某工序发生了延迟，也容易理解别人的苦衷。因为大家都相互了解，所以也都尽量互相帮助，以避免发生作业延迟。

（3）促进了知识与技能的扩大与积累。在促进作业人员多能化的过程中，老工人和班组长教新工人和部下的机会多了，同时自己也从中得到了提高。以往被称为"本事"的诀窍、技能也公开出来，作为要领书、标准书在作业现场积累起来。职务定期轮换使彼此之间形成一种相互理解、互教互学的关系，"本事是自己的"这种手艺人气质渐渐减少，大家汇总起来的技能与知识通过这种方法不断迅速地传给后来的人，使这些知识和技能扩散到全体人员中，这样就能形成一个即使有人缺勤也能够应付的强有力的作业现场。

（4）提高了作业人员参与管理的积极性。由于职务定期轮换，全体人员与作业现场的各个工序都发生了关系，因而视野扩大了，对整个作业流程的关心也提高了。这种方法使作业人员逐渐地产生一种意识．即安全、质量、生产、成本等工作目标以及班里的其他任何事情都不只是班组长或某个人的事，而是大家共同的问题。大家都团结一致，为了同一个目标而思考和合作，采取对策，解决问题，形成一种作业现场的自主管理，也给了每个人充分发挥自己潜在能力的机会，增加了对工作的兴趣和积极性。

五、团队工作方式

（一）团队工作方式的概念

团队工作方式（Team work）与以往每个人只负责一项完整工作的一部分（如，一道工序、一项业务的某一程序等）不同，由数人组成一个小组，共同负责完成这项完整工作（见图3-1）。在小组内，每个成员的工作任务、工作方法以及产出速度等都可以自行决定。在有些情况下，小组成员的收入与小组的产出挂钩，这样一种方式就称为团队工作方式，其基本思想是使全员参与，从而调动每个人的积极性和创造性，使工作效果尽可能好。这里工作效果是指效率、质量、成本等的综合结果。

团队工作方式可以追溯到 20 世纪 20—30 年代。在现代管理学中，团队工作方式是指20 世纪 80 年代后半期才开始大量研究、应用的一种人力资源管理方法。这种方法实际上是一种工作方法，即如何进行工作，因此在工作设计中有更直接的参考意义。

（二）3 种常见的团队工作方式

团队工作方式也可以采取不同的形式，以下是 3 种常见的方式。

1. 解决问题式团队（Problem-solving teams）。这种团队实际上是一种非正式组织，通常包括七八名或十来名自愿成员，他们可以来自一个部门内的不同班组。成员每周有一次或几次碰头，每次几小时，研究和解决工作中遇到的一些问题，例如质量问题，生产率提高问题，操作方法问题，设备、工具的小改造问题（使工具、设备使用起来更方便）等，然后提出具体的建议，提交给管理决策部门。这种团队的最大特点是：他们只提出建议和方案，并没有权利决定是否实施。这种团队在20世纪70年代首先被日本企业广泛采用，并获得了极大的成功，日本的QC小组就是这种团队的最典型例子。这种方法对于提高日本企业的产品质量、改善生产系统、提高生产率起了极大的作用，同时，对于提高工作人员的积极性，改善职工之间、职工与经营者之间的关系也起了很大的作用。这种思想和方法首先被日本企业带到了他们在美国的合资企业，在当地的美国工人中运用，同样取得了成功，因此其他美国企业也开始效仿，进而扩展到其他的国家和企业，并且在管理理论中也开始对这种方式加以研究和总结。

这种方式有很多优点，但也有其局限性。因为它只能建议，不能决策，又是一种非正式组织，所以，如果这样的团队所提出的建议和方案被采纳的比率很低，这种团队就会自生自灭。

2. 特定目标式团队（Special-purpose teams）。这种团队是为了解决某个具体问题，达到一个具体目标而建立的。例如，一个新产品开发、一项新技术的引进和评价、劳资关系问题等。在这种团队中，其成员既有普通职工，又有与问题相关的经营管理人员。团队中的经营管理人员拥有决策权，也可以直接向最高决策层报告。因此，他们的工作结果建议或方案可以得到实施。或者，他们本身就是在实施一个方案，即进行一项实际的工作，这种团队不是一个常设组织，也不是为了进行日常工作，而通常只是为了一项一次性的工作，因此，实际上类似于一个项目组（项目管理中常用的组织形式）。这种团队的特点是，容易使一般职工与经营管理层沟通，使一般员工的意见直接反映到决策中。

【知识链接】

美国开利公司压缩机厂的特定目标式团队——产品开发组

开利公司压缩机厂的产品开发组由一个项目经理、一个市场经理、一个财务经理、一个设计师、一个工艺工程师和六名不同工种的工人组成。市场经理与客户签订供货合同，在合同中详细规定所要开发的压缩机的性能要求和质量要求。设计方案要经过小组讨论并利用计算机辅助设计，确定最佳方案；每个人都在其中承担责任；设计师根据各方面的意见使方案更符合客户要求和更切实可行；工艺工程师想办法开发出实用的工艺；而工人们则根据自己的丰富经验来协助工艺工程师，甚至开发出更合适的工艺品；市场经理和财务经理时刻分析所有这些改变是否符合客户和企业利润的要求。项目经理在这里不是拍板者，拍板者是客户要求和企业利润这两个原则，而不是人。

以往，设计、工艺、生产分别在不同的部门进行，设计师一开始做出的设计方案往往不符合工艺要求，或者即便能达到，也会使生产成本昂贵，不符合财务要求。因此，在设计方案、工艺要求和财务要求甚至材料要求之间，需要有一个反复"磨合"的过程。这个过程的做法是，方案以文本形式在不同部门之间传递，除了当事人要对方案进行修改和提出意见外，文件还需经过本部门负责人（有时可能是两级负责人）的审查和办事小组的传递。在这些修改和审查中，所依据的原则可能根本不是顾客和企业整体的利益，而只是本部门或个人的利益。这个过程可能需要反复传递好几次，时间被拖长一年至几年，甚至不了了之。组成团队式产品开发组后，部门负责人没有了，部门利益也相应地不存在了。项目经理在小组中的角色类似于"教练"，其关注点是把大家的努力引向正确的方向，并给这个磨合不断加点儿润滑油。所有这些都是同步和面对面进行的，借助计算机，小组可以在最短的时间内把开发设计中的各个单项任务集成为一个完整的程序，产品开发时间从过去的两年缩短为几个月。

3. 自我管理式团队（Self-managing teams）。这种方式是最具完整意义的团队工作方式。上述第一种方式是一种非正式组织，其目标只是在原程序中改善任务，而不是建立新程序，也无权决策和实施方案；第二种方式主要是为了完成一些一次性的工作，类似于项目组织。而在自我管理式团队中，由数人（几人至十几人）组成一个小组，共同完成一项相对完整的工作，小组成员自己决定任务分配方式和任务轮换，自己承担管理责任，诸如制订工作进度计划（人员安排、轮休等）、采购计划，甚至临时工雇用计划，决定工作方法等。在这种团队中，包括两个重要的新概念：

（1）员工授权（Employee empowerment），即把决策的权力和责任层层下放，直至每个普通员工。如上所述，以往任务分配方式、工作进度计划、人员雇用计划等是由不同层次、不同部门的管理人员决定的，现在则将这些权力交给每一个团队成员，与此同时，相应的责任也由他们承担。

（2）组织重构（Organizational restructuring）。这种组织重构实际上是权力交给每一个职工的必然结果。采取这种工作方式后，原先的班组长、工段长、部门负责人（如科室主任、部门经理）等中间管理层几乎没有必要存在了，他们的角色由团队成员自行担当，因此整个企业组织的层次变少，变得"扁平"。

这种团队工作方式是近几年才开始出现并被采用的。这种方式在美国企业中取得了很大成功，在制造业和非制造业都有很多成功事例。

任务落实

有人说泰勒的科学管理方法早就过时了，你如何看待这种说法？

任务二　工作标准

任务目标

能够正确认识一种工作标准的利弊。

情境导入

员工迟到怎么办？

某公司老总发现，员工有时会迟到。为此，公司实行了上下班打卡制度，员工迟到早退都会受到处罚。结果发现员工上班虽然准时了，但工作效率反而降低了，公司老总为此生气。请问，对此你有什么建议吗？

知识广场

一、什么是工作标准

所谓标准，是一种用于比较的大家均可接受的基础或尺度。工作标准（Work Standards）是指一个训练有素的人员完成一定工作所需的时间，他完成这样的工作应该用预先设定好的方法，用其正常的努力程度和正常的技能（非超常发挥），所以也称为时间标准。

制定工作标准的关键是定义"正常"的工作速度、正常的技能发挥，例如，要建一条生产线，或者新开办一项事务性的业务，需要根据需求设计生产运作能力，雇用适当数量的人员。假定一天的生产量需达到1500个，你必须根据一个人一天能做多少个来决定人员数量。但是，一个人一天能做的数量是因人而异的，有人精力旺盛、动作敏捷，工作速度就快，还有一些人则相反。因此，必须寻找一个能够反映大多数人正常工作能力的标准。这种标准的建立，只凭观察一个人做一个产品的时间显然是不行的，必须观察一定的时间、做一定数量的产品，并观察若干个人，然后用统计学方法得出标准时间。此外，即使经过这样一些步骤建立起了工作标准，在实际工作开始以后，仍需不断地观察、统计，适时地进行修正。

二、工作标准的作用

（一）工作标准在工作设计中的作用

1. 制订生产运作能力计划。根据完成各项工作任务所需的标准时间，企业可以针对市场对产品的需求制订人员计划和设备计划，包括设备投资和人员招聘的长远计划。也就是说，企业首先根据市场需求决定生产量，然后根据生产量和标准时间决定每人每天的产出以及所需人数，再根据每人操作的设备数和人员总数决定所需设备数量，在此基础上就可以制订设备和人员计划。此外，生产进度计划的制定也需要以较精确的标准作业时间为基础。例如，在MRP计划中，标准作业时间是决定生产周期的重要前提。

2. 进行作业排序和任务分配。根据不同工序完成不同工作的标准时间，合理安排每台设备每个人每天的工作任务，以防止忙闲不均、设备闲置、人员闲暇的现象，有效地利用资源。

3. 进行生产运作系统及生产运作程序设计。工作标准可以用来比较不同的生产运作系统设计方案，以帮助决策，也可以用来选择和评价新的工作方法，评估新设备、新方法的优越性。

（二）工作标准的其他用途

1. 作为一种激励手段。用工作标准可以确定一天的标准工作量，如果想鼓励员工多完成工作，可根据工作标准确定"超额"完成的任务量，并给予相应的奖励。

2. 用于成本和价格计算。以工作标准为基础，可以建立产品的成本标准，这一标准又可以用来制定预算、决定产品价格以及决定自制还是分包这样的生产运作战略。

3. 评价员工的工作绩效。比较一个员工在一段时间内的工作成绩和工作标准，从而判断其工作绩效的好坏。

三、使用工作标准的弊端

工作标准的用途及益处如上所述，但是任何事物都是一分为二的，使用工作标准也有一些不利之处。

首先，当工作标准的使用与工资挂钩时，往往会出现这样的情况：工人说标准过高而反对工作标准，经营管理人员认为工作标准过低也反对工作标准。事实上工作标准过高或过低都不好，它会给制订生产计划、人员安排计划带来很多困难，从而给企业带来损失。但是，工作标准的"高"与"低"实际上是一个相对的尺度，不同的人站在不同立场会有不同的看法，因此工作标准的使用有一定难度。

其次，有人认为工作标准缺乏对人的尊重，把人当作机器来制定机械的标准，因此主张采用"全员参与"等方法，不赞成使用工作标准。也有人认为，制定工作标准本身就要耗费相当的时间、人力和费用，其成本恰好与工作标准所能带来的益处相抵消，甚至不足以抵消，因此得不偿失。

再次，如果制定了工作标准，员工为避免企业将工作标准提高，即使创造了更好的新工作方法，也会保密，这样难以使生产率提高。

最后，工作标准如使用不当，容易使人产生一种只重视产出数量而忽视产出质量的倾向。

四、工作标准与报酬制度

这里的报酬制度是指与工作标准有关的报酬制度，并不泛指一般的工资制度。与工作标准有关的报酬制度，往往是带有激励性质的，其中使用最多的是计件报酬和个别激励制度。

（一）计件报酬制度

计件报酬制度是根据一个人一天或一周的生产数量来决定其报酬，干得多的多拿报酬，反之亦然。这样，为了确定单件产品的报酬，首先必须确定一天的标准、公正的工作量，然后推出单件标准时间。这里要用到下一节所述的作业测定方法，通过作业测定确定能代表大多数人正常水平的工作速度，在此基础上确定工作标准和报酬水准。

（二）个别激励制度

计件报酬制度实际上也是带有激励性质的，对于每一个人所做的每一产品都付给同样的报酬（即按同样的标准）。而个别激励制度是指，只对那些有高度工作热情、工作出色，超出一般正常的工作标准以外的工作成绩予以奖励，支付额外的报酬。在这种制度下，通常有一个基本的工作标准，表示正常应达到的工作水准（主要指数量），这个水准也要靠作业测定的方法来决定。例如，工作标准为一天做 50 个产品，某工人一天做了 60 个，则多做的 10 个可按个别激励制度另付报酬。这个报酬的比率可有多种，或高于正常收入（平均单件工资），或低于正常收入。

（三）质量与报酬制度

在企业中实行带有激励性质的报酬制度时必须注意的一个问题是，这种制度的目的通常是鼓励员工有更高的产量。但是，这样容易使人产生忽略质量的倾向。试想如果一个工人一天的产量是标准产量的 115%，但其中有 20% 的不良品，那么这样的高产量又有何意义？因此，应该采取一些办法，使质量和产量同时得到保证。这里有两种基本思路：一种是惩罚式方法，即出现不良品时减少工人应得的报酬，或者要求工人对不良品进行返修，返修时的工作时间按低于正常水平的工资支付。但后者的前提是不良品还有可能返修，在有些情况下是不可能返修的。另一种是激励式方法，它的基本思想是，对于额外的努力付给额外报酬，报酬按两个标准支付：数量标准和质量标准。例如，一天的标准产量为 1 000 个，日工资为 30 元（0.03 元 / 个），超额部分每个的激励工资为 0.1 元。质量标准是 95% 为合格品。如果质量高于标准，则高于标准的产品每个另给奖金 0.05 元。这样，假定某工人一天做了 1 040 个，其中 1 009 个是合格品，那么除月工资外，可得到的额外工资是 0.1×9=0.9（元），质量上的奖励工资是（1 009-1040×95%）×0.05=21×0.05=1.05（元），所以这一天的工资为 30+0.9+1.05=31.95（元）。根据这样的基本思想，还可设定出很多方法来。这里需要注意的关键问题是：与这种报酬制度有关的产品的质量是可以明确度量的。

任务落实

有人认为工作标准缺乏对人的尊重，是把人当作机器制定机械的标准，你认为这种说法有道理吗？

任务三　作业测定

任务目标

能够合理进行作业测定。

情境导入

阿波罗玩具公司是一家玩具生产商，这家公司将生产一种玩具火箭，流水线上各工序的情况（见表3-1）。

表 3-1　阿波罗玩具公司流水线各工序情况

工序	时间／秒	紧前工序	工序	时间／秒	紧前工序
A	30		G	25	E
B	20		H	6	G
C	8	A	I	16	E
D	14	A	J	20	H
E	16	B	K	12	H
F	20	B, D	L	6	J

（1）画出作业顺序图。

（2）假设这条流水线包括 3 个工作站，为每个工作站分配工序，使流水线的节拍最短。

（3）流水线的空闲时间是多少？

知识广场

作业测定是对实际完成工作所需时间的测量，是工作研究中的一项主要内容。实际上，制定工作标准也需要运用作业测定的方法，对实际作业时间进行统计，找出一般规律，才能最后建立工作标准。进行作业测定的其他目的还包括：将实际工作情况与标准作业时间进行对比，寻找改善的方向；测定工人的空闲时间、等待物料时间等非创造附加价值的时间占整个工作时间的百分比，以决定对策，等等。作业测定的方法有多种，可以用于不同目的，这里介绍常用的几种方法。

一、时间研究

这种方法的主要用途是建立工作的时间标准，即上述的工作标准。一项工作（通常是一人完成的）可以分解成多个工作单元（或动作单元）。在时间研究中，研究人员用秒表观察和测量一个训练有素的人员，在正常发挥的条件下各个工作单元所花费的时间，这通常需要对一个动作观察多次，然后取其平均值。从观察、测量所得到的数据中，可以计算为了达到所需要的时间精度，样本数需要有多大。如果观察数目还不够，则需进一步补充观察和测量。最后，再考虑正常发挥的程度和允许变动的幅度，以决定标准时间。

下面通过一个茶杯包装的事例（将一套 6 个茶杯装入纸盒，封口，码放）来具体说明时间研究的基本方法、步骤和要注意的事项。

（一）时间研究的基本方法和步骤

步骤1：将工作分解成单元。例如，在茶杯包装事例中，可将这一工作分解成4个工作单元（见表3-2）：①取两个纸盒；②将衬垫放入纸盒；③将茶杯放入纸盒；④纸盒封口、码放。

表3-2　时间研究中的数据记录表分钟

工作单元		观测记录										$\bar{t}$	F	RF
	分布	1	2	3	4	5	6	7	8	9	10			
取两个纸盒	t	0.48		0.46		0.54		0.49		0.51		0.50	0.50	1.05
	r	0.48		4.85		9.14		13.53		17.83				
将衬垫放入纸盒	t	0.11	0.13	0.09	0.10	0.11	0.13	0.08	0.12	0.10	0.09	0.11	1.00	0.95
	r	0.59	2.56	4.94	6.82	9.25	11.23	13.61	15.50	17.93	19.83			
将茶杯放入纸盒	t	0.74	0.68	0.71	0.69	0.73	0.70	0.68	0.74	0.71	0.72	0.71	1.00	1.10
	r	1.33	3.24	5.65	7.51	9.98	11.93	14.29	16.24	18.64	20.55			
纸盒码放、封口	t	1.10	1.15	1.07	1.09	1.12	1.11	1.09	1.08	1.10	1.13	1.10	1.00	0.90
	r	2.43	4.39	6.72	8.60	11.10	13.04	15.38	17.32	19.74	21.68			

分解工作单元时要注意的几个问题是：第一，为了测量工作单元所花费的时间，每一工作单元都应该有明确的开始和结束标志。第二，工作单元的划分不应是不到3秒就可完成的动作，因为这种动作难以用秒表测量。例如，上述事例中的动作单元②如果再细分，还可以分成3个单元：①左手拿起衬垫；②将衬垫打开（将放每个茶杯的网眼撑开）；③将衬垫放入纸盒。因为这几个动作的每一个都非常快，所以难以精确测量各自所需的时间。最后，如果这项工作已经实际进行了一段时间，已经有约定俗成的工作方法，那么动作单元的划分应与这样的工作方法保持一致。有些非正常的、偶然发生的动作（例如，衬垫失手掉在地上，又捡起来）不应计算在工作时间内。

步骤2：测量各工作单元的时间。时间记录表如表3-2所示。选择一名训练有素的人员作为研究对象，测量其每个工作单元所需的时间。常用的测量方法是连续测量法，即研究人员在每个工作单元的动作结束时，记下该时刻，列在表中的r行，然后根据两个工作单元结束时刻的差即可得出第一个单元所花费的时间。如表3-2所示，在第一个工作循环中，第一个工作单元结束时秒表显示为0.48，第2个结束时为0.59，则第一个工作单元耗费的时间为0.48，第2个为0.11，以下均依此算出。

第二个工作循环中无第一个工作单元，因为第一个循环中一下取了两个，所以每两次循环中发生一次这个动作。假设这项实验共观察了10个工作循环，全部记录数据如表3-2所示。还应当注意的是，如果所观察测量的数值中有明显偏离其他大多数数值的，就应分析它是不是由偶然因素引起的，例如工具失手、机器故障，以及本事例中的衬垫掉地等。如果是的话，应将这样的数据排除在外。

将这样观察得到的数据取其平均，记在表3-2的 $\bar{t}$ 列。

步骤3：决定样本的大小。$\bar{t}$ 的观察数是10个工作循环，这么多样本数是否够？通常，时间研究得出的工作时间估计值如果能达到实际工作平均时间的95%左右，就基本上满

意（可定出更高的要求，但样本数会急剧变大）。可以按下面这个根据正态分布推出来的公式来决定样本数 n:

$$n=\left[\left(\frac{1.96}{p}\right)\left(\frac{s}{t}\right)\right]^2$$

式中　n——所需样本数；

p——估计精度，以真正时间值（未知）的偏离程度（%）来表示；

t——某单元测量时间平均值；

s——某单元样本标准差。

在上述事例中，设估计偏离真正时间值的程度不超过 4%，即估计精度为 4%，可按下述方法决定该事例中所需的样本数。

由于各单元的样本标准差和测量时间平均值不同，样本数有可能不同，因此为了达到所希望的精度，应当选用最大的样本数。首先需要求出样本标准差，可以按下式计算：

$$s=\sqrt{\frac{\sum_{j=1}^{n}(t_j-\bar{t})^2}{\hat{n}-1}}$$

式中　t_j——第 j 个工作循环的测量时间值；

$\hat{n}$——测量次数。

注意，对于工作单元 1，$\hat{n}=5$，其余单元的 $\hat{n}=10$。可得表 3-3 中的数值。

表 3-3　样本数计算数据

工作单元	s	t	s/t	n
1	0.030 5	0.50	0.061 0	9
2	0.017 1	0.11	0.155 4	58
3	0.022 6	0.71	0.031 8	3
4	0.024 1	1.10	0.021 9	2

计算出的 n 通常不是整数，取与之最接近的整数即可。如果想保证每个单元的估计精度都在 4% 以内，所需样本数应取该表中最大值，即 58。因此，需要再进行 48 次观察和测量。

步骤 4：决定时间标准。在这一步骤中，首先要决定"正常"时间（Normal Time，NT），这需要通过对被观察者的工作速度进行判断和评价来决定，即必须判断，该被观察者的工作速度是高于还是低于一般速度，高多少或低多少，这种评价用"绩效评价因子"（Performance rating Factor，RF）来表示。例如，在上例中，各单元的 RF 如表 3-2 所示。正常速度时该因子为 1.0，高于正常速度时大于 1，低时则小于 1。这是研究人员的一种主观评价，主要依据其经验。关于这一点，后面还要再作一些讨论。

决定正常时间时另一个需要考虑的因素是，在一个工作循环内各工作单元动作平均发生的频数 F。如在上例中，单元 1 并不是在每个循环都发生，而是两个循环才发生一次，因此平均每个循环发生 0.5 次。

将测量值的平均值、发生频数以及绩效评价因子三者相乘，即可得出一个单元 i 的正常时间 NT_i 和一个工作循环所需的正常时间 NTC，用公式可表示如下：

$$NT_i=\bar{t}_j \cdot F_i \cdot (RF)$$

$$NTC= \sum NT_i$$

假定在上述的茶杯包装事例中又做了 48 次观察和测量，得到了如表 3-4 所示的数据，每一工作单元的正常工作时间和工作循环的正常工作时间可计算如下：

表 3-4　追加 48 个样本后的数据

工作单元	t	F	RF
1	0.53	0.50	1.05
2	0.10	1.00	0.95
3	0.75	1.00	1.10
4	1.08	1.00	0.90

NT_1=0.53×0.50×1.05=0.28（分钟）

NT_2=0.10×1.00×0.95=0.10（分钟）

NT_3=0.75×1.00×1.10=0.83（分钟）

NT_4=1.08×1.00×0.90=0.97（分钟）

NTC=0.28+0.10+0.83+0.97=2.18（分钟）

NTC 是否可以作为标准时间了呢？还不行。因为这样的时间值并未考虑人的疲劳。人需要有休息时间，有时会有不可避免的延误（由于偶然性事件所引起）等。因此，还需要在正常时间上再加一部分宽放时间（Allowance Time）来反映这些因素，这样才能得出切合实际的标准工作时间。这样，标准工作时间（Standard Time，ST）可表示为：

$$ST=NTC（1+A）$$

其中，A 是宽放时间因子，通常取值为 10% ～ 20%。

假定上例中的宽放时间因子为 0.15，则茶杯包装的标准工作时间可计算如下：

$$ST=2.18×（1+0.15）=2.51 分钟 / 一个工作循环$$

如果按一天工作 8h 算，则一个人一天可做的数量为：

$$480 分钟 / 天 ÷2.51 分钟 / 盒 =191 盒 / 天$$

（二）时间研究中的主观判断和评价

对于一个时间研究人员来说，几方面的原因要求他必须在时间研究中进行主观判断和评价。首先，在定义所要研究的工作单元时必须十分谨慎，如前所述，一个工作单元的动作时间不能太短，应该有明确的开始和结束标志。此外，有一些动作发生频率低，但是是规则的，这些动作也必须计算在内。

其次，在某些工作单元的测量中可能会测到一些偶然性的、不规则的动作，它们实际上不反映真正的操作要求，如失手掉工具、机器失灵等，这些动作和所花费的时间有可能使测出的时间不正确，因此在时间研究中必须排除这样的动作时间。但哪些动作是规则的、哪些是不规则的，需要研究人员进行主观判断。

再次，宽放时间应该多大，也需要进行主观判断。通常宽放时间的范围是正常时间的

10%～20%，给出这样的宽放时间主要是考虑到人员的疲劳、动作迟缓等不易测量的因素。

最后，需要通过主观判断决定的一个最大问题是绩效评价因子的确定。在时间研究中通常只是选择几名人员来进行观察和测量，他们的工作速度不一定正好代表大多数人的正常工作速度。这时，研究人员必须判断，通过对他们的观测所获得的数据是否代表正常速度，如果不是，应在多大程度上予以纠正（即因子数值的确定）。因为如果被观测者的平均速度高于正常水平，那么根据他们的工作速度制定的时间标准对于其他大多数人来说就是不公平的，实际上也是无法达到的。反过来，如果他们的速度低于正常水平，那么根据这样的结果制定的工作标准对于企业是不公平的，企业会遭受一定的损失。尤其是在工作标准与工作报酬挂钩的情况下，工作标准过高或过低不是使员工，就是使企业遭到损失。常常有这种可能性，即员工一旦看到他们被观察，就会有意放慢工作速度，因此研究人员在研究过程中还需判断有无这样的情况发生。如果有，则需进一步判断其程度，并将其反映在绩效评价因子的设定中。

（三）时间研究方法的优劣分析

时间研究方法是制定工作标准时使用最多的一种方法。训练有素并具有一定经验的研究人员使用这种方法可以制定切合实际的工作标准。但是，这种方法也有其局限性。首先，这种方法主要适用于工作周期较短、重复性很强、动作比较规律的工作，对于某些主要是思考性质的工作就不太适用，例如，数学家求解问题、大学教授准备讲义，或寻找汽车故障的原因等。对于某些非重复性的工作也是不适用的，例如，非常规设备检修。其次，秒表的使用有一定的技巧性，一个没有任何使用经验的人测出的时间值有时误差可能很大，基于这样的数据很可能会制定出不正确的时间标准。再次，时间研究中所包含的一些主观判断因素有时会遭到被观测者的反对。

二、标准要素法

一个企业内，如果有上千种甚至更多种工作需要制定工作标准，那么逐一使用时间研究方法所花费的时间和成本可能会相当可观。在这种情况下，可以使用标准要素法（Elemental Standard Data Approach）。该方法基于这样一种基本原理：在不同种类的工作中，存在大量相同或类似的工作单元，实际上不同工作是若干种（这个种类是有限的）工作单元的不同组合。因此，对于工作单元进行的时间研究和建立的工作标准，可应用于不同种类工作中的工作单元。而这样的工作单元的标准，一经测定，即可存入数据库，需要时随时可用。

但是有时候同一个工作单元在具有不同特点的工作中所需的时间是不同的，如果能将这些工作分类并给予不同的系数，将这些系数也作为数据库的数据，那么仍然可以很方便地为各种工作制定正常工作时间。此外，一个不可忽视的问题是宽放时间，需要将其加到正常工作时间中，以获得真正的时间标准。

这种方法有很多好处。首先，可以大量减少时间研究的工作量；此外，为工作单元建立的数据库可用来制定新上马的生产线的工作标准，从而可预先估计产品的成本、价格并制订生产计划，而且当单元的工作方法改变时，也可很容易地决定新的正常时间。总之，这样的数据库一旦建立，就可以方便地为每一项包括这些单元的工作制定工作标准。

三、PTS法

（一）什么是PTS法

PTS法又称为既定时间标准设定法（Predetermined Time Standards）。这种方法比标准要素法更进了一步，它是将构成工作单元的动作分解成若干个基本动作，对这些基本动作进行详细观测，然后制成基本动作的标准时间表。要确定实际工作时间时，只要把工作任务分解成这些基本动作，从基本动作的标准时间表上查出各基本动作的标准时间，将其加总，就可得到工作的正常时间，然后再加上宽放时间，就可以得到标准工作时间。

PTS法有好几种，根据基本动作的分类与使用时间单位的不同而不同。使用最广泛的一种是MTM法（Methods of Time Measurement）。在MTM法中，也有若干种基本动作标准数据，这里介绍其中最精确的一种：MTM-1。在这种方法中，将基本动作分为如表3-5所示的8种。

表3-5　MTM-1的基本动作分类

伸手（Reach）	移动（Move）
施压（Apply pressure）	抓取（Grasp）
放置（定位，对准）（Position）	解开（Disengage）
放手（Release）	转动（Turn）

这些基本动作的标准时间是用微动作研究方法，对一个样本人员在各种工作中的动作加以详细观测，并考虑到不同工作的变异系数而得出的，表3-6所示的是美国MTM标准研究协会制作的其中一个动作"移动"的标准时间。这里所用的时间测量单位（Time Measurement Unit. TMU）是TMU，1TMU等于0.000 6分钟，即1分钟等于1 667TMU。这个表中的标准时间考虑了移动重量、移动距离和移动情况三种因素，每个因素不同，所需的标准时间也不同。例如，有这样一个动作，需要用双手将一个18磅的物体移动20英寸，移到一个确切的位置，在该动作发生前两手无动作。为了得到这个动作的标准时间，首先应该根据对移动情况的描述确定该动作属于哪种情况。从表中的三种情况描述中可知，属于C，然后，根据移动距离为20英寸，在20英寸的行与C列的交叉处，找到该动作所需时间为22.1TMU。现在，还需进一步考虑重量，并根据重量对刚才查出的时间做些调整。因为该动作中是用两手移动18磅的物体，每只手为9磅，在表中的重量允许值中，处于7.5与12.5之间，因此动态因子为1.11，静态常数（TMU）为3.9。这样该动作的标准时间可按下式计算：

$$TMU表格值 \times 动态因子静态常数 = 22.1 \times 1.11 + 3.9 = 28TMU$$

每一种基本动作都有这样的类似表格。这些标准数据是经严格测定、反复试验后确定的，其科学性、严密性都很高，而且有专门的组织制定这样的数据，表3-6中的数据就是美国MTM标准研究协会（MTM Association for Standard and Research）制作的。

表 3-3　MTM 法中的动作"移动"的标准时间数据表

移动距离（英寸）	时间（TMU）			重量允许值			不同移动情况
	A	B	C	重量	动态因子	静态常数（TMU）	
1 或以下	2.0 2.5	2.0 2.9	2.0 3.4	2.5	1.00	0	A. 移动物体至另外一只手
2 3	3.6 4.9	4.6 5.7	5.2 6.7	7.5	1.06	2.2	
4 5	6.1 7.3	6.9 8.0	8.0 9.2	12.5	1.11	3.9	
6 7	8.1 8.9	8.9 9.7	10.3 11.1	17.5	1.17	5.6	B. 移动物体至一个大致位置
8 9	9.7 10.5	10.6 11.5	11.8 12.7	22.5	1.22	7.4	
10 12	11.3 12.9	12.2 13.4	13.5 15.2	27.5	1.28	9.1	
14 16	14.4 16.0	14.6 15.8	16.9 18.7	32.5	1.33	10.8	
18 20	17.5 19.2	17.0 18.2	20.4 22.1	37.5	1.39	12.5	C. 移动物体至一个精确位置
22 24	20.8 22.4	19.4 20.6	23.8 25.5	42.5	1.44	14.3	
26 28	24.0 25.5	21.8 23.1	27.3 29.0	47.5	1.50	16.0	
30	27.1	24.3	30.7				

（二）使用 PTS 法制订工作标准的步骤

使用 PTS 法制订工作标准可分为以下几个步骤：

1. 将工作或工作单元分解成基本动作。

2. 决定调节因素，以便选择合适的表格值，调节因素包括重量、距离、物体尺寸以及动作的难度等。

3. 合计动作的标准时间，得出工作的正常时间。

4. 在正常时间上加上宽放时间，得出标准工作时间。

（三）PTS 法的优劣分析

从上述对 PTS 法的特点描述中可以看出 PTS 法的一些优越性。PTS 法的优点还有：首先，它可以用来为新设生产线的新工作设定工作标准，而这种新工作是无法使用时间研究方法的；其次，不用经过时间研究就可以对不同的新方法进行比较；再次，用这种方法设定的时间标准的一致性很高，因为这种方法大大减少了时间研究中常见的读数错误等引起不正确结果的可能性；最后，这种方法不需要容易带有主观偏见的绩效评价。

这种方法的主要局限性是：

1. 工作必须分解成基本动作。这使得这种方法对于许多进行多品种小批量生产、以工艺对象专业化为生产组织方式的企业来说是不实用的。在这样的企业中，工作种类繁多，而重复性较低。

2．PTS 法的标准数据也许不能反映某些具有特殊特点的企业的情况。对于一个企业是正常的事情，在另一个企业也许是不正常的。作为样本被观测的工人也许不能代表某些特殊企业中工人的一般状况。

3．需要考虑调节的因素很多，几乎到了无法制作表 3-6 这样的表格的地步。例如，在某些情况下，移动物体所需的时间也许与物体的形状有关，但是表 3-6 并没有考虑这个因素。

4．这种方法是建立在这样一种假设之上，即整个工作时间可用基本动作时间的加总得到，但这种方法忽略了实际工作时间也许与各个动作的顺序有关这一可能性。

5．由于这种方法表面上看起来使用方便，因此容易不分场合地错误使用。事实上，分解基本动作和确定调节因素是需要一定技能的，也需要一定经验，并不是人人都会用。

四、样本法

（一）样本法的概念

样本法（Work Sampling Method）在作业测定中也是使用很广泛的一种方法。这种方法的基本原理是，不关心具体动作所耗费的时间，而是估计人或机器在某种行为中所占用的时间比例。例如，加工产品、提供服务、处理事务、等候指示、等候检修或空闲，这些都可看作某种"行为"，都会占据一定的时间。对这些行为所占用时间的估计是在进行大量观察的基础上做出的。其基本假设是：在样本中观察到的某个行为所占用的时间比例，一般来说是该行为发生时实际占用的时间比例。在给定的置信度下，样本数的大小将影响估计的精度。

从这样的样本观察中获得的数据除用于作业测定外，还可用来估计人或设备的利用率、决定在其他作业研究方法中已经讨论过的宽放时间、决定工作内容以及估计成本等。

（二）样本法的应用步骤

选择好准备用样本法进行观测的行为或活动后，需要经过 6 个步骤来测定其所占用的时间比例：①设计观测方式；②决定观测的时间长度；③决定最初的样本数；④选择随机的观测时间；⑤观察和获取数据；⑥检查是否需要更多的样本数。

下面通过一个事例来说明样本法的应用步骤。

某医院正在考虑引入一套医疗记录自动储存和检索系统。为了确定该系统的引入是否恰当（其利用性、经济性），院领导需要知道护士使用医疗记录所占用工作时间的比例。护士有两种：一种为医院的正式员工，以下简称正式护士；一种为临时聘用的计时护士，简称计时护士。这些护士用手工检索医疗记录，或者让人复印以后送到病房去。现在，需要通过样本法来了解护士使用医疗记录所占用的工作时间。

1. 设计观测方式

观察护士工作的方式可以有多种，根据将工作划分为不同行为的详略程度和划分方式的不同而不同。在本例中，只是为了了解护士使用医疗记录在整个工作时间内所占的比例，因此可按表 3-7 的方式设计观测表的格式，即把整个工作时间大致分为使用医疗记录、照顾病人、其他辅助工作和空闲 4 类。需要指出的是，其他几部分的数据是顺便得到的，如不记录也可，但顺便得到的这些数据有助于安排日程计划、了解护士工作的其他方面等，因此表 3-7 给出了完整表格。因为两种护士在使用医疗记录上所花费的时间是不同的，所以对她们的观测和记录需分别进行。

表 3-7 观测表的格式

护士类别	使用医疗记录	照顾病人	其他辅助工作	空闲	总计
正式护士					
计时护士					

2. 决定观测的时间长度

样本法中的观测时间长度必须具有代表意义，即在该时间段内，每一行为都应该有发生若干次的机会。例如，某行为一周只发生一次，那么将观测时间设定为一天就毫无意义，在这种情况下，观测的时间也许是几个月。在本事例中，使用医疗记录的行为可发生在一周内的任一天，且每周都发生，因此，观察时间可设为几周。

3. 决定最初的样本数

通常，研究人员在观测开始之前需要对被观测行为所占用的时间比例进行初步估计，并设定一个所希望的估计精度，在此基础上决定最初的样本数。经观测得出数据后，再进一步考虑是否要增加样本数。在本例中，医院领导初步估计，使用医疗记录占用正式护士工作时间的 20%，计时护士工作时间的 5%。院领导希望估计的置信度为 95%，估计精度为绝对误差 ±0.03。现在必须决定，观测者需要去病房多少次才能达到这样的估计要求，即决定满足该要求的样本数。

根据对所占用时间的预先估计和所允许的误差，正式护士所占用的时间在 20%±3% 以内，计时护士在 5%±3% 以内。根据这样的数据和绝对误差值以及置信度，可查阅根据有关统计学原理制成的样本数表。从该表可查出，正式护士的样本数是 683，计时护士的样本数是 203。研究人员选定一个典型的病区进行观测，该病区配有 8 名正式护士，4 名计时护士。因为每去一趟病区可同时观察到 8 名注册护士和 4 名计时护士，因此对于正式护士来说，去病区次数应为 683÷8 ≈ 86 次；对于计时护士来说，去病区次数应为 203÷4 ≈ 51 次。显而易见，应该取其中的大数，即共去 86 次，这样可得到 688 个正式护士的样本数据和 344 个计时护士的样本数据，对于两种护士都足够了。

4. 选择随机的观测时间

观测者去病房获取数据的时间应该在选定的时间长度内随机确定，以避免数据失真。例如，假如护士知道观测者每天下午 2:30 来进行观测，他们就有可能在这一时间有意调整他们的行为方式。这样，所获数据就代表不了他们真正的工作方式。

5. 观察和获取数据

结果列于表 3-8 中。

表 3-8 观测数据

护士类别	使用医疗记录	照顾病人	其他辅助工作	空闲	总计
正式护士	124	258	223	83	688
计时护士	28	251	46	19	344

6. 检查是否需要更多的样本数

从表 3-8 可知，正式护士使用医疗记录所占用的时间为 124÷688=0.18，计时护士为 28÷344=0.08，这两个数据都在原来设定的误差范围内，因此现有样本数已足够，无需再增加样本。

7. 结论

数据得到以后，医院领导如何决定是否引入自动检索系统呢？他们算了这样一本账：引入新系统每年所花的成本是 15 万元。新系统提供者称，与手工检索相比，该系统可节省护士 25% 的检索时间。现在全部正式护士的年工资总额是 362.8 万元，全部计时护士的年工资总额是 237.5 万元。设 P1 和 P2 分别为正式护士和计时护士使用医疗记录所占用的时间比例，则使用新系统的年节省额可计算如下：

$$节省额 =（362.8P1+237.5P2）\times 25\% -15$$
$$=（362.8\times 0.18+237.5\times 0.08）\times 25\%-15$$
$$=6.1（万元）$$

由此可见，引入新系统还是合算的。

（三）样本法优劣分析

样本法所具有的几个主要优点是：

1. 观测者不需要接受专门训练（其他方法都需要）。

2. 不需要使用秒表，因此可同时进行几种行为的观测（如上例中的使用医疗记录、照顾病人、空闲等几种行为）。

3. 在工作循环较长的情况下，因为所需的观测时间不多，因此是一种很经济的工作研究方法。

4. 与其他作业测定方法相比，被观测人员更喜欢这种方法。

由于样本法的这些优点，它在实际工作中也有广泛的应用。但与其他任何方法一样，它也有一些局限之处，主要表现在所需观察的样本数较大、需要保证一定的估计精度等。此外，这种方法对于重复性工作的标准时间的设定是不经济的。

五、自动化对作业测定的影响

当一个企业的自动化程度增高时，原来的作业测定结果和作业测定方法也需要相应改变，原有对宽放时间的考虑也可能变得不适当了。在一个自动化工厂里，因为机器正在越来越多地控制工作循环，许多工作循环都是由数控设备决定的，因此很少需要观测工人的动作和判断他们的能力发挥情况。此外，也许需要考虑人的疲劳，以决定宽放时间，但这种疲劳的本质正在从体力上的疲劳转变为精神上的疲劳。

自动化的发展也影响了作业测定方法本身。样本法在自动化设备中使用起来更容易了，因为可以用电子监视器同时对多个对象进行观测。PTS 法的注目点转到了分析机器人的动作和知识阶层职员的活动上。现在有一种被称为"机器人时间和动作研究"（Robot Time and Motion，RTM）的系统，专门用来评价机器人的各种工作方法。PTS 的注目点之所以转向知识阶层职员的活动，主要是因为在一个自动化程度较高的企业中，他们往往占人员构成的很大比例。

展望未来，将会为自动化制造系统的各主要部分建立标准数据，而不是像现在这样只为某个工作或某个动作建立标准数据。这样的自动化制造单元的标准数据可用来模拟各种工作方法，也可以在产品开始生产以前估计生产成本。

关于自动化影响的这些讨论，对于非制造业来说同样存在。无论是制造业还是非制造业，进行作业测定的目的都是相同的，都是为了提高生产率、改善质量、降低成本。

任务落实

1. 试为你身边的一项手工作业进行作业测定，并思考有无改进方法。

2. 选择一家工业企业，与负责人联系参观事宜，进行实地参观，了解公司作业测定的执行情况，归纳总结参观一个工业企业，了解其作业测定过程。

任务四　工作研究

任务目标

能够进行正确的工作研究。

情境导入

该过程从储藏架开始。面条被取下来送到厨房，开始加工，先在锅台上的一个大锅内煮熟，然后放到一个大碗内，再送到水池边过水，过水后的大碗面条被送到操作台，分成六份，装入六个盘子，上面加上肉末和番茄酱，然后被送到加热器，使之保温，直到有人需要。这样一个操作过程的流程图如图 3-3 所示。

流程名称：	面条制作	
分 析 员：		
现　　状：	×　　　改进后：_____	（在相应项填入×）
日　　期：	7月24日	

步　　骤	符　号	备　注
1. 面条置于储藏架上	▽	
2. 将面条拿到厨房	⇨	
3. 煮熟	○	
4. 放到大碗里	⇨	
5. 送到水池边	⇨	需要搬运重物
6. 过水	○	
7. 送到操作台	⇨	需要搬运重物
8. 分装入盘	⇨	
9. 加肉末和番茄酱	○	6个重复动作
10. 将盘子送到加热器	⇨	6个重复动作
11. 保温	▽	
12. 送到出售口	⇨	6个重复动作

图3-3　面条制作流程（现状）

经过分析以后，学生们决定在该工作流程中增加一个紧邻锅台的水龙头（已有现成水管），这样可在锅台边过水，并直接加上肉末和番茄酱，并就地在锅台保温。改善后缩短了制作面条的时间。

知识广场

一、工作研究概述

工作研究是指运用系统分析的方法排除工作中不合理、不经济、混乱的因素，寻求更好、更经济、更容易的工作方法，以提高系统的生产率。其基本目标是避免浪费，包括时间、人力、物料、资金等多种形式的浪费。工作研究的目标在西方企业中曾经用一句非常简短的话描述过：Work smart，not hard。

提高生产率或效率的途径有很多种，例如通过购买先进设备、提高劳动强度来实现。工作研究则遵循以内涵方式提高效率的原则，在既定的工作条件下，不依靠增加投资，不增加工人劳动强度，只通过重新组合生产要素、优化作业过程、改进操作方法、整顿现场秩序等方法，消除各种浪费，节约时间和资源，从而提高产出效率、增加效益、提高生产率。同时，由于作业规范化、工作标准化，还可使产品质量稳定和提高，人员士气上升。因此，工作研究是企业提高生产率与经济效益的一个有效方法。

从某种意义上来说，人类在发展过程中一直都在自觉不自觉地进行工作研究，并对工作研究的更高级形式——工具的改进和发明以及工作过程管理进行研究，因而人类的生产能力和生产率不断提高。而每个人在其一生中也都在尽力从各方面进行工作研究，例如，怎样更快、更好地割草、擦自行车，大学生怎样更省力地学习，等等。但是，并不是每个人都使用了科学方法来研究和改进自己的工作。这里所要介绍的工作研究，就是要提供这样的科学方法和步骤，这种方法被称为系统方法（Systematic approach）。

工作研究所包括的方法技术主要有两大类：方法研究与时间研究。方法研究主要是通过对现行工作方法的过程和动作进行分析，从中发现不合理的动作或过程并加以改善。时间研究的主要内容是进行工作测定和设定工作标准。工作研究中的方法研究和时间研究是相互关联的，方法研究是时间研究的基础、制定工作标准的前提，而工作测定结果又是选择和比较工作方法的依据。

二、工作研究的步骤

工作研究的系统方法包括以下几个步骤：

（一）选择研究对象

生产与运作管理人员每天遇到的问题多种多样，同时工作研究的范围也是极为广泛的，这就有一个如何选择合适的工作研究对象的问题。一般来说，工作研究的对象主要集中在系统的关键环节、薄弱环节，或带有普遍性的问题方面，或从实施角度容易开展、见效的方面。因此，应该选择效率明显不高、成本耗费较大、急需改善的工作作为研究对象。研究对象可以是一个生产运作系统全部，或者是某一局部，如生产线中的某一工序、某些工作岗位，甚至某些操作人员的具体动作、时间标准等。

（二）确定研究目标

尽管工作研究的目标是提高劳动生产率或效率，但确定了研究对象之后还需规定具体的研究目标。这些目标包括：减少作业所需时间；节约生产中的物料消耗；提高产品质量的稳定性；增强职工的工作安全性，改善工作环境与条件；改善职工的操作，减少劳动疲劳；提高职工对工作的兴趣和积极性等。

（三）记录现行方法

将现在采用的工作方法或工作过程如实、详细地记录下来。可借助各类专用表格技术来记录，动作与时间研究还可借助录像带或电影胶片来记录。尽管方法各异，但都是工作研究的基础，而且记录的详尽、正确程度直接影响下一步对原始记录资料所作分析的效果。现在有不少规范性很强的专用图表工具，它们能够帮助工作研究人员准确、迅速、方便地记录要研究的事实，为分析这些事实提供标准的表达形式和语言基础。

（四）分析

详细分析现行工作方法中的每一步骤和每一动作是否必要，顺序是否合理，哪些可以去掉、哪些需要改变。这里，可以运用如表 3-9 所示的"5W1H"分析方法从六个方面反复提出问题。因为，实际上并不存在"最好"的工作方法，而可以不断寻求"更好"的工作方法，所以"5W1H"法可以反复多次使用。其中 WHY（为什么）是最重要的，一般认为要解决某个问题，必须至少问五个"为什么"（如表 3-9 所示），才能由现象触及本质。

表 3-9 5W1H 分析法

WHY（为什么）	• 为什么这项工作是必不可少的？ • 为什么这项工作要以这种方式、这种顺序进行？ • 为什么为这项工作制定这些标准？ • 为什么完成这项工作需要这些投入？ • 为什么这项工作需要这种人员素质？	WHAT HOW WHO WHERE WHEN	这项工作的目的何在？ 这项工作如何能更好地完成？ 何人为这项工作的恰当人选？ 何处开展这项工作更为恰当？ 何时开展这项工作更为恰当？

（五）设计和试用新方法

这是工作研究的核心部分，包括建立、试用和评价新方法三项主要任务。建立新的改进方法可以在现有工作方法基础上，通过"取消合并重排简化"四项技术形成对现有方法的改进，这四项技术俗称工作研究的 ECRS（或四巧）技术。经过 ECRS 处理后的工作方法可能会有很多，因此需要从中选择更佳方案。评价新方法的优劣主要需要从经济价值、安全程度和管理方便程度几方面来考虑。

（六）方法实施

工作研究成果的实施可能比对工作的研究本身要难得多，尤其是这种变化在一开始还不被人了解而且改变了人们多年的老习惯时，工作研究新方案的推广会更加困难。因此，实施过程要认真做好宣传、试点工作，做好各类人员的培训工作，切勿急于求成。

在研究工作中，使用图表进行分析是很方便的，下面介绍两种常用的图表分析方法。

三、流程图分析

流程图（Flow process Chart）可以表示一个工作流程中包括的全部活动，如操作、搬运、延误、检查、储藏等，所用符号如表 3-10 所示。其中的操作符号原本只有第一个，随着信息和信息处理的发展，后来又加了两个为信息处理特设的符号。

表 3-10 流程图分析所用符号及表示内容示例

符号	含义	表示内容示例
○	加工、操作（operations）	钉钉子，搅拌，钻孔
◎	操作，表示生成一个记录、报告	打印报告，修改程序，填写工作记录
◉	操作，表示往一个记录中添加信息	贴产品标签，更新库存记录，张贴生产进度控制表
⇒	搬运（transportation）	用小车搬运物料，传送带运送工件，专人传送信息
□	检查（inspection）	检查物料质量和数量，阅读仪表数据，检查打印出来的通知格式
▷	延误（delay）	等待乘电梯，在制品等待加工，文件等待处理
▽	存储（storage）	储存罐中的原料，货架上的成品库存，文件柜中的文件

在工作研究中运用流程图，可以把工作流程中的每一个详细活动都列出来，以便加以详细分析。在分析中，可使用"5W1H"等方法从提问入手。

四、人机联合分析

人机联合分析主要是利用人机活动图（Man-Machine chart）进行的。人机活动图是对操作人员与机器交互作用的描述，可把机器与人在工作时间上的配合关系描述在图表上。

流程图只表示某一项工作或某一项活动只在一个设施上进行，而人机活动图可表示同一时间某项活动同时在几个设施上进行或多人进行的情况。因此，又称为多活动图。

人机联合分析方法的基本步骤是：

第一步，要决定研究什么活动或工作，分析人员可把一张纸分成若干栏，每一栏表示一个人或一个设施的情况；

第二步，需要观察活动的进行情况，并建立时间标准；

第三步，给出每一活动所需的时间，使用条形的长度来表示时间长度，从而绘制出多活动图；

第四步，通过分析上面绘制出来的多活动图，发现更好地在工作人员之间分配工作的方法，缩短各项活动所需的时间，甚至还可以重新安排各项活动，以缩短完成一项工作所需的全部时间。

多活动图分析法还可以帮助管理人员决定如何有效地利用人力、设备或工作地。这种多活动图还常常被用来发现无谓的等待时间，以便去除。其结果将是生产率的提高。

任务落实

你认为工业专业化程度究竟是高了好还是低了好？各有什么利弊？

项目四 生产计划管理

按照计划来管理企业的生产经营活动，称为计划管理。计划管理是一个过程，通常包括编制计划、执行计划、检查计划完成情况和拟订改进措施四个阶段。计划管理包括企业生产经营活动的各个方面，如生产、技术、劳资、供应、销售、设备、财务、成本等。它不仅是计划部门的工作，其他所有部门和车间都要通过四个阶段来实行计划管理。

任务一 现代企业生产计划管理概述

任务目标

掌握生产计划的制订基础。

情境导入

某机械制造企业的机械加工车间，其产品顺序通过车、铣、磨加工而成。该车间的车工组、铣工组、磨工组，分别拥有机床台数、加工该产品的产量定额、有效台时数及据此计算出来的生产能力见表 4-1。

当一种设备生产多种规格产品时，必须选择代表产品来计算生产能力，将其他规格换算成同一代表产品的产量来计算。

$$换算系数 = 某种产品台时定额 / 代表产品台时定额$$

表 4-1 加工车间生产能力核算表

设备组名称①	设备台数②	工作班数③	计划检修时数④	全年有效台时⑤=②×306×15.5-④	单位时间产量定额⑥	设备组生产能力⑦=⑤×⑥
车工组	15	2	1 145	70 000	1.5	105 000
铣工组	17	2	1 381	79 250	2	158 500
磨工组	9	2	687	42 000	1	42 000

注:全年工作日数为 306 天,每天 2 班,按 15.5 小时计。

知识广场

按照计划来管理企业的生产经营活动,称为计划管理。计划管理是一个过程,通常包括编制计划、执行计划、检查计划完成情况和拟订改进措施 4 个阶段。计划管理包括企业生产经营活动的各个方面,如生产、技术、劳资、供应、销售、设备、财务、成本等。它不仅是计划部门的工作,其他所有部门和车间都要通过四个阶段来实行计划管理。

一、企业的不同计划及其相互关系

企业里有各种各样的计划,这些计划是分层次的。一般可以分成战略层计划、战术层计划与作业层计划 3 个层次。战略层计划涉及产品发展方向、生产发展规模、技术发展水平、新生产设施的建造等。战术层计划是确定在现有资源条件下所从事的生产经营活动应该达到的目标,如产量、品种、产值和利润。作业层计划是确定日常的生产经营活动的安排。3 个层次的计划有不同的特点,如表 4-2 所示。由表中可以看出,从战略层到作业层,计划期越来越短,计划的时间越来越细,覆盖的空间范围越来越小,计划内容越来越详细,计划中的不确定性越来越小。

表 4-2 不同层次计划的特点

项目	战略层计划	战术层计划	作业层计划
计划期	长(≥5 年)	中(1 年)	短(月、旬、周)
计划的时间单位	粗(年)	中(月、季)	细(工作日、班次、小时、分)
空间范围	企业	工厂	车间、工段、班组
详细程度	高度综合	综合	详细
不确定性	高	中	低
管理层次	企业高层领导	中层,部门领导	低层,车间领导
特点	涉及资源获取	资源利用	日常活动处理

企业战略层计划主要是企业长远发展规划。长远发展规划是十分重要的一种计划,它指导企业的全局,关系到企业的兴衰。战略计划下面最主要的是经营计划(Business Plan),再往下是各种职能计划。这些职能计划不是孤立的,它们之间的联系如图 4-1 所示。

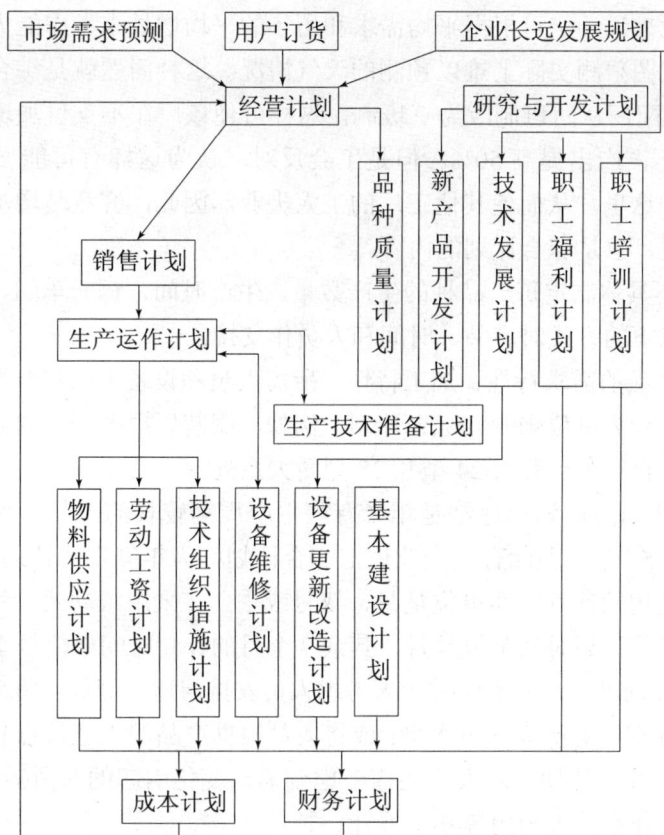

图 4-1　企业各种计划之间的关系

二、3 种生产计划

制造业企业的生产计划一般来说可分为 3 种：综合计划、主生产计划和物料需求计划。这是 3 种不同层次的计划，其作用和主要内容如下。

（一）综合计划

综合计划又称生产大纲，它是对企业未来较长一段时间内资源和需求之间的平衡所作的概括性设想，是根据企业所拥有的生产能力和需求预测对企业未来较长一段时间内的产出内容、产出量、劳动力水平、库存投资等问题所作的决策性描述。

例如，一个空调企业，其产品需求的特点是季节性非常强，通常的生产方式是将秋季和冬季生产的产品放置于仓库，等需求高峰的春季和夏季到来时再卖。这种方式可以在某种程度上满足需求高峰时的订货要求，但是当某个夏季异常热的时候，就有可能发生缺货，市场供不应求。如果企业预先扩大能力，增加产量，那么当夏季来临，确实很热时，企业的销售额和市场份额会大增，给企业带来较大的利润。但如果夏季来临，但很凉快，企业就有可能积压产品，背上大量库存的沉重包袱。天气变化的难以预测使得这种决策变得很难。对于某些企业来说，宁可根据平均需求和历年的平均增长来考虑能力的扩大和产量增加问题，而不去试图猜测实际上难以预测的天气情况。这种问题就是综合计划的内容。又如，GM 想将某装配厂从两班制改为三班制，这样可使该厂在不支付加班工资和不进行新设施投资的情况下，产出提高 50%。但是工会反对，认为这样有可能导致 GM 将其他工厂的生产任务移到这里，从而使其他工厂的工人失业。因此，究竟是增加三班，还是采取其他方式扩大产量，也是综合计划的内容。

综合计划并不具体制定每一品种的生产数量，生产时间，每一车间、人员的具体工作任务，而是按照以下的方式对产品、时间和人员作安排。

产品。按照产品的需求特性、加工特性、所需人员和设备上的相似性等，将产品综合为几大系列，以系列为单位来制订综合计划。例如，服装厂根据产品的需求特性分为女装和童装两大系列，自行车厂分为 24 型和 28 型两大系列。

时间。综合计划的计划期通常是年（有些生产周期较长的产品，如大型机床等，可能是 2 年、3 年或 5 年），因此有些企业也把综合计划称为年度生产计划或年度生产大纲。在该计划期内，使用的计划时间单位是月、双月或季。在采用滚动式计划方式的企业，还有可能未来 3 个月的计划时间单位是月，其余 9 个月的计划时间单位是季等。

人员。综合计划可用几种不同方式来考虑人员安排问题，例如，将人员按照产品系列分成相应的组，分别考虑所需人员水平；或将人员根据产品的工艺特点和人员所需的技能水平分组，等等。综合计划中对人员还需考虑到需求变化引起的对所需人员数量的变动，决定是采取加班，还是扩大聘用等基本方针。

（二）主生产计划

主生产计划（Master Production Schedule，MPS）要确定每一具体的最终产品在每一具体时间段内的生产数量。这里的最终产品，主要指对于企业来说最终完成、要出厂的完成品，它可以是直接用于消费的消费产品，也可以是作为其他企业的部件或配件。这里的具体时间段通常以周为单位，在有些情况下，也可能是旬、日或月。

表 4-3 是某自行车厂的综合计划和与其相对应的主生产计划的一个例子。从该例中可以明显地看出这两种不同计划之间的区别和关系。如上所述，综合计划是企业对未来一段较长时间内企业的不同产品系列所作的概括性安排，它不是一种用来具体操作的实施计划。而主生产计划，正是把综合计划具体化为可操作的实施计划。如表 4-3（a）所示，在该厂的综合计划中，未来 3 个月 24 型系列产品的月产量分别为 10 000，15 000 和 20 000 辆。但实际上 24 型自行车又可分为 3 种不同车型：C 型，带有辅助小轮的儿童用车；D 型，耐用型，适于道路条件不好的情况；R 型，带有装饰的豪华型。这 3 种车型的车轮大小是一样的，同属24 型。而所谓"24 型"车是无法生产的，只能具体生产出 C 型、D 型或 R 型。表 4-3（b）是根据表 4-3（a）的综合计划制订的主生产计划。从该表中可看出，由于 D 型车的需求量较大，是连续生产的，而其他两种车型的需求量较小，生产是断续的，即分批轮番生产。

表 4-3（a）　某自行车厂的综合计划

月份	1	2	3
24 型产量 / 辆 28 型产量 / 辆	10 000 30 000	15 000 30 000	20 000 30 000
总工时 /h	68 000	68 000	75 000

表 4-3（b）　某自行车厂的 MPS

月份	1				2				3			
周次	1	2	3	4	5	6	7	8	9	10	11	12
C 型产量 / 辆 D 型产量 / 辆 R 型产量 / 辆	1 500 400	1 600 1 500	1 500 400	1 600 1 500	2 250 600	2 400 2 250	2 250 600	2 400 2 250	3 000 800	3 200 3 000	3 000 800	3 200 3 000
月产 / 辆	10 000				15 000				20 000			

（三）物料需求计划

主生产计划确定以后，生产管理部门下一步要做的事是保证生产主生产计划规定的最终产品所需的全部物料（原材料、零件、部件等）以及其他资源能在需要的时候供应上。这个问题看似简单，做起来却并不容易。因为一个最终产品所包括的原材料、零件、部件的种类和数量可能是相当大的，而且对于自行车、汽车、家电等复杂产品来说，不同的零部件之间还有相关的"母子"关系，从而构成一个多层结构。所谓的物料需求计划，就是要制订这样的原材料、零件和部件的生产采购计划：外购什么、生产什么、什么物料必须在什么时候订货或开始生产，每次订多少、生产多少，等等。

也就是说，物料需求计划要解决的是与主生产计划规定的最终产品相关物料的需求问题，而不是对这些物料的独立的、随机的需求问题。这种相关需求的计划和管理比独立需求要复杂得多，对于一个企业来说也十分重要，因为只要在物料需求计划中漏掉或延误一个零件，就会导致整个产品完不成或延误。

以上简要介绍了企业 3 种不同的生产计划。对于大多数制造业企业来说，其生产计划都大致可以分为这样的 3 种。

任务落实

1．谈谈你对企业制订生产计划的理解。

2．选择一家工业企业，与负责人联系参观事宜，进行实地参观，了解该公司的生产计划情况，归纳总结做出书面报告。

任务二 综合计划的制订

任务目标

掌握搜集综合计划制订所需信息的途径，并制订出综合计划。

情境导入

要不要综合计划？

某公司计划制订综合计划，员工小刘说："因为综合计划不是一个具体的实施计划，因此企业没有综合计划也可以。"请你谈谈自己的看法。

知识广场

一、综合计划的主要信息和来源

综合计划是对企业未来较长一段时间内资源和需求之间的平衡所做的概括性设想，它要根据企业所拥有的生产能力和需求预测对企业的产出内容、产出速度、劳动力水平、库存投资等问题做概括性的决策。这些决策必须在与企业生产经营有关的多种信息基础上才能做出。这些信息需要由企业不同的部门提供，如表4-4所示。

表4-4 综合计划的所需信息及其来源

所需信息	信息来源
新产品开发情况 主要产品和工艺改变（对投入资源的影响） 工作标准（人员标准和设备标准）	技术部门
成本数据 企业的财务状态	财务部门
劳动力市场状况 现有人力情况 培训能力	人事管理部门

所需信息	信息来源
现有设备能力 劳动生产率 现有人员水平 新设备计划	制造（生产）部门
市场需求预测 经济形势 竞争对手状况	市场营销部门
原材料供应情况 现有库存水平 供应商、承包商的能力 仓储能力	物料管理部门

由于综合计划对一个企业来说是非常重要的，因此各种信息应尽量正确，并保证及时提供。所以，每一部门应由一个级别较高的人来负责此事，提供信息，并参与综合计划的制订。在制订一项计划的过程中，各部门的利益有可能会发生冲突（这一点下面还要提到），因此有时还需要通过召集各部门负责人会议来讨论综合计划的制订问题，并解决其中的矛盾。

二、综合计划的主要目标及其相悖关系分析

综合计划是企业的整体计划，要达到企业的整体经营目标。它不是一个部门计划，因此其目标与部门目标也有所不同。而且，这些目标的综合实现与部门目标有时是相悖的。因此，在综合计划的制订过程中必须处理好这些关系，妥善解决矛盾。

综合计划有 6 个目标：成本最小 / 利润最大、顾客服务最大化（最大限度地满足顾客要求）、最小库存投资、生产速率、稳定性（变动最小）、人员水平变动最小、设施和设备的充分利用。很显然，这 6 个目标之间存在某种相悖的特性。例如，最大限度地提供顾客服务要求快速、按时交货，但这是通过增加库存，而不是减少库存达到的；在业务量随季节变化的部门，以成本最小为目标的人员计划不可能同时做到即使人员变动水平最低，又使顾客服务最好；在一个制造业企业，当产品需求随季节波动时，要想保持稳定的产出速率，需要同时保持较大的库存，等等，这些均说明了这 6 个目标之间的相悖性。但是，可以把这些目标归结为：用最小的成本，最大限度地满足需求。因此在制订综合计划时，需要权衡上述目标因素，进行适当的折中，并同时考虑一些非定量因素。

在对这些具有相悖关系的目标进行平衡时，首先需要提出一些初步的候选方案，然后综合考虑，作最后抉择。制订初步的候选方案时，一般说来，有两种基本思路。

三、两种基本的决策思路

在进行综合计划决策时，可以有多种方法和手段，但其基本思路可分为两种：稳妥应变型和积极进取型。

（一）稳妥应变型

这种类型的基本思路是根据市场需求制订相应的计划，也就是说，将预测的市场需求视为给定条件，通过改变人员水平、加班加点、安排休假、改变库存水平、外协等方式来应对市场需求。在这种基本思路之下，常用的应变方法有：

1. 调节人力水平通过聘用和解聘人员来实现这一点。当人员来源充足且主要是非熟练工人或半熟练工人时，采用这一方法是可行的，但是对于很多企业来说，符合其技能要求的人员来源是非常有限的，并不是什么时候想聘用什么时候就有。新工人需要加以培训，培训是需要时间的，一个企业的培训设施能力也是有限的。此外，对于很多企业来说，解聘工人是很困难的，或者说很特殊情况下才有可能，例如，社会制度的不同；工会强大与否；行业特点；社会保险制度的特点，而对于某些产业来说，解聘再聘则是很平常的事，例如，旅游业、农场等。

2. 加班或部分开工调节人员水平的另一个方法是加班或者减少工作时间(部分开工)。当正常工作时间不足以满足需求时，可考虑加班；反之，当正常工作时间的产量大于需求量时，可部分开工，只生产所需的量。但是，加班需要付出更高的工资，通常为正常工资的 1.5 倍，这是生产与运作管理人员经常限制加班时间的主要原因。工人有时候也不愿意加班太多，或长期加班。此外，加班过多还会导致生产率降低、质量下降等。部分开工是在需求量不足，但又不解聘人员的情况下才使用的方法。在许多采取工艺对象专业化组织方式的企业，对工人所需技能的要求较高，再聘具有相当技能的人不容易，因此常常采用这种方法。在有些情况下，这只是一种不得已而为之的方法，例如，根据合同或有关法规不能解聘人员。这种方法的主要缺点是生产成本升高（单位产品中的人工成本增加），人力资源、设备资源的效率低下。

3. 安排休假，即在需求淡季时只留下一部分基干人员进行设备维修和最低限度的生产，大部分设备和人员都停工，在这段时间，可使工人全部休假或部分休假。例如，西方企业经常在圣诞节期间使用这种方案，它们不仅利用这段时间进行设备维修、安装等，还借此减少库存。这种方案可有几种使用方法，例如由企业安排工人的休假时间和休假长度（按需求），或企业规定每年的休假长度，由工人自由选择时间。前者容易操作，而后者就需要考虑在需求高峰时工人的休假要求如何对应。此外，还有有偿休假、无偿休假等方式。

4. 利用调节库存是指在需求淡季储存一些调节库存，在需求旺季时使用。这种方法可以使生产速率和人员水平保持一定，但需要耗费相当的成本。如前所述，成品的储存是最费钱的一种库存投资形式，因为它所包含的附加劳动最多。因此，如果有可能，应该尽量储藏零部件、半成品，当需求到来时，再迅速组装。

5. 外协是用来弥补生产能力短期不足的一种常用方法。可利用承包商提供服务、制作零部件，某些情况下，也可以让它们承包完成品。

总而言之，稳妥应变型的决策最终要决定不同时间段的不同生产速率，无论考虑上述哪一种应变方法或哪几种应变方法，都意味着在该时间段内的产出速率被决定了。换言之，生产速率是上述因素的函数。

（二）积极进取型

用稳妥应变型的思路来处理季节性需求或其他波动较大的需求往往需要花费较高成本。与之相反，积极进取型则力图通过调节需求模式，影响、改变需求，调节对资源的不平衡要求来达到有效地、低成本地满足需求的目的。常用的方法有以下几种。

1．导入互补产品。这也就是说，使不同产品的需求"峰"、"谷"错开。例如，生产拖拉机的企业可同时生产机动雪橇，这样，其主要部件——发动机的年间需求可基本保持稳定（春、夏季主要装配拖拉机，秋、冬季主要装配雪橇）。关键是找到合适的互补产品，它们既能够充分使用现有资源（人力、设备），又可以使不同需求的峰、谷错开，使产出保持均衡。

2．调整价格，刺激淡季需求。在需求淡季，可通过各种促销活动，降低价格等方式刺激需求。例如，夏季削价出售冬季服装；冬季降价出售空调；航空货运业在需求淡季出售廉价飞机票等。

一般来说，基于稳妥应变型思路的候选方案主要由生产与运作管理人员来审查合适与否，而基于积极进取型思路的方案主要由市场营销人员来考虑。重要的是这两种基本思路的有机结合，这两个部门人员的密切合作，只有这样，才能使综合计划达到最优或较优。

四、两种制订策略

上述两种基本思路之下的各种候选方案可结合使用。在这样的基础上，即假设积极进取型可采取的方法已经被计入需求量中，下一步要考虑的问题就集中在稳妥应变型的各种方法上。稳妥应变型的方法主要与生产速率和人员水平有关。在制订综合计划时，应如何考虑这两个因素？有以下 3 种基本策略：

（一）追赶策略

在计划时间范围内调节生产速率或人员水平，以适应需求。这种策略的关键之处是不使用调节库存或部分开工。这种策略有多种应用方法，例如，聘用或解聘工人、加班加点、外协等。因此，其主要优点是库存投资小，无订单积压。但缺点是在每一计划期内均调整生产速率或人员水平是要花费成本的。此外，容易造成劳资关系疏远、生产率和质量下降等问题。

（二）平衡策略

在计划期内保持生产速率和人员水平不变，使用调节库存或部分开工来适应需求。在制造业企业，稳定的生产速率主要靠保持人员稳定、使用调节库存来实现。当允许人员水平变动而生产速率仍要求保持不变时，可使用加班、临时聘用或外包等方式来实现。这种方法的优点是产出均衡，人员水平稳定，但增加了库存投资，加班或部分开工也会引起额外费用。

（三）混合策略

很明显，以上两种策略是两个极端的策略。对于一个企业来说，最好的策略应该是将需求淡季时建立调节库存、人员水平小幅度变动、加班等几种方式结合使用，即采取一种混合策略。无论选择什么策略，重要的是综合计划必须反映它想要达到的目标，对有关的各职能部门有一定的影响力，能够反映未来一段时间内企业的经营方向，成为有效的管理工具。

五、综合计划的制订程序

图 4-2 表示一个综合计划的制订程序。由该图可以看出，这样一个程序是动态的、连续的，计划需要周期性地重新被审视、更新，尤其是当新的信息输入和新的经营机会出现的时候，更需如此。

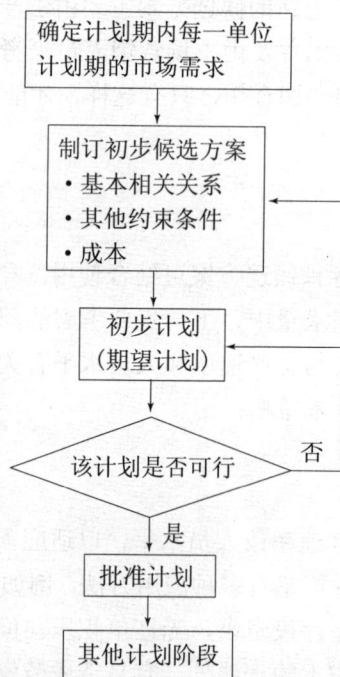

图 4-2　综合计划的制订程序

综合计划的制订程序有以下 4 个步骤：

（一）确定计划期内每一单位计划期的市场需求

确定计划期内每一单位计划期的需求的方法有多种。对于制造业企业的生产大纲来说，需求通常是以产品的数量来表示的，需求信息来源包括：对产品的未来需求预测；现有订单；未来的库存计划（例如，备货生产中对未来产品库存水平的确定）；来自流通环节（批发商）或零售环节的信息（指未发出订单之前给的信息）等。根据这些信息，可以大致确定每一计划单位的需求。

（二）制订初步候选方案，考虑相关关系、约束条件和成本

制订初步方案的基本思路在前面已经讨论过了，这里主要讨论要考虑的基本相关关系、其他约束条件和成本问题。

1. 基本相关关系。在评价、审视初步候选方案时，有两个基本关系需要考虑：第一，在给定时间段内的人员关系式；第二，库存水平与生产量的关系式。第一个关系式的基本表述是：

$$本期人员数 = 上期末人员数 + 本期初聘用人员数 - 本期初解聘人员数$$

上述关系式中的"人员解聘数"有时可以是人员的自然减少数，例如辞职、病退等引起的人员减少。在每一时间段内（计划单位内），所发生的聘用和解聘行为均影响可利用人员数，这是显而易见的。在制订综合计划时，如果人员安排是分成几个独立的组（单位），需要对每一组都做类似的考虑。

第二个关系式的基本表述是：

$$本期末库存量 - 上期末库存量 + 本期生产量 = 本期需求量$$

一个计划期内的生产量计划对本期末的库存有直接的影响作用或决定作用。例如，某油漆厂，1月末有油漆库存60万升，2月份的市场需求预计为25万升，2月份计划生产10万升，则2月底的库存=60+10-25=45万升，与人员计划中需要分组确定人员的基本关系式一样，在生产大纲中，需要按产品族来分别考虑这一基本关系式。

2. 其他约束条件。除上述两个基本关系式以外，还需要考虑其他一些约束条件。这些约束条件可分为物理性约束条件和政策性约束条件。前者是指一个组织的设施空间限制、生产能力限制等问题。例如，某工厂的培训设施有限，一个计划期内新聘的人员最多不得超过多少；设备能力决定了每月的最大产出；仓库面积决定了库存量的上限等。后者是指一个组织经营管理方针上的限制。例如，企业规定订单积压时间最长不能超过多少；一个月的最大加班时数；外协量必须在百分之多少以下，最小安全库存不得低于多少，等等。

一个综合计划必须满足上述约束条件，但应该注意的是，全部满足上述约束条件的计划并非一个最优计划，因为在该约束条件范围内，还可得出多个方案，这多个方案的经营结果可能是截然不同的。

3. 成本。除了上述考虑因素以外，制订综合计划时还必须考虑成本因素。只有成本在可接受范围内，一个计划才是可接受的。制订综合计划时所要考虑的成本主要包括：

（1）正式人员的人员成本。包括正常工资和正式人员的各种福利待遇，例如，医疗保险、劳动保险、退休基金、有偿休假等。

（2）加班成本。加班工资通常是正常工资的 1.5 倍，但是不必考虑其他福利待遇。劳动合同法规定，平时加班工资为 1.5 倍，周日和法定节假日加班为 2～3 倍。

（3）聘用和解聘费用。聘用费用包括招聘广告费用、面试费用、手续费用、新职工培训费用，以及新职工的非熟练引起的生产率下降、质量低下所带来的成本等。解聘费用包括最后面谈费用和解聘津贴。当一个企业因为丧失了某些工作任务，而裁减相应的熟练人员时，所发生的成本还包括长期的培养费用。

（4）库存成本（持有库存所发生的成本）。指随库存投资而变化的那些成本，其中包括资金占用成本、各种仓储成本（仓库费用、仓储管理人员费用等）、库存品的自然和非自然损耗（丢失、失盗、腐败等）、保险费用等。

（5）订单积压成本和库存缺货成本。在订单积压的情况下，可能会发生合同延期罚款，还可能发生失去客户的潜在机会成本。在某些情况下，订单是不可能被拖延的，例如，一个顾客在超级市场买香蕉，如果缺货，通常这个顾客的行为是去别处购买，而不会留下姓名住址等待来货。在这种情况下，缺货成本包括失去的销售利润和失去的信誉。

（三）制订可行的综合计划

这是一个反复的过程，如图 4-2 所示。首先，需要制订一个初步计划，该计划要确定每一计划单位（如月或季）内的生产速率、库存水平和允许订单积压量、外协量以及人员水平（包括新聘、解聘和加班）。该计划只是一个期望的、理想的计划，尚未考虑其他约束条件，也尚未按照企业的经营目标、经营方针来严格检查。如果通过对这些因素的考虑，证明该计划是不可行的或不可接受的，那么必须修改该计划或重新制订，反复进行，直至该计划可被接受。

（四）批准综合计划

如前所述，一个综合计划需要最高管理层的认可，通常是组成一个专门委员会来审查综合计划，该委员会应包括各有关部门的负责人。委员会将对综合计划方案进行综合审视，也许会提出一些更好的建议，以处理其中相悖的若干目标。最后计划的确定并不一定需要委员会全体成员的一致同意，但计划一旦确定，就需要每个部门都尽全力使之得以实现。

六、制订综合计划的优化方法

综合计划的制订方法有多种，这里介绍两种常用的优化方法。

（一）图表法

图表法又称运输表法。这种方法的基本假设是：每一单位计划期内正常生产能力、加班生产能力以及外协量均有一定限制；每一单位计划期的预测需求量是已知的；全部成本都与产量呈线性关系。在这些假设之下，图表法可给出整个计划内每一单位计划期的最优生产计划。当问题的规模较大时，还可用计算机软件来求解。

这种方法可以分别考虑两种情况：允许生产任务积压和不允许积压。这里介绍不允许任务积压情况下的手算方法。

1. 首先需要画出一张表格，它可以表示每一单位计划期的生产能力计划、需求量、初始库存量以及可能发生的成本。图 4-3 是一个包括 4 个单位计划期的图表法模型的表格，该表中各个符号的含义如图注所示。

计划方案		计划期				未用生产能力	全部生产能力
		1	2	3	4		
单位计划期	期初库存	0	h	$2h$	$3h$		I_0
1	正常生产	r	$r+h$	$r+2h$	$r+3h$		R_1
	加班生产	c	$c+h$	$c+2h$	$c+3h$		OT_1
	外协	s	$s+h$	$s+2h$	$s+3h$		S_1
2	正常生产	✕	r	$r+h$	$r+2h$		R_2
	加班生产	✕	c	$c+h$	$c+2h$		OT_2
	外协	✕	s	$s+h$	$s+2h$		S_2
3	正常生产	✕	✕	r	$r+h$		R_3
	加班生产	✕	✕	c	$c+h$		OT_3
	外协	✕	✕	s	$s+h$		S_3
4	正常生产	✕	✕	✕	r		R_4
	加班生产	✕	✕	✕	c		OT_4
	外协	✕	✕	✕	s		S_4
需 求		D_1	D_2	D_3	D_4+I_4		

h —— 单位计划期内单位产品的库存成本 　　I_4 —— 所期望的第 4 期期末库存
r —— 单位产品的正常生产成本 　　R_t —— t 期的正常生产能力
c —— 单位产品的加班生产成本 　　OT_t —— t 期的加班生产能力
s —— 单位产品的外协成本 　　S_t —— t 期的外协生产能力
I_0 —— 第 1 期期初库存 　　D_t —— t 期需求量

图 4-3　图表法模型

下面对该图中的一些元素做些解释。首先，每一行表示一个计划方案，例如，第一行表示期初库存，它可以用来满足 4 个单位计划期内任一期的需求。第二行是第一期内正常工作时间的生产量，它也可以用来满足 4 个单位计划期内任一期的需求。再下来的两行是该期加班生产量和外协量，依此类推。其次，列表示一个计划所覆盖的计划期，此外还有尚未使用的生产能力和总生产能力。第三，矩阵中每一格（称为单元）的右上角表示单位产品的相应成本，包括生产成本和库存成本。例如，在第一单位计划期，正常时间的生产成本是 r，如果在第 1 期生产出来的产品准备第 2 期再销售，则成本为 $r+h$，因为又发生了一个月的库存成本。第 1 期生产的产品如第 3 期销售，成本为 $r+2h$，依此类推。大 × 表示生产任务不得积压（即不能在后几期生产前几期的需求产品）。很明显，成本最低的方案是当期生产当期销售。但是，由于生产能力的限制，这一点并不是总可以做到的。最后，第 1 期的期初库存费用为零是因为它是前一个计划期（例如，上一年）决策方案的函数，又在本计划期内考虑。

2. 由于不允许任务积压，利用该表手算可求得最优解，具体步骤如下：

（1）将总生产能力列的生产能力数字放到"未用生产能力"一列；

（2）在第 1 列（即第 1 单位计划期）寻找成本最低的单元；

（3）尽可能将生产任务分配到该单元，但不得超出该单元所在行的未使用生产能力和该单元所在列的需求；

（4）在该行的未使用生产能力中减掉所占用的部分（注意：剩余的未使用生产能力绝不可能是负数，如果负数是无法避免的，说明在该生产能力的约束条件下无可行解，必须增加生产能力），如果该列仍然有需求尚未满足，则重复步骤（2）～步骤（4），直至需求全部满足；

（5）在其后的各单位计划期重复步骤（2）～步骤（4），注意在完成一列后再继续下一列（不要几列同时考虑）。

使用这种方法时应时刻记住一个原则：一行内各单元记入量的总和应等于该行的总生产能力，而一列内各单元记入的总和应等于该列的需求。遵循这条原则才能保证总生产能力未被超过及全部需求得以满足。

【知识链接】

TR 公司的综合计划

TR 公司生产各种油漆，油漆的需求是具有季节波动特性的，通常第 3 季度是需求高峰。需求预测和有关的成本数据如表 4-5（a），表 4-5（b）所示。此外，现有库存量为 250 000 加仑，所希望的期末库存为 300 000 加仑。该公司每季度的最大加班能力为该季度正常生产能力的 20%。外协厂家在每一季度可提供的产品数量均为 200 000 加仑。公司现在打算根据表 4-5（c）所示的生产能力计划来制订综合计划。按照公司的经营方针，不允许任务积压和库存缺货。

表 4-5（a） 需求预测 单位：千加仑

季度	1	2	3	4	合计
需求	300	850	1 500	350	3 000

表 4-5（b） 成本数据

单位产品成本	数据
单位产品的库存成本	0.3 元 / 季度
单位产品的正常生产成本	1.00 元
单位产品的加班生产成本	1.50 元
单位产品的外协成本	1.90 元

表 4-5（c） 生产能力计划 　　　　　　　　单位：千加仑

季　度	1	2	3	4
正常生产	450	450	750	450
加班生产	90	90	150	90
外协	200	200	200	200

这个问题可以用图表法来解决，图 4-4 为该问题的解。

第一步是将各行总生产能力的数字填入该行的未使用生产能力单元。这里要注意，由于需求总量比能力总量少 270 000 加仑，在求解过程结束时还应该有 270 000 加仑未使用生产能力。

计划方案		计划期 1	2	3	4	未用生产能力	全部生产能力
单位计划期	期初库存	0.00 250	0.30	0.60	0.90	0	250
1	正常生产	1.00 50	1.30 400	1.60	1.90	0	450
	加班生产	1.50	1.80	2.10 90	2.40	0	90
	外协	1.90	2.20	2.50 20	2.80	180	200
2	正常生产	✕	1.00 450	1.30	1.60	0	450
	加班生产	✕	1.50	1.80 90	2.10	0	90
	外协	✕	1.90	2.20 200	2.50	0	200
3	正常生产	✕	✕	1.00 750	1.30	0	750
	加班生产	✕	✕	1.50 150	1.80	0	150
	外协	✕	✕	1.90 200	2.20	0	200
4	正常生产	✕	✕	✕	1.00 450	0	450
	加班生产	✕	✕	✕	1.50 90	0	90
	外协	✕	✕	✕	1.90 110	90	200
需　求		300	850	1 500	650	270	3 570

图 4-4　用图表法求解的 TR 公司综合计划（单位：千加仑）

下一步，对每一季度重复步骤②～步骤④。首先从1季度开始。在第1季度，成本最小的方案是使用现有库存，所以尽可能多地将任务分配到该单元，即250 000加仑，这样还剩50 000加仑的需求尚未被满足，可再寻找成本最低的单元——利用正常生产能力，这样该行的未使用生产能力被减掉50 000加仑。

1季度的需求在上述步骤中已得到了满足，现在考虑2季度。在2季度，成本最小的方案是利用该季度的正常生产能力，全部利用（450 000加仑）之后，还剩400 000加仑需求未被满足，那么下一个成本最小的方案是利用1季度的正常生产能力，在该单元可使剩余需求全部得到满足。现在1季度和2季度的正常生产能力已全部用完。在3季度，可利用的1、2季度的生产能力只剩下加班生产能力和外协能力。首先，将任务最大限度地分配给3季度的正常生产能力，这是成本最低的。此后的分配顺序是：3季度的加班生产能力，2季度的加班生产能力，3季度的外协能力，1季度的加班能力和2季度的外协能力；最后，还需分配20 000加仑到1季度的外协能力，方可全部满足需求。这样的任务分配意味着，在1季度和2季度必须生产调节库存，以满足3季度的需求。在分配了任务的相应行，还需修改未使用生产能力的数字。在4季度，仍重复相同的步骤。

检查最后做出的方案是否可行的一个办法即是上述提到的原则：未使用能力不得是负数，每一行的生产任务总额（包括未使用能力）应等于该行的总生产能力，每一列（即每一季度）的生产任务总额等于该列（季度）的需求。

该计划的总成本是各单元生产任务乘该单元单位成本的和，总计为4 010 000元。用图表法做出最优计划之后，应该将该计划从图表形式改写为如表4-6所示的一目了然的形式。

表4-6 TR公司的综合计划   单位：千加仑

季度	正常生产	加班生产	外协	调节库存
1	450	90	20	510
2	450	90	200	400
3	750	150	200	0
4	450	90	110	300

当一个季度的生产量加外协量超过需求时，就会产生调节库存。例如在1季度，正常时间内生产了450 000加仑，其中1季度将销售50 000加仑，2季度将销售400 000加仑，此外，在该季度还加班生产了90 000加仑，并从外协厂家购买了20 000加仑，以备3季度用，合计总量为560 000加仑，这样，如表4-6所示，全部库存为超出需求部分的510 000加仑。反过来，当生产量加外协量小于需求量时，调节库存将被消耗。在2季度就出现了这种现象。在该季度，生产和外协的总量为740 000加仑，而需求为850 000加仑，因此消耗掉库存110 000加仑，如表4-6所示，调节库存从1季度的510 000加仑变为2季度的400 000加仑，在3季度全部被消耗。

在上述应用事例中，使用了大量的加班生产和外协生产。但是，一个更好的能力计划也许是增加人员，从而增加正常生产能力，它所带来的生产成本的降低也许会远远抵消增加人员所带来的成本。可以尝试做出不同能力计划下的最优生产计划，进行比较，这也是一个反复试行的过程。

用这种方法也可以考虑允许任务积压的情况。例如，在上述应用事例中，3 季度的正常生产能力可用来满足 2 季度的需求，当然可以考虑加上一些违约罚款的成本。事实上，图表法中的大 × 表示成本非常高，不可能考虑这样的方案，当使用计算机软件来求解这类问题时，可允许问题包括任务积压。

（二）线性规划法

上面讨论的图表法实际上是线性规划法的一种特殊形式。用于制订生产计划的线性规划模型在给定的线性目标函数和一系列线性约束条件下可求出最优生产计划方案。这样的线性规划模型可处理有大量变量和约束条件的问题，并不仅限于如图表法所示的那样，只以能力计划为约束条件，它可以决定最优库存水平、任务积压量、外协量、生产量（正常）、加班生产所需的临时聘用和解聘等多个问题。这种模型的主要局限性在于，各个变量之间的全部关系都必须是线性的，决策变量的最优值可能不是整数。在实际生产中，有时变量之间的关系是非线性的，例如，在同一期内生产两种产品所发生的作业交换成本。有时变量只能取整数值，例如，表示人员数、设备数时。因此，在这些情况下，这种模型有其应用的局限性。

现在用一个例子来说明线性规划法在综合计划中的应用。假设要为某一产品族制订一个综合计划，基本方针是不积压生产任务。每一工人每月可生产 5 000 件产品，外协和加班都是可以选择的，但每月加班量不得超过正常工作量的 15%。设

D_t：t 月的需求（假定预先已知，不是变量）

W_t：t 月初可使用的工人人数

H_t：t 月初聘用的工人人数

L_t：t 月初解聘的工人人数

I_t：t 月初的库存量

S_t：t 月的外协生产量

O_t：t 月的加班生产量

这样，每月都可以得到下列约束关系式：

$$W_t = W_{t-1} + H_t - L_t \text{（人员数量关系式）}$$

$$I_t = I_{t-1} + 5\,000W_t + O_t + S_t - D_t \text{（库存量关系式）}$$

$$O_t < 0.15 \times (5\,000W_t) \text{（加班量关系式）}$$

其中有 6 个变量，3 个基本约束关系式，如果整个计划期长度是 12 个月，单位计划期为月，则有 72 个决策变量和 36 个约束关系式。此外，还需要决定目标函数，或成本最小，或利润最大。例如，设

C_w：每个工人每月的正常工资

C_h：一个工人的聘用费用

C_l：一个工人的解聘费用

C_i：单件产品的月库存费用

C_s：单件产品的外协费用

C_o：单件产品的加班生产费用

则成本最小的目标函数为：

$$TC=\sum_{t=1}^{12}(C_wW_t+C_hH_t+C_LL_t+C_iI_t+C_sS_t+C_oO_t)$$

由此可以看出，即使是这样一个较简单的问题，其中所包括的变量和约束条件也是相当多的。很显然，采用这种模型制订综合计划离不开计算机的支持。

任务落实

尝试制订综合计划。

任务三　主生产计划的制订

任务目标

掌握制订主生产计划的基本模型。

情境导入

主生产计划的"冻结"

主生产计划是所有部件、零件等物料需求计划的基础。由于这个原因，主生产计划的改变，尤其是对已开始执行、但尚未完成的主生产计划进行修改时，将会引起一系列计划的改变以及成本的增加。当主生产计划量要增加时，可能会由于物料短缺而引起交货期延迟或作业分配变得复杂；当主生产计划量要减少时，可能会导致多余物料或零部件的产生，还会导致将宝贵的生产能力用于现在并不需要的产品。当需求改变，从而要求主生产量改变时，成本也同样会改变。

为此，许多企业采取的做法是，设定一个时间段，使主生产计划在该期间内不变或轻易不得变动，也就是说，使主生产计划相对稳定化，有一个"冻结"期。

"冻结"的方法可有多种，代表不同的"冻结"程度。一种方法是规定"需求冻结期"，它可以包括从本周开始的若干个单位计划期，在该期间内，没有管理决策层的特殊授权，不得随意修改主生产计划。例如，将主生产计划设定为8周。在该期间内，没有特殊授权，计划人员和计算机均不能随意改变主生产计划。

另一种方法是规定"计划冻结期"。计划冻结期通常比需求冻结期要长，在该期间内，计算机没有自主改变主生产计划的程序和授权，但计划人员可以在两个冻结期的差额时间段内根据情况对主生产计划作必要的修改。在这两个期间之外，可以进行更自由的修改，例如，让计算机根据预先制定好的原则自行调整主生产计划。这几种方法实质上只是对主生产计划的修改程度不同。例如，某企业使用 3 个冻结期，8 周、13 周和 26 周。在 8 周以内，是需求冻结期，轻易不得修改主生产计划；从 8 周到 13 周，主生产计划仍较呈刚性，但只要零部件不缺，可对最终产品的型号略作变动；从 13 到 26 周，可改变最终产品的生产计划，但前提仍是物料不会发生短缺。26 周以后，市场营销部门可根据需求变化情况随时修改主生产计划。

总而言之，主生产计划冻结期的长度应周期性地审视，不应该总是固定不变。此外，主生产计划的相对冻结虽然使生产成本得以减少，但也同时减少了响应市场变化的柔性，而这同样是要发生成本的。因此，还需要考虑二者间的平衡。

知识广场

一、主生产计划的制订程序及其约束条件

主生产计划（MPS）是要确定每一具体的最终产品在每一具体时间段内的生产数量。现在来看一下 MPS 的制订程序。

MPS 的制订程序如图 4-5 所示。首先，它是从综合计划开始的，是对综合计划的分解和细化。MPS 方案的制订也是一个反复试行的过程。当一个方案制定出来以后，需要与所拥有的资源作对比（设备能力、人员、加班能力、外协能力等），如果超出了资源限度，则须修改原方案，直至得到符合资源约束条件的方案，或得出不可能满足资源条件的结论。在后者的情况下，则需要对综合计划做出修改，或者增加资源。等确认批准后，MPS 方案制订结束。一般情况下，还需要根据主生产计划（MPS）制订出物料需求计划（MRP），因此可以说主生产计划是物料需求计划的基础。

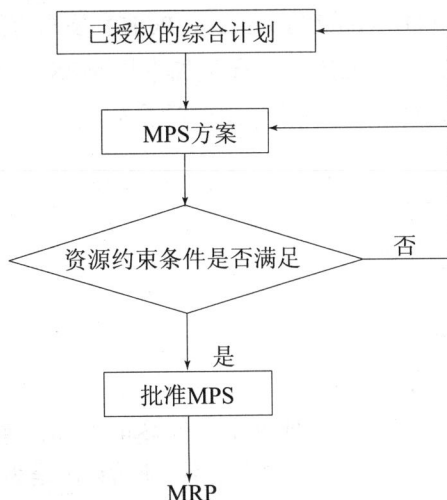

图 4-5 MPS 的制订程序

MPS 所需满足的约束条件首先是 MPS 所确定的生产总量必须等于综合计划确定的生产总量。该约束条件包括两个方面，第一个方面是每个月 C、D、R 三种型号的自行车生产总量必须等于综合计划中所确定的每个月 24 型自行车的生产总量。如果综合计划的生产总量不是用产品件数，而是用钱数或人工数来表示的，MPS 也必须转换成相应的单位。但是，为了有利于进行库存管理，仍然应该有用产品件数表示的 MPS。第二个方面是，综合计划所确定的某种产品在某时间段内的生产总量（也就是需求总量）应该以一种有效的方式分配在该时间段内的不同时间生产。例如，在该例中，1 月份的生产总量被分为 C 型 3 200 个，D 型 6 000 个，R 型 800 个，总量与综合计划一致，共 10 000 个。这种组合应该是基于多方面考虑的，例如，需求的历史数据、对未来市场的预测、订单以及企业经营方面的其他考虑。此外，在该例中，其 MPS 是以周为单位的，但也可以日、旬或月为单位。当选定以周为单位以后，必须根据周来考虑生产批量（断续生产的情况下）的大小，其中重要的考虑因素是作业交换成本和库存成本。

MPS 所需满足的另一个约束条件是，在决定产品批量和生产时间时必须考虑资源的约束。与生产量有关的资源约束有若干种，如设备能力、人员能力、库存能力（仓储空间的大小）、流动资金总量等。在制订 MPS 时，必须首先清楚地了解这些约束条件，根据产品的轻重缓急来分配资源，将关键资源用于关键产品。

二、制订主生产计划的基本模型

制订 MPS 的程序包括计算现有库存量、决定 MPS 产品（即 MPS 计划的产品）的生产量与生产时间、计算待分配库存等多个步骤。因为实际的 MPS 的制订过程是一个反复试行的过程，为简便起见，假定要研究的企业不需要最终产品的安全库存。

（一）计算现有库存量

现有库存量（Projected On-Hand inventory，POH）是指每周的需求被满足之后手头仍有的、可利用的库存量。它等于上周末库存量加本周 MPS 生产量，再减去本周的预计需求量或实际订货量（取其中的大数）。可用公式表示为

$$I_t = I_{t-1} + P_t - \max(F_t,\ CO_t)$$

式中　I_t——t 周末的现有库存量；

　　　P_t——t 周的 MPS 生产量；

　　　F_t——t 周的预计需求；

　　　CO_t——t 周准备发货的顾客订货量。

上式中的 P_t 是企业准备在 t 周完成并准备发送的产品数量。式中之所以减去预计需求量和实际订货量之中的大数（这二者往往是不一样的），是为了最大限度地满足需求。

现在来考虑这样一个例子：某工业阀门制造企业，其产品包括一系列不同的型号和规

格。现在企业想要为其 3 型产品制订一个 MPS。市场营销部门预测，该产品 4 月份的需求为 80 个，5 月份为 160 个。MPS 以周为单位来制订，以便更好地控制零件生产进度。

图 4-6 是用于记录 MPS 有关数据的表格形式（要做的 MPS 将在后面再加）。现有库存量（期初）是 45，在预计需求一栏内，标明了 4 月和 5 月 8 周内每周的需求量。要注意的是，这些需求预计量不一定能反映实际的销售情况。顾客订单栏标明的是顾客的实际订货量，即每周应发往顾客的量。应注意，第 1 周顾客的订货量为 23，大于需求预计量，用式（4-5）来计算，第 1 周末的 POH 为 45+0-23=22。虽然第 1 周顾客订货量超过了预计需求量，但 4 月份的全部订货量（50 个）仍在需求预计范围内（80 个）。第 3 周末的 POH 显示将发生 18 个缺货，该负数是一个要求生产的信号，表示需要在该周至少生产这么多量。（到目前为止，该表的 MPS 一栏仍空着，未做任何计划。）

期初库存： 45   生产批量：80

	4月				5月			
	周次				周次			
	1	2	3	4	5	6	7	8
需求预计	20	20	20	20	40	40	40	40
顾客订货	23	15	8	4	0	0	0	0
现有库存量	22	2	−18					
MPS量								

图 4-6　3 型产品的现有库存量

（二）决定 MPS 的生产量和生产时间

这是 MPS 制订过程中的第 2 步骤，应时刻记住的一点是，所制订的 MPS 的生产量和生产时间应保证 POH 是非负的。一旦 POH 有可能变负，就应通过 MPS 来使之补上，MPS 生产时间的决定基准之一就在于此。现在仍通过上例说明 MPS 的这一步骤。

如果企业首先想要消耗掉现有库存，则第一个 MPS 量的生产周应该是直至库存用完的那一周。第 3 周的生产量应使 POH 大于或等于零，然后继续计算库存的消耗，直至下次缺货发生。下次缺货的发生如同第一次，仍是一个要求生产的信号。这一过程反复进行，直至该计划长度内各期的需求都得到满足。用这种方法，可依次检索 MPS 记录的各栏，在需要的栏内填入 MPS 生产量。

现假设该企业 3 型产品的生产批量（由企业生产方针所决定）为 80 个，在 4、5 两个月 8 周内各周的期初库存（即上周库存）、期末库存（当周库存）以及 MPS 量的计算如表 4-7 所示。可将该计划用类似图 4-6 的图表表示，具体如图 4-7 所示。

表 4-7 3 型产品 MPS 量的计算

周	期初库存		需求量	是否缺货		MPS 量		期末库存
1	45	−	23	否	+	0	=	22
2	22	−	20	否	+	0	=	2
3	2	−	20	是	+	80	=	62
4	62	−	20	否	+	0	=	42
5	42	−	40	否	+	0	=	2
6	2	−	40	是	+	80	=	42
7	42	−	40	否	+	0	=	2
8	2	−	40	是	+	80	=	42

期初库存： 45 　　　　　　　　　　　　　　　　生产批量：80

	4月				5月			
	周次				周次			
	1	2	3	4	5	6	7	8
需求预计	20	20	20	20	40	40	40	40
顾客订货	23	15	8	4	0	0	0	0
现有库存量	22	2	62	42	2	42	2	42
MPS量	0	0	80	0	0	80	0	80

图 4-7　3 型产品的 MPS 量

（三）计算待分配库存

计算待分配库存（Available-To-Promise inventory，ATP）是指，营销部门可用来答应顾客在确切的时间内供货的产品数量。对于临时的、新来的订单，营销部门也可利用 ATP 来签供货合同，确定具体的供货日期。

ATP 的计算在第 1 周与以后各周略有不同。第 1 周的 ATP 量等于期初库存量加本周的 MPS 量减去直至下一期（不包括该期）MPS 量到达为止的全部订货量。在以后的各周，只在有 MPS 量时才计算，计算方法为：该周的 MPS 量减去从该周至下一期（不包括该期）MPS 量到达为止的全部订货量。以后各周的 ATP 计算中之所以不考虑 POH，是因为已经在第 1 周的计算中被使用过了。

仍以上述的阀门制造企业为例，假定该企业又收到了 3 型产品的下列订单（见表 4-8），企业必须判断在现在这种生产计划的安排下能否接受这些订单。该判断主要是根据这些订单所要求的发货日期来决定的，为此还需要更新 MPS 的记录。

表 4-8　3 型产品的新订单

订单序号	订货量／个	交货时间（周序号）
1	5	2
2	38	5
3	24	3
4	15	4

首先需要决定该产品的 ATP 量。如图 4-8 所示，第 1 周的 ATP 为 45+0-（23+15）=7，即直至下一期的 MPS 量（第 3 周），现有的 POH 可满足业已接受的全部订单，除此之外，还剩余 7 个，可满足要求在第 1、2 周发货的新订单。第 3 周的 ATP 为 80-（8+4+0）=68，该 ATP 可满足要求在第 3、4、5 周发货的新订单。由于在 5 月份没有已接受的订单，因此第 6 周和第 8 周的 ATP 就等于 MPS 量，即 80。80 可全部用来满足要求第 6、7、8 周发货的新订单要求。

期初库存：　45　　　　　　　　　　　　　　　　　　　　　生产批量：80

	4月				5月			
	周次				周次			
	1	2	3	4	5	6	7	8
需求预计	20	20	20	20	40	40	40	40
顾客订货	23	15	8	4	0	0	0	0
现有库存量	22	2	62	42	2	42	2	42
MPS量	0	0	80	0	0	80	0	80
ATP量	7		68			80		80

图 4-8 3 型产品的 ATP 量

由此可见，对于上述 4 个订单，1、2、3 均可接受，即满足订单 1 以后，第 1 周 ATP 还剩 2 个。满足订单 2 之后，第 3 周的 ATP 还剩 30 个（68-38）。满足第 3 个订单以后，第 3 周的 ATP 还剩 6 个（30-24），但是第 4 个订单要求在第 4 周发货 15 个，但现在第 1 周和第 3 周的 ATP 总共还剩 8 个（2+6），少于订单要求的量，因此可以与买主协商，在第 6 周交货，否则只好放弃。

三、粗生产能力计划

如图 4-5 所示，在利用上述 MPS 模型制订 MPS 的初步方案后，生产管理人员接下来必须根据资源约束条件来看该方案是否可行。所谓资源约束条件，主要是指生产能力的约束。通常，用粗生产能力计划（Rough-Cut Capacity Planning，RCCP）来检查 MPS 方案的可行性。之所以称为"粗生产能力计划"，是因为它只是对实际资源需求的一个大致估计。

粗生产能力计划有 3 种制订方法：①能力清单法（Capacity Bill）。能力清单类似于 MRP 中的物料清单（BOM），但它不是用来确定物料需求，而是用来确定 MPS 产品的能力需求。②资源描述法（Resource Profiles）。它利用能力清单来确定产品在其整个生产周期中每一阶段对关键资源的需求量。③综合因子法（Method of Overall Factors）。

（一）综合因子法

1. 综合因子法的基本步骤

（1）每一 MPS 量乘以全部关键工序的直接劳动因子，由此得出全部关键工序的总劳动时间。其中直接劳动因子用每件产品的直接劳动时间来表示。

（2）某单位计划期全部关键工序的总劳动时间乘以每一关键工序的负荷因子，由此得到该工序所需劳动时间的大致估计，这被称为负荷估计量。其中负荷因子为该关键工序的劳动时间（就该 MPS 而言）占全部关键工序总劳动时间的百分比。

（3）计算 MPS 所包括的未来各单位计划期的各个负荷估计量。

（4）比较各关键工序的实际能力和上述计算得出的负荷估计量，决定是接受还是修改该 MPS 方案。

2. 综合因子法的具体应用

下面用一个应用事例来说明这种方法的使用。EE 公司备货生产 3 种产品 A、B 和 C。图 4-9 是关于这 3 种产品的 MPS 方案。现在准备用综合因子法来判断该方案是否可行。为了计算该 MPS 量的负荷估计量，计划人员需要：①决定关键工序；②估计每一产品的直接劳动因子；③找出每一关键工序的负荷因子。

产　品	周　次								总　计
	1	2	3	4	5	6	7	8	
A	25	25	25	25	35	35	35	35	240
B	—	50	—	50	—	50	—	50	200
C	72	—	75	—	56	—	68	—	271

图 4-9　EE 公司的 MPS 方案

（1）所谓关键工序是指对该工序的能力需求经常超出其实际能力的那些工序，整个产出将受这样的工序制约。在这些工序的工作时间被称为关键时间，因为它们直接制约着 MPS 的可行性。计划人员总是试图最有效地利用关键时间，以得到最大产出。假定某关键工序每周的工作时间为 200h，如果由于某种原因在某周只使用了 150h，即使下周的需求量为 250h，本周失去的 50h 也不可能再被利用了（这一点与库存是不同的），因此对于时间性资源的分配必须格外仔细。在本例中，计划人员已经确定了两个关键工序设为：0810A 和 0820B。

（2）估计直接劳动因子。在综合因子法中，使用标准时间来计算每一产品在各工序所需的直接劳动时间（如没有标准时间，可作大致估计），然后将各关键工序的直接劳动时间汇总，即可得出一个直接劳动因子。进一步，还可将全部非关键工序的直接劳动时间汇总，得出第二个直接劳动因子，表 4-9 是上例中 3 种产品两个直接劳动因子的数据。

表 4-9　EE 公司的直接劳动因子

产品	关键工序	非关键工序	总计
A	1.60	0.00	1.60
B	6.07	8.00	14.07
C	5.04	4.00	9.04

（3）确定每一关键工序的负荷因子，这需要参考历史数据。第一步需要决定在某一特定时间段内对每一关键工序所需的劳动时间，要注意该时间段的长度应该足以有一定的代

表性。然后，要确定这些量分别在总关键劳动时间中所占的百分比，得到的结果就可作为每一关键工序的负荷因子。

直接劳动因子和负荷因子都确定之后，即可计算基本步骤（3）中的负荷估计量。负荷估计量是对每一关键工序所需劳动时间（就某个 MPS 而言）的大致估计，也可以是对全部关键工序或全厂所需劳动时间的估计，这一计算分两个步骤。

第一步，对于每一单位计划期，用每种产品的 MPS 量乘以其相应的关键工序的直接劳动因子，得出每期的全部关键时间。同样，还可计算每周的全部劳动时间（关键时间 + 非关键时间）。

第二步，对于每一单位计划期，用每一关键工序的负荷因子乘以上一步骤中所得出的全部关键时间。

（4）计算上例中的 EE 公司负荷估计量。首先，必须确定 0810A 和 0820B 工序的负荷因子。表 4-10 提供了上一年的数据，其中 0810A 的总劳动时间是 4 900h，占上一年全部关键工序总劳动时间的 34%，这样 0810A 的负荷因子为 34%，假定今年该工序的情况仍不变，则可相应推出 0820B 的负荷因子是 66%。

使用表 4-9 给出的直接劳动因子和上述计算出的负荷因子，可计算该例中 MPS 的负荷估计量。例如，在第 1 周，MPS 规定生产 25 个 A 产品和 72 个 C 产品，则可算出所需的全部关键时间为 $1.60 \times 25 + 5.04 \times 72 = 402.88$（h），全部劳动时间为 $1.60 \times 25 + (5.04 + 4.00) \times 72 = 690.88$（h）。其他周的计算也可用相同的方法得出，结果如表 4-11 所示（结果均用最接近计算值的整数表示）。

（5）用负荷因子可计算每一工序的关键时间，例如，在第 1 周，在关键工序 0810A 的关键时间为 $403 \times 34\% = 137.02$h，在 0820B 的关键时间为 $403 \times 0.66 = 256.98$（h）。

表 4-10　EE 公司的直接劳动时间数据和负荷因子

工序	季度				总计	负荷因子 /%
	1	2	3	4		
0810A(h)	1 140	1 285	1 175	1 300	4 900	34
0820B(h)	2 430	2 540	2 100	2 380	9 450	66
全部关键时间 (h)	3 570	3 825	3 275	3 680	14 350	100
全部非关键时间 (h)	5 200	5 150	5 000	5 300	20 650	

表 4-11　EE 公司 MPS 方案的负荷估计量

工序	周次								总计
	1	2	3	4	5	6	7	8	
0810A（34%）	137	117	142	117	115	122	136	122	1 008
0820B（66%）	266	227	276	227	223	238	263	238	1 958
全部关键时间（h）	403	344	418	344	338	360	399	360	2 966
全部非关键时间（h）	288	400	300	400	224	400	272	400	2 684
全部劳动时间（h）	691	744	718	744	562	760	671	760	5 650

（6）进行基本步骤的第（4）步，比较负荷估计量和各关键工序的实际能力，以检查 MPS 是否可行。如果该 MPS 所需的全部直接劳动时间在企业所拥有的总劳动时间（正常时间＋加班时间）内，同时也符合企业生产经营中的其他条件（如交货承诺、资金需求等），则 MPS 可以被批准，否则就需要考虑修改 MPS。

（二）几种方法的利弊分析

综合因子法是制定 CRPP 的一种最简便易行的方法。用来计算负荷估计量的直接劳动因子可根据会计数据进行粗略的估计，也可以根据时间标准数据作较精确的估计，通常使用更多的是粗略估计。进一步，各工序所需时间所占的百分比（即负荷因子）通常只是根据历史数据来推断，这是在过去的需求与未来需求相同的假设之下做的推断，而这一假设意味着产品组合未变。如果产品组合变了，则能力清单法可能更适用。

此外，综合因子法不反映每一工序在不同计划期内能力需求的波动，而只使用固定的百分比，资源描述法在这种情况下的效果比较好。尽管如此，当 MPS 的以周为基础的产品组合基本稳定时，综合因子法可取得足够满意的结果。当 MPS 只决定月产量、只需要对直接劳动时间有一个大致的估计时，这种方法也可以取得较好的结果。

四、主生产计划制订中的技巧问题

（一）MPS 与综合计划的连接

在上述 MPS 的基本模型中，我们并未考虑利用生产速率的改变、人员水平的变动或调节库存来进行权衡、折中。但是，正如上节所讨论的，综合计划是要考虑生产速率、人员水平等折中因素的，因此在实际的 MPS 制订中，是以综合计划所确定的生产量而不是市场需求预测量来计算 MPS 量。也就是说，以综合计划中的生产量作为上述 MPS 模型中的预测需求量。综合计划中的产量是按照产品系列来规定的（例如，表 4-3（a）中的 24 型自行车多少辆，28 型自行车多少辆），为了使之转换成 MPS 中的市场需求量，首先需要对其进行分解，分解成每一计划期内对每一具体型号产品的需求（例如，表 4-3（b）中对 24 型自行车中 C、D、R 型的不同需求）。在做这样的分解时，必须考虑不同型号、规格的适当组合，每种型号的现有库存量和已有的顾客订单量等，然后，将分解结果作为 MPS 中的需求预测量。

总而言之，MPS 应是对综合计划的一种具体化，当 MPS 以上述方式体现了综合计划的意图时，MPS 就成为企业整个经营计划中的一个重要的、不可或缺的部分。

（二）MPS 的"冻结"（相对稳定化）

MPS 是所有部件、零件等物料需求计划的基础。由于这个原因，MPS 计划的改变，尤其是对已开始执行但尚未完成的 MPS 计划进行修改时，将会引起一系列计划的改变以及成本的增加。当 MPS 量要增加时，可能会由于物料短缺而引起交货期延迟或作业分配变得复杂；当 MPS 量要减少时，可能会导致多余物料或零部件的产生（直至下一期 MPS

需要它们），还会导致将宝贵的生产能力用于现在并不需要的产品。当需求改变，从而要求 MPS 量改变时，类似的成本同样会发生。

为此，许多企业采取的做法是，设定一个时间段，使 MPS 在该期间内不变或轻易不得变动，也就是说，使 MPS 相对稳定化，有一个"冻结"期。

"冻结"的方法可有多种，代表不同的"冻结"程度。一种方法是，规定"需求冻结期"，它可以包括从本期开始的若干个单位计划期，在该期间，没有管理决策层的特殊授权，不得随意修改 MPS。例如，将 MPS 的冻结期设定为 8 周，在该期间内，没有特殊授权，计划人员和计算机（预先装好的程序）均不能随意改变 MPS。

另一种方法是规定"计划冻结期"。计划冻结期通常比需求冻结期长，在该期间内，计算机没有自主改变 MPS 的程序和授权，但计划人员可以在两个冻结期的差额时间段内根据情况对 MPS 进行必要的修改。在这两个期间之外，可以进行更自由的修改，例如，让计算机根据预先制定的原则自行调整 MPS。这几种方法实质上只是对 MPS 的修改程度不同。例如，某企业使用 3 个冻结期，8 周、13 周和 26 周。在 8 周以内，是需求冻结期，轻易不得修改 MPS；从 8 周到 13 周，MPS 仍较呈刚性，但只要零部件不缺，可对最终产品的型号略作变动；从 13 到 26 周，可改变最终产品的生产计划，但前提仍是物料不会发生短缺。26 周以后，市场营销部门可根据需求变化情况随时修改 MPS。

总而言之，应周期性地审视 MPS 冻结期的长度，不应该总是固定不变。此外，MPS 的相对冻结虽然使生产成本得以减少，但同时也减少了响应市场变化的柔性，而这同样是要发生成本的。因此，还需要考虑二者之间的平衡。

（三）不同生产类型中 MPS 的变型

我们在前面定义过，MPS 是要确定每一具体的最终产品在每一具体时间段内的生产数量。其中的最终产品，是指对于企业来说最终完成的、要出厂的产品，但实际上，这主要是指大多数"备货生产型"（Make-to-Stock）的企业而言。在这类企业中，虽然可能要用到多种原材料和零部件，但最终产品的种类一般较少（见图 4-10），且大都是标准产品，这种产品的市场需求预测的可靠性也较高。因此，通常是将最终产品预先生产出来，放置于仓库中，随时准备交货。

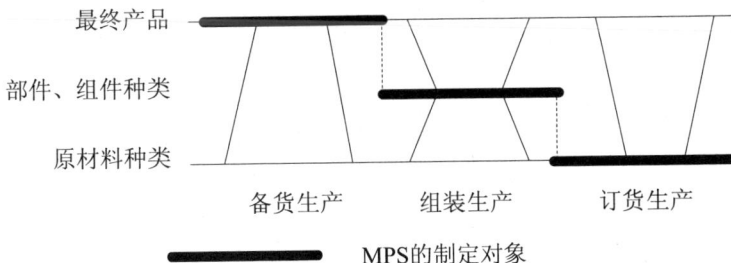

图 4-10

在另外一些情况下，特别是随着市场需求的日益多样化，企业要生产的最终产品的"变型"是很多的。所谓变型产品，往往是若干标准模块的不同组合。例如，以汽车生产为例，传统的汽车生产是一种典型的大批量备货生产类型，但在今天，一个汽车装配厂每天所生产的汽车可以说几乎没有两辆是一样的，因为顾客对汽车的车身颜色、驱动系统、方向盘、座椅、音响、空调系统等不同部件可以自由选择，最终产品的装配只能根据顾客的需求来决定，车的基本型号也是由若干种不同部件组合而成的。例如，一个汽车厂生产的汽车，顾客可选择的部件包括：3 种发动机（大小）、4 种传动系统、2 种驱动系统、3 种方向盘、3 种轮胎尺寸、3 种车体、2 种平衡方式、4 种内装修方式、2 种制动系统。基于顾客的这些不同选择，可装配出的汽车种类有 3×4×2×…=10 368 种，但主要部件和组件一共只有 3+4+2+…=26 种，即使再加上对于每辆车来说都是相同的那些部件，部件种类的总数仍比最终产品种类的总数要少得多。因此，对于这类产品，一方面，对最终产品的需求是非常多样化和不稳定的，很难预测，因此保持最终产品的库存是一种很不经济的做法；另一方面，由于构成最终产品的组合部件的种类较少，因此预测这些主要部件的需求要容易得多，也精确得多。所以，在这种情况下，通常只是持有主要部件和组件的库存，当最终产品的订货到达后，才开始按订单生产。这就是"组装生产"（Assemble-to-Order）。在这种生产类型中，若以要出厂的最终产品编制 MPS，由于最终产品的种类很多，该计划将大大复杂化，而且由于难以预测需求，计划的可靠性也难以保证。因此，在这种情况下，MPS 是以主要部件和组件为对象来制订的。例如，在上述汽车厂的例子中，只以 26 种主要部件为对象制订 MPS。当订单来了以后，只需将这些部件做适当组合，就可在很短的时间内提供顾客所需的特定产品。

还有很多采取"订货生产"（Make-to-Order）类型的企业，如特殊医疗器械、模具等生产企业，当最终产品和主要的部件、组件都是顾客订货的特殊产品时，这些最终产品和主要部件、组件的种类可能比它们所需的主要原材料和基本零件的数量要多得多。因此，类似于组装生产，在这种情况下，MPS 也可能是以主要原材料和基本零件为对象来制订的。

任务落实

除了本任务所描述的制定主生产计划的方法外，你认为还可以采用什么方法？

项目五 从MRP到ERP

主生产计划（MPS）确定以后，生产管理部门下一步要做的事是保证生产MPS所规定的最终产品所需的全部物料（原材料、零部件、组件等）以及其他资源能在需要的时候供应上。这个问题看似简单，做起来却并不容易。因为一个最终产品所包括的原材料、零部件等的种类和数量可能是相当多的。所谓物料需求计划（Materials Requirement Planning, MRP），就是要制订这样的原材料、零部件的生产和库存计划（决定外购什么、生产什么、什么物料必须在什么时候订货或开始生产、订多少、生产多少、每次的订货和生产批量是多少，等等）。本项目介绍MRP方法的基本原理、基本计算模型和计算机化的MRP信息管理系统，以及在MRP基础上发展起来的综合生产经营计划系统——制造资源计划（Manufacturing Resources Planning, MRP II）和企业资源计划（Enterprise Resources Planning, ERP）。

任务一 物料需求计划

任务目标

理解MRP系统的基本思想，掌握MRP系统的处理逻辑，了解MRP系统实施中的问题。

情境导入

产品A的BOM图如图5-1所示，求生产1个A所需其他各个零部件的数量。

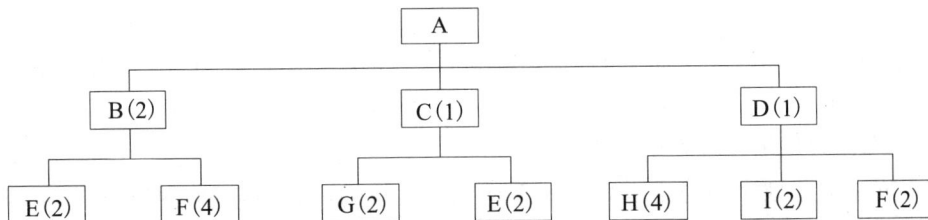

图5-1 产品A的BOM图

知识广场 🔍

一、概述

物料需求计划（Material Requirements Planning，MRP）是 20 世纪 60 年代发展起来的一种计划物料需求量和需求时间的系统。1965 年，美国人 J. A. 奥列基博士（Dr. Joseph A. Orlicky）提出了独立需求和相关需求的概念，物料需求计划就起步于此。这里的"物料"泛指所有的材料、在制品、半成品、外购件和产成品。开始时，它只计算需求量，是开环的，而且没有考虑生产能力的约束，其作用也很小。后来，从原料供应厂商和生产现场取得了信息反馈，形成了闭环的 MRP，这才开始成为一种生产方式。

20 世纪 80 年代发展起来的制造资源计划（Manufacturing Resource Planning，MRP Ⅱ），不仅涉及物料，而且涉及生产能力和一切制造资源，是一种广泛的资源协调系统。它代表了一种新的生产管理思想，又是一种新的组织生产方式。MRP 应包括在 MRP Ⅱ中。

MRP 和 MRP Ⅱ具有广泛的适用性，且它们主要优点能在多品种、小批量生产类型的加工装配企业得到最有效的发挥。

二、物料需求计划

（一）MRP 的基本思想

它是指围绕物料转化组织制造资源，实现按需要准时生产。对于加工装配式企业，如果确定了产品出产数量和出产时间，就可按产品结构确定所有零件和部件的数量，并可按各种零件和部件的生产周期，反推出它们的出产时间和投入时间。物料在转化过程中需要不同的制造资源（机器、设备、场地、工具、工艺装备、人力和资金），有了各种物料的投入出产时间和数量，就可以确定对这些制造资源需要的数量和时间，这样就可围绕物料的转化过程，组织制造资源，实现按需要准时生产。

MRP 计划是以零件为对象的生产计划，但它并不是孤立地去安排各种零件的生产进度，而是以产品结构为依据，保持各零件在产品结构中的层次关系，以此来编排各零件的生产进度。它是通过物料清单（Bill of Material，BOM）文件来描述各零件在产品中的层次关系和数量。它的重要功能之一，是根据产品设计文件、工艺文件、物料文件和生产提前期等资料自动生成 BOM 表。BOM 的内容包含了一项产品所有物料，不仅包含产品本身的所有零部件和原材料，还包含产品包装箱、包装材料和产品的附件、附带工具等。BOM 要反映各种零部件在产品中的层次关系和数量关系，还要表明它们的出产和投入提前期，它们的制造性质是自制还是外购。BOM 文件中包含十分丰富的信息，是企业各主要业务部门都需要使用的基本而又重要的管理文件。

MRP 按逆工艺顺序来确定零部件、毛坯到原材料的需要数量和需要时间，并不是什么新的思想，人们早就已经想到并已开始运用。但由于现代工业产品的结构极其复杂，一台产品常常由成千上万种零件和部件构成，用手工方法不能在短期内确定如此众多的零部件及相应制造资源的需要数量和时间。另外，由于市场的变化，计划的变更也是常事，变更和制订计划一样费事。据报道，在使用电子计算机以前，美国有些公司用手工计算各种零部件的需要数量和时间，一般需要 6～13 周的时间。人们称这样编制的生产计划系统为"季度订货系统"。电子计算机的出现使原来的不可能成为可能，MRP 的实现是电子计算机应用于生产管理的结果。

以物料为中心来组织生产，还是以设备为中心来组织生产，这是代表生产组织中的两种不同指导思想。前者是体现了以销定产的原则，适应市场经济体制的需要，而后者体现以产定销的原则，很难适应市场经济体制的需要。另外，以物料为中心也可达到准时生产，而准时生产是符合经济原则的。

（二）MRP 系统

MRP 系统的结构如图 5-2 所示。

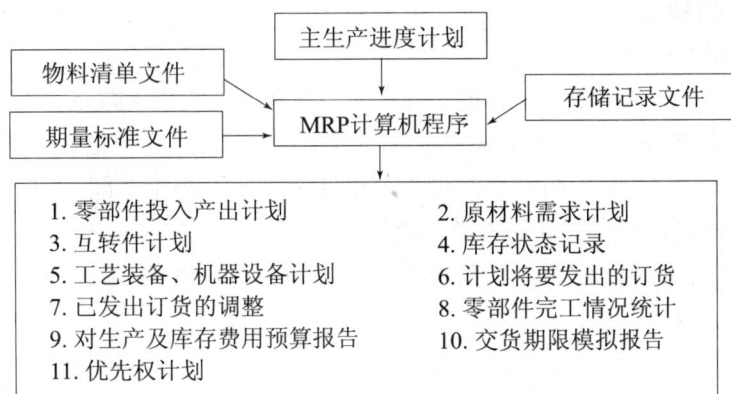

图 5-2　MRP 系统图

（三）MRP 的输入

MRP 有 4 种主要输入：

1．产品出产计划（主生产进度计划）。这是 MRP 运行的驱动力量，它所列的是最终产品项。它可以是一台完整的产品，也可以是一个部件，甚至是零件，一般情况为一个订单。总之，它是企业向外界提供的东西。

产品出产计划中规定的出产数量可以是总需求量，也可以是净需求量。如果是总需求量，则要扣除现有库存量。一般来说，由顾客订单或预测的总需求量不能直接列入产品出产计划，而要扣除现有库存量，算出净需求量。

2．物料清单。它不只是所有元件的清单，还反映了产品项目的结构层次以及制成最终产品各个阶段的先后顺序，一般用树形图来表示，如图 5-3 所示。

3．期量标准。MRP 运算所需的期量标准主要包括：生产周期、保险储备定额、废品率、订货方针、交货批量和生产间隔期等。

4．存储记录文件。存储记录文件随时统计、记录着每项物料的实际存储状况，以及一系列有关存储的信息资料，如计划到货量、需求计划、订货计划、存储控制信息等。

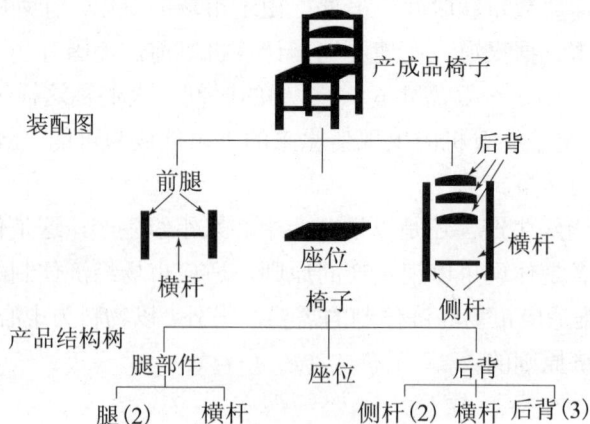

图 5-3　椅子装配图与产品结构树

（四）MRP 的输出

MRP 的输出有多项：

1．零部件投入出产计划。它规定了每一个零件和部件的投入数量、时间，出产数量、时间等。如果一个零件要经过几个车间加工，则要将零部件投入产出计划分解成"分车间零部件投入产出计划"。分车间零部件投入产出计划规定了每个车间一定时间内投入零件的种类、数量和时间，出产零件的种类、数量和时间。

2．原材料需求计划。它规定了每个零件所需的原材料种类、数量、时间，并按原材料的品种、型号、规格汇总，以便供应部门组织供料。

3．互转件计划。它规定了互转零件的种类、数量、转出车间和转出时间、转入车间和转入时间。

4．库存状态记录。它提供了各种零部件、外购件及原材料的库存状态数据，随时供查询。

5．工艺装备、机器设备需求计划。它提供每种零件不同工序所需的工艺装备和机器设备的编号、种类、数量，以及所需要的时间。

6．发货计划，即计划将要发出的订货。

7．已发出订货的调整，包括改变交货期、取消和暂停某些订货等。

8．零部件完工情况统计、外购件及原材料的到货情况统计。

9．对生产及库存费用进行预算的报告。

10．交货期限模拟报告。

11．优先权计划。

（五）MRP 编制的一般方法步骤

1．根据产品的结构层次，逐层把产品展开为零件和部件，生成物料清单。

2．根据规定的期量标准（提前期）由产品的出产日期逆工序顺序倒排，编制零件的

121

生产计划，并根据产品的计划产量计算零件的毛需求量。

3. 根据毛需求量和该零件的待分配库存量计算净需求量，再根据选择批量的原则和零件的具体情况，确定该零件的实际投产批量和投产日期。

$$净需求量 = 毛需求量 - 待分配库存量$$

选择批量的原则有多种：配套批量订货，配套批量等于净需求；经济订购批量（即固定订购一定的批量）等。

4. 对于外购的原材料和零部件，先根据 BOM 表按品种规格进行汇总，再根据它们的采购提前期确定订购的日期和数量。

（六）对 BOM 的讨论

对于任何一件产品都可以绘制出 BOM 图，如产品 N，它是由 1 个 B（部件）、2 个 C和 2 个 D 组成，其中 B 是由 2 个 C 和 3 个 E 组成……零层次为产成品，任何上一层次（有时称为父项）的产品都是由下一层次（有时称子项）的产品组成的。如图 5-4 表示。

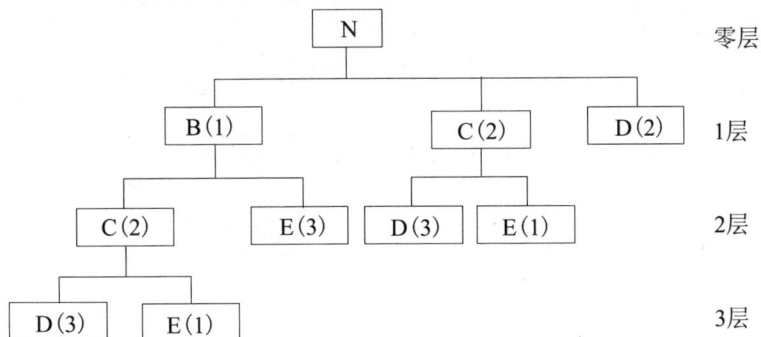

图 5-4 产品 N 的 BOM 图

在图中我们发现，相同的元件出现在不同层次上。如元件 C 既出现在 1 层，又出现在 2 层，这样给将来的计算机处理带来了困难。为了将来处理简单，凡遇到同一元件出现在不同层次上，则取其最低层次号，作为该元件的低层码。调整后如图 5-5 所示。

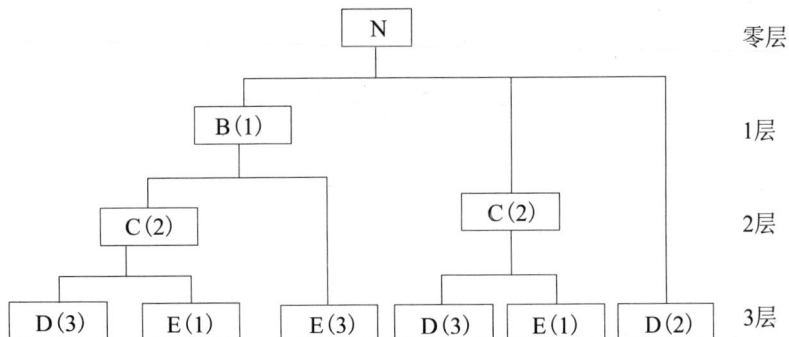

图 5-5 调整后的 BOM 图

（七）MRP 的计算机工作逻辑

MRP 的计算机工作逻辑如图 5-6 所示。在计算机中，MRP 的计算是以矩阵形式展开，典型的 MRP 矩阵见表 5-1。

表 5-1　典型的 MRP 矩阵

件　号	低层代码
N	0
B	1
C	2
D	3
E	3

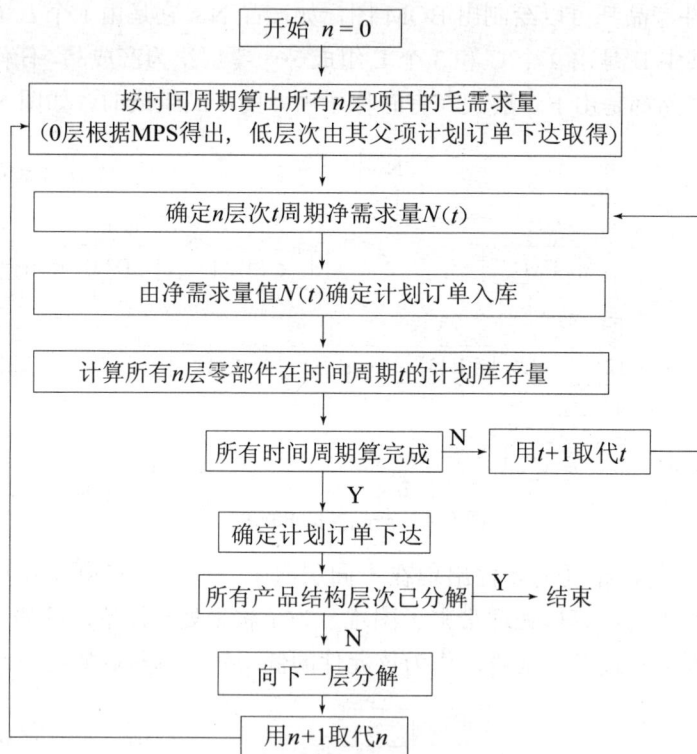

开始 $n=0$

按时间周期算出所有 n 层项目的毛需求量
（0层根据MPS得出，低层次由其父项计划订单下达取得）

确定 n 层次 t 周期净需求量 $N(t)$

由净需求量值 $N(t)$ 确定计划订单入库

计算所有 n 层零部件在时间周期 t 的计划库存量

所有时间周期算完成　N → 用 $t+1$ 取代 t

Y

确定计划订单下达

所有产品结构层次已分解　Y → 结束

N

向下一层分解

用 $n+1$ 取代 n

图 5-6　MRP 的计算机工作逻辑

（八）MRP 的计算

MRP 的计算有两种：

1. 确定零部件数量及投产日期

编制 MRP 计划是一件较为耗时的事情，可以直接根据 BOM 和生产周期，得出零部件数量及投产日期。

2. 编制 MRP 计划

编制出 MRP 计划是我们要求的基本功之一，下面进行练习。

【例5-1】某订单中含有X、Y两种产品，X、Y的BOM图，如图5-7所示。订单要求在第8周交货10台X和15台Y，第11周交货15台Y，第12周交货12台X。产品X、Y的装配，均系手工装配，可不考虑批量的要求，其他零部件都按规定的批量投产。产品和各零部件的生产周期及生产批量见表5-2。要求用固定(经济)批量订货来编制MRP计划。

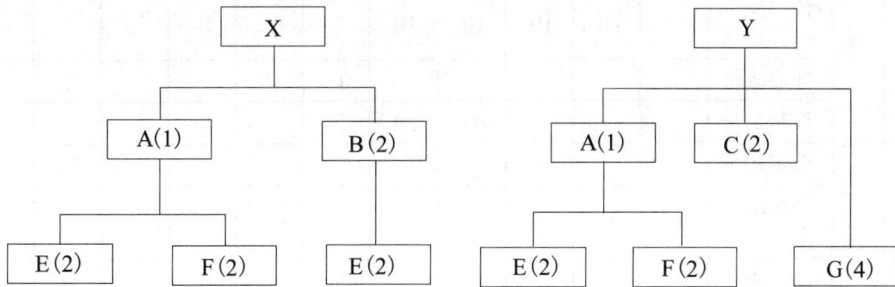

图5-7　X/Y的BOM图

表5-2　产品和各零部件的生产周期及生产批量

代　号	X	Y	A	B	C	E	F	G
生产周期／周	2	1	2	1	1	2	1	3
生产批量／台或件			20	10	15	30	40	40

解：MRP若用一个表，显得太大，现在用3个表来表示。产品X、Y的MRP计划见表5-3；部件A、B、C的MRP计划见表5-4；零件E、F、G的MRP计划见表5-5。

表5-3　产品X、Y的MRP计划（件）

项目	周期	批量	周次＼数量	1	2	3	4	5	6	7	8	9	10	11	12
X	2		毛需求量								10				12
			待分配库存量								0				0
			净需求量								10				12
			订货量						10				12		
Y	1		毛需求量								15			15	
			待分配库存量								0			0	
			净需求量								15			15	
			订货量							15			15		

表 5-4　部件 A、B、C 的 MRP 计划（件）

项目	周期	批量	周次\数量	1	2	3	4	5	6	7	8	9	10	11	12
A	2	20	毛需求量						10	15			27		
			待分配库存量	10	10	10	10	10		0	5	5		18	
			净需求量						0	15			22		
			订货量				0	20			40				
B	1	10	毛需求量						20				24		
			待分配库存量	0	0	0	0	0		0	0	0		6	
			净需求量						20				24		
			订货量					20				30			
C	1	15	毛需求量							30			30		
			待分配库存量	15	15	15	15	15	1 5		0	0			
			净需求量							15			30		
			订货量						15			30			

第 5 周要开始生产 20 个 A 和 20 个 B，此时必须完成 80 个 E；第 8 周开始生产 40 个 A，必须完成 80 个 E；第 9 周开始生产 30 个 B，必须完成 60 个 E。

表 5-5　零件 E、F、G 的 MRP 计划（件）

项目	周期	批量	周次\数量	1	2	3	4	5	6	7	8	9	10	11	12
E	2	30	毛需求量					80			80	60			
			待分配库存量	20	20	20	20		0	0		10	10		
			净需求量					60			80	50			
			订货量			60			90	60					
F	1	40	毛需求量					40			80				
			待分配库存量	0	0	0	0		0	0					
			净需求量					40			80				
			订货量				40			80					
G	3	40	毛需求量							60			60		
			待分配库存量	20	20	20	20	20	20		0	0		20	
			净需求量							40			60		
			订货量				40			80					

任务落实

1. 产品 Y 由两类零部件（A、B）组成，每个 Y 需要 2 个 A，4 个 B。若订单要求，在下订单后第 6 周开始时，Y 必须完成 100 件，并发货。目前持有量，A50 个，B100 个。另外，分别在第 4 周和第 6 周初，收到 B 各为 100 个和 60 个的供货。其中，Y、A、B 的生产周期分别为 2 周、1 周、1 周。请用配套订货方法，为 Y 产品制订 MRP 计划。

2. 参观一个工业企业，了解其物料需求情况。

任务二　制造资源计划

任务目标

懂得 MRP II 和 MRP 的区别和联系。

情境导入

某学者被问到对ＭＲＰⅡ系统的看法时回答："ＭＲＰⅡ不只是一个计算机信息管理系统，还是一种新型的集成管理模式啊！"

知识广场

一、从 MRP 到 MRP II

MRP 是指将产品出产计划转化为自制件投入产出计划和外购件需求计划，但如果这些不与企业生产能力相联系，计划也会落空。因为 MRP 首先是发展成为闭环 MRP，"闭环"的双重意义为：它不仅考虑到物料的需求，同时还考虑到企业自身的生产能力等，这样从企业外部到企业内部形成闭环；在计划制订、实施、修改、控制方面实行信息反馈，需要形成闭环。

由于闭环 MRP 能准确计算出零部件投入产出数量的时间，也能精确地计算和记录出所有库存量，若把这些数量转化为货币单位，就可以把生产活动和财务活动联系起来，这就形成了一种新的生产方式，即 MRP II。它包括了整个企业系统，如销售、生产、库存、成本等。1977 年 9 月，美国著名生产管理专家奥列弗·怀特（Oliver W.Wight）倡议给功能扩大后的 MRP 系统一个新名称——制造资源计划（Manufacturing Resource Planning）。为了表明它是 MRP 的延续和发展，用了同样以 MRP 为首的 3 个英文字母，同时又为了与第一代 MRP 的区别，取名 MRP Ⅱ，以示它是第二代的 MRP。

二、MRP Ⅱ系统的基本结构和功能

MRP Ⅱ系统一般由十几个最基本的功能模块组成，MRP Ⅱ的基本模块结构图如图 5-8。

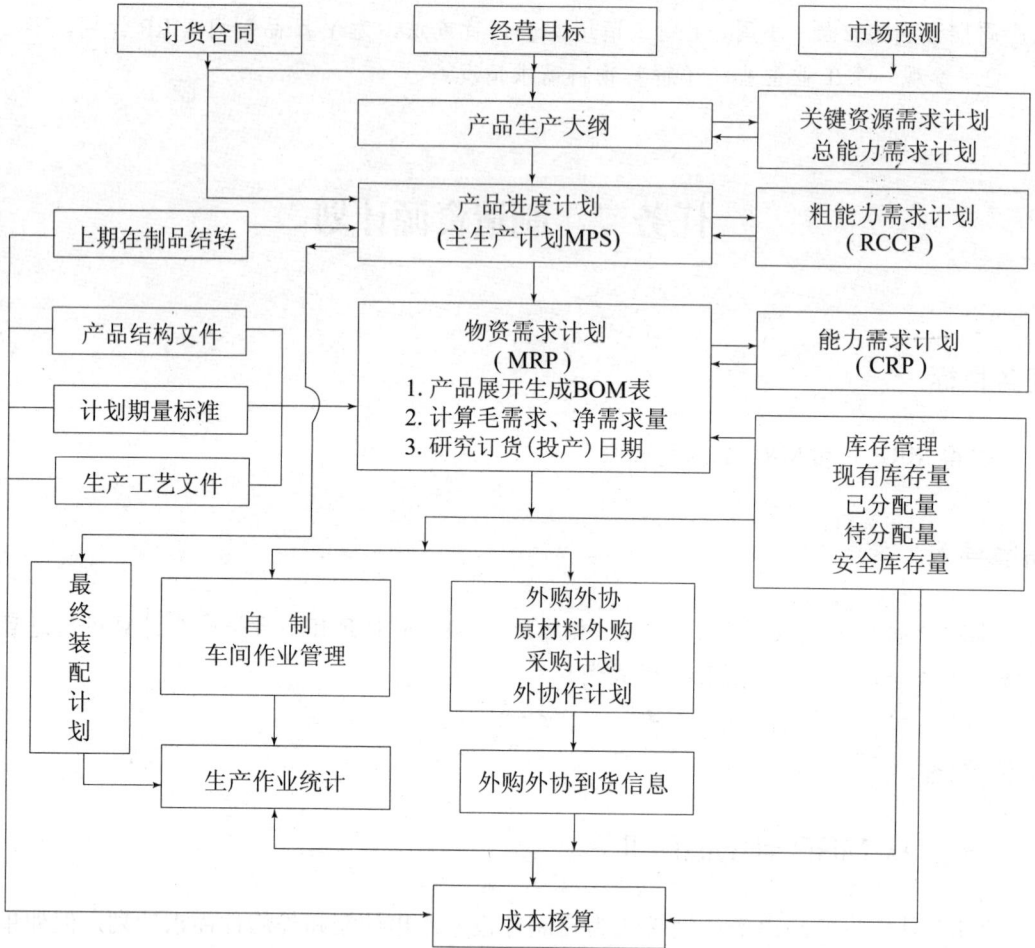

图 5-8 MRPⅡ基本模块结构图

（一）产品生产大纲

通过产品生产大纲编制规定企业在计划年度内应生产的产品品种规格、质量、数量和交货期限。它是企业年度经营计划的重要组成部分，反映企业计划年度内生产发展方向和水平。在符合市场需求和考虑企业生产能力、销售能力、物资供应、资金周转等约束条件下，优化产品组合，制定一个最佳的产品生产大纲，对实现企业的经营目标有直接决定作用。

（二）主生产计划（MPS）和粗能力需求计划（RCCP）

主生产计划编制的目的是要把产品生产大纲中规定的任务在全年中合理搭配，并做好

生产进度上的安排。通过编制 MPS 要求尽可能实现均衡出产，以保证企业生产能力的合理利用和资金的有效运转。主生产计划的计划期一般是一年，它初步排出后可以核算计划期内的生产负荷，编制粗能力需求计划。由于主生产计划的计划单位是产品，核算生产负荷时只能用汇总的产品工时定额。而汇总的产品工时定额只有总量的概念，缺乏负荷量在时间上的分布。所以编出的能力需求计划是粗略的，称为粗能力需求计划。如前所述，主生产计划是 MRP 运行的驱动力量，它所列的是最终产品项。它可以是一台完整的产品，也可以是一个部件，甚至是零件，一般情况为一个订单。总之，它是企业向外界提供的东西。

（三）物料需求计划（MRP）和能力需求计划（CRP）

编制物料需求计划的目的是要把主生产计划细化为零部件生产进度计划和原材料、外购件的采购进度计划，确定自制的零部件投产和完工日期，原材料、外购件的订货、采购和入库日期。编制物料需求计划的步骤见上节。MRP 在编制零件的生产进度计划时采用无限能力计划法，即编制时不考虑生产的约束。所以，在排好零件进度计划后，要根据进度计划的时间段（周）分工种核算各产品的生产负荷，并进行汇总，编制能力需求计划，以便进行能力和负荷的平衡。

（四）车间作业管理（SFC）

车间作业管理在 MRP II 系统中是最基层的计划与控制环节。车间作业管理的主要任务之一是根据 MRP 计划编制车间的生产日程计划，即根据分周的零件进度计划进一步编制周内零件工序进度计划，把生产任务按天落实到机床和工人。

车间作业管理的任务，除了编制生产日程计划外，还有：按生产日程计划打印工票，下达生产任务；随时查询生产准备工作进行情况，各零件的实际生产进度、在制品的库存情况，各零件配套情况和缺件情况，进行生产调度工作；进行生产作业统计，包括产品零部件的生产进度统计，个人完成工时统计，车间、工段完成计划任务情况统计等，定期打印统计报表，及时向各级领导报告计划招待情况的信息。

三、统一企业的生产经营活动

以往，一个企业内往往有很多系统，如生产系统、财务系统、销售系统、供应系统、技术系统，它们各自为政，缺乏协调，相互关系并不密切。由于 MRP II 能提供一个完整而详尽的计划，可使企业内部各部门活动协调一致，共享数据，消除了重复工作和不一致，提高了整体的效率。

（一）营销部门

通过产品出产计划与生产部门建立了密切的联系。按市场预测和顾客的订货情况，使产品出产计划更符合市场的要求。有了产品出产计划，使签订销售合同时的依据更可靠，并可大大提高按期交货率。由于 MRP II 有适应变化能力，可以弥补预测不准的弱点。

（二）生产部门

过去生产部门的工作是不太正规的。由于企业内外条件的不断变化，生产难以按预订的生产作业计划进行。这使得第一线的生产管理人员不太相信生产作业计划，往往是只凭自己的经验和手中的"缺件表"去办事。事实上，他们不是不喜欢计划，而是不喜欢那些流于形式、不能指挥生产的计划。MRP II 使计划的完整性、周密性和适应性大大加强，使调度工作大为简化，工作质量得到提高。采用电子计算机可以实现日生产作业计划的编制，充分考虑了内外条件的变化，这就使得人们从经验管理走向科学管理。

（三）采购部门

采购人员往往面临两方面的困难：一方面是要求提早订货，另一方面是本企业不能提早确定物资的数量和交货期。MRP II 使采购部门有可能做到按时、按量供应各种物资。而且 MRP II 的计划期可以长达 1～2 年，使得采购部门能尽早、准确地得到各种所需物资"期"和"量"方面的有关信息，避免了盲目多订和早订，节约了资金，又减少了原材料短缺的情况。

（四）财务部门

实行了 MRP II，可使不同部门使用共同的数据，在生产报告的基础上，是很容易做出财务报告的。当生产计划发生变更时，马上就可以反映到经营计划上，可以使决策者迅速了解到这种变更在财务上造成的影响。

（五）技术部门

以往技术部门似乎可以超脱于生产活动以外，但 MRP II 要求技术部门提供信息的却是该系统赖以运行的基本数据。这要求产品结构清单必须正确，加工路线也必须正确，不能有含糊之处。修改设计和工艺文件也要经过严格的手续，否则会造成混乱。按照用户的经验，产品结构清单的准确度必须达到 98% 以上，加工路线准确度必须达到 95%～98%，库存记录的准确度达到 95% 才能运行得比较好。

四、一个实例

在整个 MRP II 实施的过程中，利用计算机技术，采用何种 MRP II 管理软件来推行 MRP II，我国一汽散热器总公司和一汽大连柴油机厂进行了深入的调查研究，并最终选用了美国 SSA 公司研制的 BPCS 系统，并在此基础上成功地进行了涉及公司管理、生产等多方面的二次开发，终于使先进的管理软件和我国企业的管理实际紧密地结合起来，同时也给企业带来了根本的变化：

在公司财务方面。MRP II 系统优化了企业 1 日的财务管理模式，使财务人员由 20 余人，减少到 10 余人，财务工作从以往的事务性算账型，向企业管理型过渡。在企业的账户进出方面，利用 MRP II 加强了有效的调控，有力地保障了企业发展的流动资金使用，同时避免了手工出具发票的差错，使产品出库、销售、财务账目三者的误差率降到千分之一以下。

　　技术变革引发了机构变革。散热器总公司建厂时就存在的毛坯车间，在实施 MRP Ⅱ 后被取消了，分别划入物资供应部门和冲压车间，这使得原有的管理人员、送料工、领料工成为富余人员，但是，由此产生的结果是：相应的车间经费、在制品库存减少了，生产成本降低了，工序之间的车间界线取消了，管理环节减少了，物流通顺了，效率提高了，从而降低了整个企业产品的成本，增加了企业赢利的可能。

　　BPCS 软件实施后，公司领导可以及时了解销售、库存情况。在以前的管理模式下只能定出月度生产计划，现在可以更准确地定出周计划。以往发货信息的不及时和人为的工作误差，使得企业生产往往陷入被动，在 MRP Ⅱ 实施以后，正常情况下，销售发货准确率达到了百分之百，系统还可根据各地返还货款的情况定出发货警戒线，对还款不好的客户企业不下订单。

　　新的管理方式的实施和计算机在企业管理中的大量使用，对员工素质提出了较高的要求。它要求企业员工必须懂得计算机知识、了解 MRP Ⅱ 理论、会使用 BPCS 软件，并能够独立上机操作，这就要求员工要具有相当的知识技能，也就是说，要提高企业员工的素质，员工素质提高了，企业的市场竞争力也就大大增强了。

　　总之，MRP Ⅱ 确实给企业带来了一场深刻的管理革命。先进的 MRP Ⅱ 管理软件与国内企业结合的过程，是现有的管理体制、无序的管理现状、无法适应市场经济需求和企业现代化需要的管理方式相结合的过程；采用 MRP Ⅱ 这种管理技术、管理方式，超越了技术更新的含义，冲击着传统的生产和企业观念，它成为最终涉及企业多方面的变革手段。

　　美国 SSA 公司历经 3 年，耗资 2.8 亿美元研制出的新一代 BPCS 客户机 / 服务器系统由 3 大部分组成：可配置的企业财务管理（CEF）、供销链管理（SCM）、多模式生产管理（MMM）。该系统的主要模块如表 5-6 所示。

表 5-6　BPCS 的客户机 / 服务器系统

客户机 Windows 用户环境								
可配置的企业财务管理（CEF）			供销链管理（SCM）			多模式生产管理（MMM）		
可配置的总账	应收账管理 ACR	高级汇款管理 ARP	促销、经销与价格	可配置订单管理	下达管理	计划员辅助	主生产计划 MPS	准时生产 JIT
企业结构与合并	信用与扣除管理	汇票管理	销售绩效管理 SPM	发票与销售分析	出货后勤管理 OLM	制造数据管理 MDM	物料需求管理 MRP	生产能力计划 CAP
可配置的货币转换	高级预算与分析	应付账管理 ACP	采购管理 PUR	库存管理 RNV	销售预测管理 FOR	选配置管理 CFG	高等工业流程 ADT	车间作业管理 SFC
多币制管理 MLT	固定资产管理 FXA	成本管理和控制	绩效评估 PRF	仓库管理 WHM	分销资源计划 DRP	配方辅助管理	质量与实验室管理	设备维护管理

五、配送需求计划

　　MRP 的逻辑和形式可以应用到服务领域，这种典型例子就是配送需求计划（Distribution Requirements Planning，DRP）。从供应链关系上可清楚地看出，制造企业的产品发送到批发商，零售商送到用户手中存在着许多复杂的环节。流通企业（包括自行销售的制造企业)一般都有分层次的销售网点。批发商和零售商一般都有分层次的销售网点,下层零售点由上一层供货,最上层直接向制造企业订货,最底层零售点直接将物品卖给顾客。这些供应网点形成了一个多级分配网络。

(一)DRP 概述

配送需求计划是一种适用于流通企业进行库存控制的方式。在这种方式下,企业可以根据用户的需求制订订货计划,从而确定恰当的库存水平,有效地进行库存控制。配送需求计划的实际应用表明,流通企业能够改进客户服务(减少缺货现象的发生、加快响应客户需求的速度等),降低产品的总体库存水平,减少运输成本,改善物流中心的运作状况。由于以上的好处,配送需求计划受到了越来越多的流通企业的重视。

整个 DRP 系统,有 3 个输入文件(如图 5-9 所示)。一是社会需求文件,由订货单、提货单和市场需求预测等数据整理而成。二是供应商货源文件,提供有关供应商的供应批量、备货期等有关信息。三是库存文件(包括在途货物信息),前者提供本企业仓库中现有各种商品的库存数量信息,而后者则提供此前向供应商发出订单订购,且目前已在运输途中的商品数量、到货时间等信息。根据这 3 个文件,DRP 系统根据事先确定的逻辑及参数,给出两个输出文件。一是订货进货计划,根据用户需求、库存、供应商供货情况以及物流优化原则,确定向供应商发出订单的时间以及订购数量。二是送货计划,按照用户需求的品种、数量、时间和送货提前期以及物流优化原则,确定进货时间和送货数量。

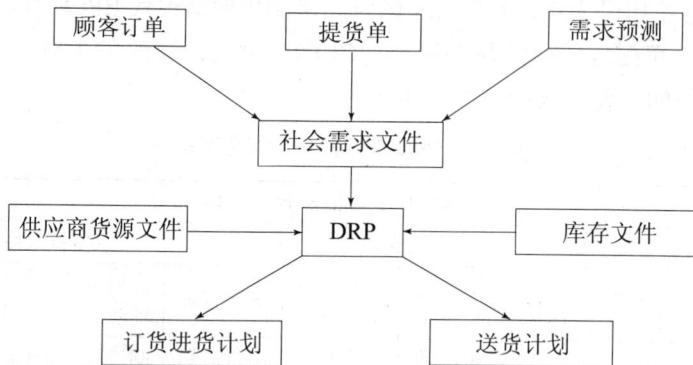

```
   顾客订单        提货单         需求预测
      \            |            /
              社会需求文件

供应商货源文件  ——>    DRP    <——  库存文件

      /                      \
  订货进货计划              送货计划
```

图 5-9 DRP 系统结构图

(二)DRP 的处理逻辑

最底层网点的需求属于独立需求,但它们之间的需求关系也可以用类似 MRP 的逻辑处理。多级分配网络的每一个网点的每一种物品的需求和库存情况都可以用一个表来表示。表中有 4 项:预计总需求量、计划收货、现有数和计划发出订货量。最底层网点的预计总需求量由各网点根据以往的销售情况预测确定,其余网点的预计总需求量可按下级网点的计划发出订货量计算。与 MRP 不同,DRP 中库存现有数包括预计到货量,它可按下式计算:

$$下期现有数 = 上期现有数 - 预计需求量 + 预计到货量$$

每个服务网点对每项库存物品都设置了安全库存量。发出订货的条件是,预计的现有

131

数到达规定的安全库存量以下。计划发出订货量可以按实际需要多少就提出多少，也可按确定的最佳订货批量或最小订货批量订货。订货需要按提前期提早一段时间发出。上一层网点的预计需求量是根据下一层网点的计划发出订货量确定的，并在时段上保持一致。

为了形象地说明DRP是如何运作的，我们举一个实际的例子。某城市设有1个批发部，在该城市的不同地区设有3个零售点。零售点A的货物的安全库存量为50个、提前期为2周、订货批量为500个。也就是说，在库存量将要下降到50个以下的那周必须要补充一批货物。因此，此前两周必须发出订单，每次向批发部订购500个。一共对8周的需求进行预测。A零售点当前的库存量是352个，它不断地被消耗，预计到第5周的时候将只有42个（即，第4周的库存余额122个减去第5周的需求80个），此时会出现低于安全库存量的现象（42<50）。为了防止出现上述结果，必须在第3周（第5周减去前置期2周）就启动订货程序。正如预测的那样，在第5周的时候将收到一批补货，其数量是500个，该周周末库存余额将变成542个。零售点B和零售点C类似。

对于批发部而言，来自零售点A、B、C的订单就是它所面临的需求。由此，其相应的DRP表就产生了，这是该批发部据以向生产商订货的基础。见表5-7、表5-8、表5-9、表5-10。

表 5-7　零售点 A 的 DRP 表

提前期2周，安全库存量50件，订货批量500件	当前库存量	周　次							
		1	2	3	4	5	6	7	8
预计总需求量		50	50	60	70	80	70	60	50
计划收货						500			
现有数	352	302	252	192	122	542	472	416	362
计划发出订货量				500					

表 5-8　零售点 B 的 DRP 表

提前期2周，安全库存量50件，订货批量150件	当前库存量	周　次							
		1	2	3	4	5	6	7	8
预计总需求量		20	25	15	20	30	25	15	30
计划收货						150			
现有数	140	120	95	80	60	180	155	140	110
计划发出订货量				150					

表 5-9　零售点 C 的 DRP 表

提前期2周，安全库存量115件，订货批量800件	当前库存量	周　次							
		1	2	3	4	5	6	7	8
预计总需求量		115	115	120	120	125	125	125	120
计划收货		800							800
现有数	220	905	790	670	550	425	300	175	855
计划发出订货量							800		

表 5-10　批发部的 DRP 表

提前期 3 周，安全库存量 400 件，订货批量 2 200 件	当前库存量	周次							
		1	2	3	4	5	6	7	8
预测总需求量		0	0	650	0	0	800	0	0
计划收货量							2 200		
现有数	1 250	1 250	1 250	600	600	600	2 000	2 000	2 000
计划发出订货量				2 200					

与 MRP 一样，DRP 的应用也有其局限性。首先，DRP 的成功实施不但要求对每一个物流中心的每一库存部门都要有精确的预测，而且要有充足的前置期来保障产品的平衡运输。其次，DRP 要求配送设施之间的运输具有稳定而可靠的完成周期。尽管可以通过各种可靠的前置期抵消或是调整完成周期的不确定性，但仍旧无法彻底消除其对库存控制计划系统运作的负面影响。最后，由于生产故障或运输的延迟，综合计划常易受到系统紧张或是频繁更改时间表的影响，由此产生生产能力的波动、配送方面的混乱以及因更改时间表而产生额外费用等问题。除此以外，配送的作业环境复杂多变、补给运输完成周期以及供应商配送可靠性的不确定性，也会进一步加剧 DRP 系统运作的紧张程度。

DRP 的原理是更精确地预测需求和揭示该信息以用于制订生产计划。公司运用 MRP 并与总体生产结合，可以减少原材料存货。产品存货则是通过使用 DRP 来减少的，大部分的 DRP 模型比标准的 MRP 模型更为综合，它也计划运输。

DRP 在与 MRP 结合后是一个可增加客户服务水平和降低总的物流与制造成本的有利工具。

近来有人提出了配送资源计划（Distribution Resource Planning，DRP II）概念，所谓配送资源计划，即为"一种企业内物品配送计划体系管理模式，是在 DRP 的基础上提高各环节的物流能力，达到系统优化运行的目的"。

任务落实

用你所了解的企业为例，说明 MRP II 项目实施成功的关键要素。

任务三　企业资源计划

任务目标

懂得 ERP、MRP II 和 MRP 的区别和联系。

情境导入

小丽的应聘

小丽大学毕业去一家企业应聘董事长助理岗位，当被问到对 ERP 的了解时，小丽一头雾水，但是很幸运，小丽被通知去复试，为此，她决定突击了解 ERP。

知识广场

一、企业资源计划（ERP）概述

MRP Ⅱ 在 20 世纪 80 年代初已经发展成熟，但此后它并没有停止发展。随着计算机技术的快速发展，美国著名咨询公司 Gartner 于 20 世纪 90 年代初在总结 MRP Ⅱ 发展的基础上提出了 ERP。Gartner 给 ERP 的界定是：超越 MRP Ⅱ 范围的集成功能；支持能动的监控能力，模拟分析和决策支持；支持开放的客户服务器计算环境。

ERP 不仅融合了离散型生产和流程型等制造业生产的特点，而且能满足服务业中的金融业、通信业、高科技产业、零售业等。它能面向全球市场，包罗了供应链上所有的主导和支持功能，协调企业各个管理部门围绕市场导向，更加灵活或"柔性"地开展业务活动，进一步提高企业的竞争力。

ERP 是一个集合企业内部的所有资源，进行有效的计划和控制，以达到最大效益的集成系统。软件供应商根据 ERP 的功能编制了 ERP 软件，因此，人们往往误解，认为 ERP 仅仅是一种软件而已，或者仅仅是一种信息应用技术而已。实际上 ERP 不仅仅是一种软件，也不仅仅是模仿手工的作业，而是一种先进的管理思想和管理方法。它是准时生产系统（Just In Time，JIT）思想和物料需求理论在 ERP 中的运用。它是对企业内部的物料、人力、设备全部资源的全面计划，如主生产计划、物料需求计划、能力需求计划、分销需求计划。除了计划之外，还对资源进行全面控制，包括质量管理、车间控制、产品数据管理、库存管理、运输管理等，以形成闭环的回路，使内部管理真正地集成起来。同时，制造业务的需求来源于销售订单和预测，制造业务的后端与资金流集成，形成以总账为核心的应收账、应付账、现金、成本、工资、固定资产、多币制的管理。

ERP 其实是一个企业完整的管理信息系统，它整合了"产、销、人、发、财"五大管理功能（生产、销售、人力、研发、财务）于一个系统中。随着互联网的快速发展，ERP 还能整合企业集团中位于不同地理位置的各个经营单位，如各地区工厂、仓库、营业所、办事处等，让分散的企业资源，能像集中在一个大院内一样正常运行，这是 MRP Ⅱ 所无法胜任的。

二、ERP 的发展

20 世纪 90 年代引入了 ERP 概念后，对 ERP 的研究和实践并没有停止，现在有人提出了 ERP Ⅱ 的概念。

有专家称，ERP Ⅱ 主要有两大特色，即："结构开放"和"功能垂直"。与传统 ERP 不同的是，ERP Ⅱ 几乎包括了企业所有的经营流程，有机集成了企业前、后台的全部资源，几乎适用于所有的企业，而不像 ERP 那样只是面向制造业等几个行业。

ERP Ⅱ 的另一个亮点是加入了协同商务这一新概念。协同商务是指企业可以在同一个电子商务平台上，与多家合作伙伴共享、交换信息，各取所需。比如，一家主要负责生产的企业可借助供应商提供的有效数据，适时开发出市场所需要的新产品。同时，协同商务还可以帮助企业尽快找到合适的合作伙伴。

事实上，ERP Ⅱ 的出现并非偶然。从理论上来看，ERP 经过了初期的 MRP（材料需求计划）和 MRP Ⅱ（制造资源计划），后来又加入了一些生产管理技术，直到今天 ERP 系统在一定范围内的成功运用，这些都给 ERP Ⅱ 的出现创造了得天独厚的先机。

ERP Ⅱ 的出现，会带来一个统一的标准，为企业的资源管理及信息管理开出一剂良方，并促进传统企业向"电子企业"的转换。面对着在这块新鲜的"大蛋糕"，每家厂商自然都不甘落后，市场竞争的大幕只不过是刚刚拉开。

ERP Ⅱ 是一个商业策略和一套特定工业领域的应用程序，它通过优化企业以及企业与企业之间的协同工作、金融流程使公司受益，从而更好地为客户服务。

以上功能的具体体现主要是 ERP 的外向延伸功能，它包括了 SCM（供应链管理）、CRM（客户关系管理）、EC（电子贸易）等，共同组成了 EB（电子商务）。如图 5-10 所示。

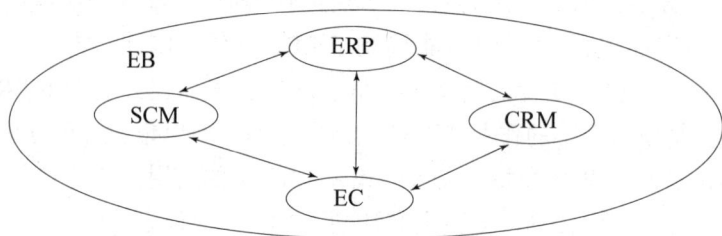

图 5-10　ERP 的外向延伸功能

三、ERP 软件的功能模块

企业资源计划 ERP，主要是通过系统软件来实施的，现在比较著名的有 BAAN、SAP 及四班的系列产品，国内现有的较著名的 ERP 软件有金蝶软件公司的金蝶 K/3ERP、天心公司的 FAS2000 和用友公司的 ERP-U8 等。

一般的 ERP 软件包含销售、生产、财务 3 大部分，此外还包含了人力资源、研发部分。这些部分所涉及的功能模块见表 5-11。

表 5-11　ERP 一般包含的功能模块

部　分	功能模块
销售部分	1．预测。2．订单管理。3．销售分析。4．采购管理。5．仓库管理。6．运输管理。7．资产维护。8．库存控制。
制造部分	9．主生产计划（MPS）。10．产品数据管理（PDM）。11．物料需求计划（MRP）。12．能力需求计划（CRP）。13．分销需求计划（DRP）。14．车间管理（SFC）。15．产品配置管理。16．流程作业管理。17．重复制造。18．质量管理。
财务部分	19．总账。20．应收账。21．应付账。22．工资。23.固定资产。24.现金管理。25．成本管理。26．多币制。
人力部分	27．人力资源管理。
研发部分	28．研发管理。

任务落实

　　谈谈你对 ERP 的了解。

项目六　项目管理和网络计划技术

通过对本项目知识框架的学习，可以了解到项目是一种一次性的工作，属于单件生产，是一种特殊的生产运作类型，但是项目又不同于一般的单件生产。重点和重大项目对国民经济发展有重要意义，它投资大、周期长、牵涉面广、管理复杂。本项目主要从项目计划管理的角度，说明网络计划方法，如何通过网络计划方法达到以低的费用、短的工期完成高质量的项目。

任务一　项目管理概述

任务目标

理解项目的概念、项目管理的目标、内容和组织管理方面的内容。

情境导入

重点项目验收会的组织

××大学潘教授主持的国家自然科学基金重点项目结题已经 4 个月了，按照国家自然科学基金重点项目管理办法，管理科学部准备对潘教授主持的课题进行项目验收。为此，管理科学一处有关负责人与潘教授联系，初步确定验收日期。

管理科学一处为此通过电话、信件和 E-mail 同国内外同行专家联系，商定验收会具体日期。经过反复沟通、协商，确定了验收组组长和 6 名专家，决定验收会定在 2005 年 5 月 28 日召开。随后，综合处会同一处提出了验收会预算，管理科学一处发出了验收会通知。

潘教授这里的准备工作开始紧锣密鼓地进行。首先，召开各专题负责人会议，商定提交验收会的材料，包括：重点课题研究总报告，专题研究分报告，调研报告，软件研制报告，论文、专著原件汇总，查新检索报告等。然后，课题组实行分工，明确了要求。为了确保进度，决定每周碰头一次，检查进度，及时解决问题，并安排在 5 月 25 日进行一次验收会的"预演"，以便发现问题和严格控制发言的时间。准备工作有条不紊地进行，气氛紧张而热烈。

5 月 21 日，成立了以学院办公室主任为组长、课题组朱老师为副组长的专项组，成员包括课题组的年轻教师和研究生。专项组分成接待、会务和餐饮3个小组。

接待小组询问管理科学部的领导和每位专家的航班、车次，以便安排接站；为专家和领导提前安排住宿，确定返程时间，预订返程机票和车票；负责与学校车队联系，安排车辆接送专家；办理住宿和退房手续。

会务小组负责会议文件装袋，会场布置，音像和电脑的调试，专家和领导座位牌制作，接机专家名称牌的制作，购买水果、饮料、餐巾纸，负责专家的会议签到等。

餐饮小组负责对会议的餐饮安排，并对课题验收会的开支进行统计。由办公室主任对各个小组的活动进行总体协调。

计划虽然比较周密，但意外的情况还是发生了。有一位专家提前到达，另一位专家临时决定乘坐汽车。接待组都及时进行了妥善处理。5月28日中午12点半，所有参会者全部到齐，下午2点整验收会准时开始，项目组人员紧张的脸上才露出一丝微笑。当天晚上和第二天，接送人员又将每一位专家送到机场，直到最后一位专家离开。

知识广场

一、项目管理概述

（一）项目的定义和属性

1．项目定义

项目是指为完成某一独特的产品或服务所做的彼此相关联的任务或活动的一次性过程。

项目可以在组织的所有层次上进行，它可以仅涉及一个人，也可以涉及成千上万人，例如，参加阿波罗登月计划的人有40万人。完成一个项目所需的时间可能只有几十分钟，比如外科手术项目；也可以长达十几年，例如长江三峡项目需要17年。项目费用少则不足百元，多则可达数千亿元人民币。项目可能只涉及组织中的一个单独部门，也可以以联营和合伙的形式跨越多个组织。

工业企业的项目管理主要有：新产品开发、软件系统开发、设备大修、单件生产等。它们都是一次性的，都要求在一定期限内完成，不得超过一定的费用，并有一定的性能要求等。

2．项目属性

（1）一次性。一次性是项目与其他日常运作的最大区别。项目有确定的起点和终点，没有可以完全照搬的先例，也不会有完全相同的复制。项目的其他属性也是从这一主要的特征衍生出来的。

（2）独特性。每个项目都是独特的，或者其提供的成果有自身的特点，或者其提供的成果与其他项目类似。然而，其时间和地点、内部和外部环境、自然和社会条件有别于其他项目，因此项目总是独一无二的。

（3）目标的确定性。项目有确定的目标。比如：

①时间目标，如在规定的时间内或规定的时刻之前完成。

②成果目标，如提供某种规定的产品、服务或其他成果。

③其他需要满足的目标，包括必须满足的要求和应尽量满足的要求。

目标允许有一个变动的幅度，也就是可以修改。不过，一旦项目目标发生实质性变化，它就不再是原来的项目了，而将产生一个新的项目。

（4）活动的整体性。项目中的一切活动都相互联系，并且构成一个整体。不能有多余的活动，也不能缺少某些活动，否则必将损害项目目标的实现。

（5）组织的临时性和开放性。项目团队在项目进展过程中，其人数、成员、职责都在不断地变化。某些成员是借调来的，项目终结时团队要解散，人员要转移。参加项目的组织往往有多个，甚至几十个或更多。他们通过协议或合同以及其他的社会关系结合到一起，在项目的不同时段以不同的程度介入项目活动。可以说，项目组织没有严格的边界，是临时的、开放性的。这一点与一般的企业、事业单位和政府机构很不一样。

（二）项目管理的定义和基本要素

1. 项目管理的定义

项目管理是在项目响应的环境下，通过项目各方人员的合作，把各种资源应用于项目，以实现项目的目标，使各方的需求和期望得到不同程度的满足的过程。

2. 项目管理基本要素

项目管理的基本要素包括项目环境、利益相关者、资源、目标、需求和期望。简要说明如下：

（1）项目环境：一个项目的完成，通常对环境有重大影响，但同时也受环境所制约。项目环境包括项目实施的内在环境和外部环境。

内在环境的影响包括：项目在组织中的地位、组织结构、组织文化和风格。

外在环境的影响包括：政治、经济、文化、标准和规章以及自然环境。

（2）利益相关者：包括项目经理、委托人、项目团队、监督执行者、股东、供应商、政府等。

（3）资源：可以理解为一切有现实和潜在价值的东西，包括自然资源和人造资源、内部资源和外部资源、有形资源和无形资源。

（4）目标：项目要求达到的目标可分为两类，必须满足的规定要求和附加获取的期望要求。

（5）需求和期望：项目要求达到的目标是根据需求和可能来确定的。

二、项目管理的基本特点

（一）项目管理是一项复杂的工作

项目管理一般由多个部分组成，工作跨越多个组织，需要运用多种学科知识来解决问题；项目工作通常没有或很少有以往的经验可以借鉴，这当中有许多未知因素，每个因素又常常带有不确定性；还需要将不同经历、来自不同组织的人员有机地组织在一个临时性组织内，在对性能、成本、进度等较为严格的约束条件下实现项目目标等。项目管理的复杂性与一般生产管理有很大的不同。

（二）项目管理具有创造性

项目管理具有一次性特点，既要承担风险，又必须发挥创造性。项目的创造性依赖于科学技术的发展和支持，而近代科技的发展有两个明显的特点：一是继承积累性，体现在人类可以沿用前人的经验，继承前人的知识和成果；二是综合性，即要解决复杂的项目，往往依靠和综合多种学科的成果，将多种技术结合起来，才能实现科学技术的飞跃或更快的发展。因此，在项目管理的前期构思中，要十分重视科技情报工作和信息的组织管理，这是产生新构思和解决问题的重要途径。

（三）项目有其寿命周期

项目管理的本质是计划和控制这种一次性工作，需要在规定的周期内达到预定的目标。项目的寿命周期可分为4个阶段：启动阶段、计划阶段、执行阶段、收尾阶段。

1. 启动阶段主要考虑项目的目标、范围、资源需求、实施条件以及涉及的决策问题。这个阶段要求完成可行性研究报告或项目建议书。

2. 计划阶段主要解决的问题是确定项目任务、主要活动等；估算各个活动所需时间及费用；规划项目的组织结构；进行项目的日程、时间安排以及编写项目计划书。

3. 执行阶段主要具体实施项目计划。管理的重点是跟踪执行过程和进行过程控制，以使项目按计划有序、协调地实施，当出现偏差时，要立即采用纠偏方案进行控制。当然也可对项目计划进行必要的修改和补充。

4. 收尾阶段管理的重点是对项目产生的结果进行评估，计量确定项目工作的完成程度、对项目结果进行验收、项目总结、吸取经验教训等。

（四）项目管理需要集权领导和建立专门的项目组织

项目复杂性随其范围不同变化很大。项目进行过程中可能出现的各种问题大多是贯穿于各组织部门的，它们要求这些不同部门做出迅速而相互关联的反应。但传统的直线职能组织在横向协调上存在许多困难，因此需要建立围绕专一任务进行决策的机制和相应的专门组织，这样的组织以矩阵组织形式为最好。

（五）项目负责人在项目管理中起着非常重要的作用

项目管理的主要方法之一，是把一个时间和预算有限的项目委托给一个人，即项目负责人（或称项目经理），他有权独立进行计划、资源分配、指挥和控制等。

三、项目管理内容

国际上普遍认可的项目管理内容如下：

项目范围管理：这是为了实现项目的目标，对项目的工作内容进行控制的管理过程。它包括范围的界定、范围的规划、范围的调整等。

项目时间管理：这是为了确保项目最终按时完成的一系列管理过程。它包括具体活动的界定、活动的排序、时间估计、速度安排以及时间控制等工作。

项目费用管理：这是为了保证项目的实际成本、费用不超过预算成本的管理过程。它包括资源的配置，成本、费用的预算以及费用的控制等工作。

项目质量管理：这是为了确保项目达到客户所规定的质量要求所实施的一系列管理过程。它包括质量规划、质量控制和质量保证。

人力资源管理：这是为了保证所有项目关系人的能力和积极性都得到有效发挥和利用所采取的一系列管理措施。它包括组织的规划、团队的建设、人员的选聘和项目的班子建设等一系列工作。

项目沟通管理：这是为了确保项目信息的合理收集和传输所需要实施的一系列措施。它包括沟通规划、信息传输和进度报告等。

项目风险管理：涉及项目可能遇到各种不确定因素，为了将它们有利的方面尽量扩大并加以利用，而将其不利方面所带来的后果降到最低程度，需要采取一系列的风险管理措施。它包括风险识别、风险量化、制定对策和风险控制等。

项目采购管理：这是为了从项目实施组织之外获得所需货物和服务所采取的一系列管理措施。它包括采购计划、采购与征购、资源的选择以及合同的管理等工作。

项目交接管理：这是国际项目管理协会根据项目管理的发展动态提出的。因为，有些项目是相对独立的，项目实施完成后，随着标的物的转移，合同即告终止，但也有些项目不是这样，项目实施完成，即是客户运用该项目的结果进行投产运营的开始。由于该项目刚刚投产运营，客户即项目的接受者，可能缺乏相应的经营管理人才，也可能对项目的技术、性能等不很熟悉，这些都需要项目的实施单位协助项目的接受单位加以解决，因此，项目的交接管理便应运而生。

项目的交接管理需要项目的实施单位和项目的接受单位，即交和接的两个方面紧密配合，这样才能避免好项目、差效益的局面。在众多的国际投资项目中，不乏这样的案例。目前，这一问题在我国已引起一定的重视，因此，有必要将交接管理列为项目管理的一项重要内容。具体地说，项目的交接管理包括项目目标的评估、操作人员的培训、机构的设置和工艺流程的设计等。

任务落实

请你谈谈对"质量是项目的生命"这句话的理解。

任务二 项目风险

任务目标

能够养成对项目进行风险评估的意识。

三峡工程的风险

举世瞩目的三峡工程已经告一段落，但是各种各样的声音此起彼落，褒贬不一。对此工程的实施，你认为它的风险何在？

知识广场

一、项目风险概述

（一）风险

对风险有广义和狭义的理解。狭义的风险是指普通意义上的"可能发生的危险"，即人们从事各种活动可能蒙受的损失或损害。广义的风险是一种不确定性，风险是由于不确定性的存在，使得在给定的情况下和特定的时间内，那些可能发生的结果之间的差异，差异越大则风险越大。由于风险是不确定的，那么风险既可能是危险，又可能是机会。

（二）项目风险

项目的一次性使其不确定性要比其他一些经济活动大许多，因此，项目风险的预测性也就差得多。若重复性的生产和业务活动出了问题，常常可以在以后找到机会补救；而项目一旦出了问题，则很难补救。项目多种多样，每一个项目都有各自的具体问题，但有些问题却是很多项目所共有的。

项目风险贯穿整个项目的生命期，并且项目的不同阶段会有不同的风险。风险大多数随着项目的进展而变化，不确定性一般会逐步减少。最大的不确定性存在于项目的早期，早期阶段做出的决策对以后阶段和项目目标的实现影响最大。项目的各种风险中，进度拖延往往是费用超支、现金流出以及其他损失的主要原因。为减少损失而在早期阶段主动付出必要的代价，要比拖到后期阶段才不得已采取措施要好得多。

（三）风险分类

1. 按风险表现形式划分，可以将风险划分为：信用风险、完工风险、生产风险、市场风险、金融风险、政治风险和环境风险。

2. 按风险后果划分，可将风险划分为纯粹风险和投机风险。纯粹风险，是指不能带来机会、无获利可能的风险；投机风险，是指既可能带来机会、获得利益，又隐含威胁、造成损失的风险。

二、项目风险评估

（一）项目风险识别

项目风险识别，其目的是减少项目的结构不确定性。风险识别首先要弄清项目的组成、各变数的性质和相互关系、项目与环境之间的关系等。在此基础上利用系统的、有章可循的步骤和方法查明可能形成风险的诸多事项。在这个过程中还要调查、了解并研究那些对项目以及项目所需资源形成潜在威胁的各种因素的作用范围。

项目风险识别就是查明项目的不确定性因素和风险来源、各风险之间的关系和风险的后果。确定哪些因素会对项目构成威胁，哪些因素可能带来机会。

风险识别可以利用一些具体的工具和技术。如：核对表；项目工作分解结构；常识、经验和判断；实验或试验结果；敏感性分析；决策树分析。

（二）项目风险估计

项目风险估计，就是对风险存在及发生的可能性以及风险损失的范围与程度进行估计和衡量。其基本内容为运用概率统计方法对风险的发生及其后果加以估计，得出一个比较准确的概率水平，为风险管理奠定可靠的数学基础。

风险估计的内容包括三个方面：首先要确定风险事件在一定时间内发生的可能性，即概率的大小，并且估计造成损失的严重程度。其次，根据风险事件发生的概率及损失的严重程度估计总体损失的大小。最后，根据以上结果，预测这些风险事件的发生次数及后果，为决策者的决策提供依据。

风险估计侧重于分析潜在威胁及其后果。其意义在于：

1. 通过对风险的衡量和估计，使人们对风险的损失给予及时的关注，该损失一经得到比较准确的估计，就可使一些后果严重的风险更容易识别。

2. 风险损失的估计，可以减少有关损失发生的不确定性。

3. 风险管理者可以在该估计和衡量的基础上，较合适地制定和选择恰当的风险管理手段和风险管理方案。风险估计和衡量的主要方法是数学统计方法。

（三）项目风险评价

风险评价就是对各风险事件后果进行评价，并按照其严重程度排序。评价风险后，需要确定对风险采取什么样的应对措施。在风险评价过程中，管理人员要详细研究决定决策者决策的各种可能后果，并将决策者做出的决策同自己单独预测的后果相比较，判断这些后果能否被决策者所接受。各种风险的可接受或危害程度是不同的，因此就产生了哪些风险应该首先或者是否需要采取措施的问题。风险评价有定性和定量两种。进行风险评价时还要提出防止、减少、转移或消除风险损失的初步办法，并将其列入风险管理要进一步考虑的各种方法之中。

三、项目风险管理

项目风险管理，就是在对整个项目生命周期内的风险识别、风险估计和风险评价的基础上，使用多种管理方法、技术和手段对项目活动涉及的风险实行有效的控制。

风险管理包括风险规划，风险控制和风险监视三个阶段，它们也有交叉和重叠，风险控制和风险监视两个阶段尤其如此。

风险规划包括制定风险规避策略及具体实施措施和手段的计划。编制计划时要考虑的问题有：风险管理策略本身是否正确、可行？实施管理策略的措施和手段是否符合项目总目标？

项目管理人员在项目进行过程中应该定期将风险水平同评价基准对照，逐渐提高风险评价基准。项目管理班子还必须考虑对风险要进行多少次监视、由谁监视、监视范围多大、何时监视、如何提高风险评价基准等问题。

把风险事故的后果尽量限制在可接受的水平上，是风险管理的基本任务。整体风险只要未超过整体评价基准，就可以接受。对于个别风险，则可接受的水平因风险而异。

风险的后果是否可被接受，要考虑两个方面：损失大小和为规避风险而采取的行动。如果风险后果很严重，但是规避行动不复杂，代价也不大，则此风险后果可接受。对于风险，有时候不必采取任何行动。因此，项目管理人员必须善于权衡何时采取规避行动，何时应接受风险。另外，规避风险的行动往往会影响原定项目管理计划，因此常常带有附加风险。例如，在抽调原计划投入项目的物力、人力或财力用于规避风险时就会这样。

任务落实

你认为评价一个项目的风险，应该从哪几个方面考虑？

任务三　网络计划技术

任务目标

能够识别各种方法的优劣并进行应用。

情境导入

计划的益处

1957 年，美国杜邦化学公司首次采用了一种新的计划管理方法，即关键路线法（Critical Path Method，CPM），第一年就节约了一百多万美元，相当于该公司用于研究开发 CPM 所花费用的 5 倍以上。

知识广场

一、网络计划技术概述

（一）甘特图

长期以来，生产和施工进度计划安排都采用"条形图"（甘特图）。

甘特图是对简单项目进行计划安排的一种常用工具。它能使管理者先为整个项目活动做好进度安排，然后再随着时间的推移，对比计划进度和实际进度，进行监控工作。某生产企业的生产活动进度如图 6-1 所示，负责项目的经理必须先找出项目所需的主要活动，然后再对各项活动进行时间估计，确定活动序列。做完这一切，图上就能显示出将要发生的所有活动，计划持续时间，以及何时发生等信息。在项目进行的过程中，管理者还能看到哪些活动先于进度安排，哪些活动晚于进度安排，使管理者将注意力调整到最需要加快进度的地方，使整个项目按期完成。

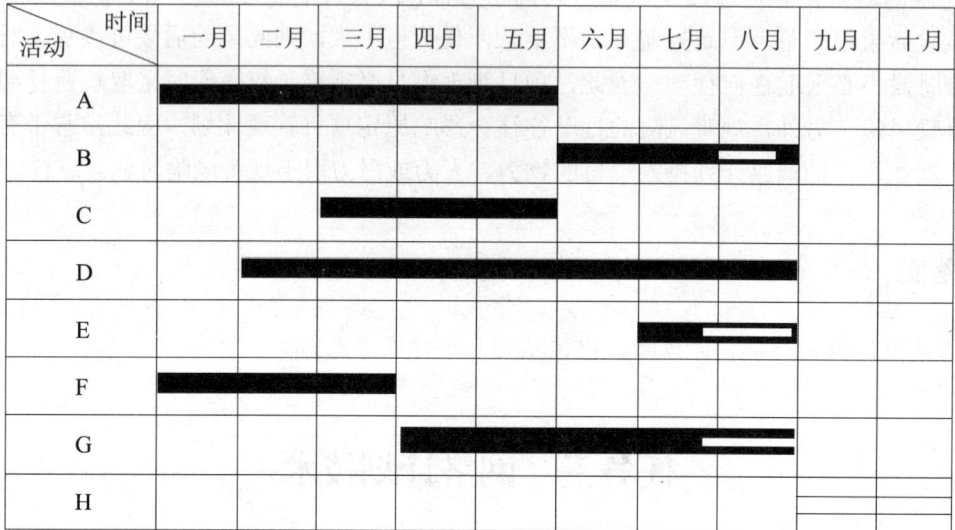

某生产企业生产任务进度

注：
已完成计划　未完成计划

图 6-1　甘特图

甘特图的明显优点就是简单。然而，它无法显示活动之间的内在联系，可这些内在联系却对高效的项目管理至关重要。假如某项目的早期活动之一有点延期，活动之间的内在联系无疑对管理者确定以后哪一个活动将延期很重要。相反，有些活动则可能比较安全，因为它们不影响整个项目的进度安排。甘特图不能直接说明这一点，它对简单项目以及复杂项目的早期计划很有用，而后者更适用于网络图法。

（二）网络计划技术的起源

网络计划技术是项目计划管理的重要方法，它起源于美国。1957 年，杜邦化学公司首次采用一种新的计划管理方法，即关键路线法（CPM 法），第一年就节约了 100 多万美元，相当于该公司用于研究发展 CPM 所花费的 5 倍以上。1958 年，美国海军武器局特别规划室在研制北极星导弹潜艇时，应用了计划评审技术（PERT）的计划方法，使北极星导弹潜艇研制工作从 10 年缩短到 8 年，比预定计划提前两年完成。统计资料表明，在不增加资源的既定条件下，采用 PERT 就可以使进度提前 15% ～ 20%。网络计划技术在我国各类大型工程项目的管理中已经得到普遍应用。

CPM 和 PERT 是独立发展起来的计划方法，在具体做法上有不同之处。CPM 假定每一活动的时间是确定的，而 PERT 的活动时间基于概率估计；CPM 不仅考虑活动时间，也考虑活动费用及费用和时间的权衡，而 PERT 则较少考虑费用问题等。但两者所依据的基本原理基本相同，都是通过网络形式表达某个项目计划中各项具体活动的逻辑关系，现在人们就将其合称为网络计划技术。

网络计划技术的基本原理可表述为：利用网络的形式和数学运算来表达一项计划中各项工作的先后顺序和相互关系，通过时间参数的计算，确定计划的总工期，找出计划中的关键工作和关键线路，在满足既定约束条件下，按照规定的目标，不断地改善网络计划，选择最优方案，并付诸实施。在计划执行过程中，进行严格的控制和有效的监督，保证计划自始至终有计划、有组织地顺利进行，从而达到工期短、费用低、质量好的良好效果。

二、项目分解

项目分解就是将一个工程项目分解成各种活动。在进行项目分解时，可采用"工作分解结构"（Work Breakdown Structure，WBS）。WBS 类似于产品结构，可以将整个项目分解成任务包（相当于部件），再将任务包分解成具体活动（相当于零件）。WBS 有助于管理人员确定所做的工作，便于编制预算和生产运作计划。项目分解可有粗有细，根据需要而定。供上级领导使用的网络计划可较粗略，项目可分解成一些较大的活动，如设计、制造、安装等，这样便于他们从总体上把握进度。而供施工单位使用的网络计划，则要分解得详细些，如挖地基、浇灌水泥、砌墙、封顶、安装门窗、布置室内设施及装饰等，这样便于具体应用。

WBS 并非是将项目进行简单分割，在分解时要很好地考虑各部分之间的组织联系和技术联系，即要确定各项活动的逻辑关系（紧前或紧后关系）及所需的时间，要做出项目的工作明细表。WBS 是十分重要的，它是将来确定实施计划（如画网络图）的主要依据。表 6-1 为某新产品设计试制项目的工作明细表。

表 6-1　某新产品设计试制项目的工作明细表　　　　　　　单位：天

工作编号	工作内容	紧前工作	所需时间
A	新产品概念设计		7
B	技术设计	A	20
C	施工图设计	B	25
D	产品工艺设计	C	18
E	材料采购	C	15
F	工艺装备设计及制造	D	20
G	毛坯制造	D、E	12
H	中小零件加工	D、E	15
I	基体件及复杂零件加工	F、G	30
J	机电配件采购	C	7
K	部件组装	H、I、J	10
L	产品总装配	K	5
M	新产品试车	L	8

三、网络图中几个基本概念和规则

（一）图示符号和名称

网络图的图示符号和名称如图 6-2 所示：

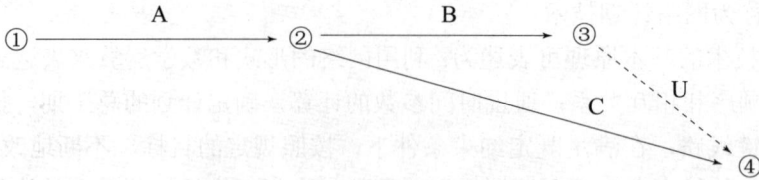

图 6-2　网络图的图示符号和名称

图中：A，B，C 为实箭线；U 为虚箭线；①，②，③，④为结点。

1. 实箭线规则

（1）表示一项作业（工序、活动），而且完成这项作业需要一定的时间。

（2）两点之间只能有一根实箭线，相同的作业不能用两根或以上箭线表示。

（3）箭头表示进行的方向。

2. 结点规则

（1）表示前一项作业结束，后一项作业开始的瞬间（连接点）。

（2）圈内要编号，用数字 1，2，3…

（3）箭头号码大于箭尾号码。

3. 虚箭线（虚拟作业）规则

只表示作业先后的相互关系，不需要花费时间等资源。（注意：尽可能不用不必要的虚拟作业。）

（二）先行作业和后续作业

A 不结束，B 不能开始。则 A 是 B 的先行作业（也称紧前作业），B 是 A 的后续作业（也称紧后作业）。如图 6-3 所示。

图 6-3　先行作业和后续作业

（三）并行作业

作业 A 和 B 必须并列进行，如图 6-4 所示。

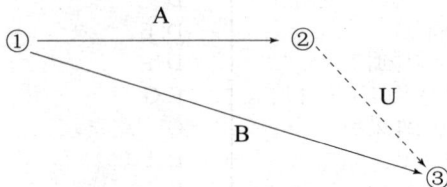

图 6-4　并行作业

若是相同作业不能同时出现在两个以上的地方。

（四）不能出现环路和中断

网络图中只能有一个终点和始点。除始点和终点外，其他作业前后都要用箭线把它们连接起来，即自网络图始点起，由任何路线都能达到终点。

（五）路线

由始点各作业（箭线）和结点连接后组成的一条线路。

四、网络时间计算

网络计划技术的最主要作用是时间的安排，因此，网络图的时间计算也很关键。

（一）确定各项活动的作业时间

作业（工序）时间，是指企业在一定的生产技术组织条件下，为完成一项工作或一道工序所需要的时间。用 $T(i, j)$ 表示。

确定各项活动的作业时间，一般有两种方法：

一是单一时间估计法，用于肯定型网络图。这种方法对各项活动的作业时间，只确定一个时间值，适用于不可知因素较少的重复性作业，如零件装配、土木工程等。

二是三点时间估计法，用于概率型网络图。三点估计法的基本思路是首先确定活动的三个估计时间，即 a：最顺利的时间，或称乐观时间，即完成一项活动所需要的最短时间；b：最不顺利时间，或称悲观时间，即在不利情况下完成一项活动所需要的最长时间；m：在正常情况下，完成一项活动最可能需要的时间。

进一步，假定三点时间估计均服从 β 概率分布，则由活动的 3 个时间估算活动的期望持续时间，计算公式如下：

$$T=(a+4m+b)/6$$
$$方差 \sigma=(b-a)/6$$

根据三点时间估计法，完成某项活动所需的时间概率分布如图 6-5 所示。

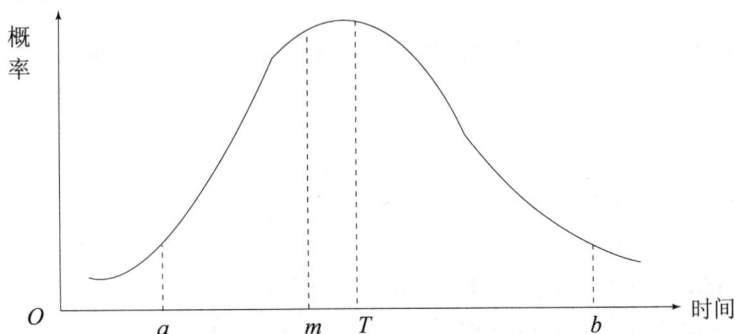

图 6-5　三点时间估计法的时间概率分布

（二）结点时间计算

在确定了各项活动的作业时间之后，一般需要画网络图，并进行网络计算（先进行结点时间计算）。例如，某网络图如图 6-6 所示，要求计算结点时间。

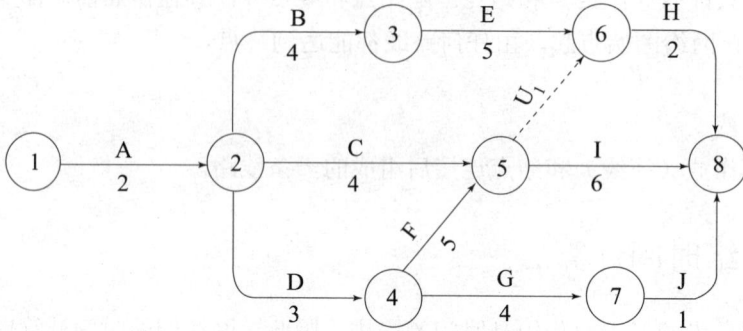

图 6-6 网络图

结点计算有公式法和图上计算法。

1. 公式法

（1）结点最早时间，是指从该结点开始的各项工序最早可能开始工作的时刻。用 $T_E(j)$ 和口来表示。

计算顺序：从头到尾，结点从小到大。计算公式：规定 $T_E(1)=0$，对于 ⓘ→ⓙ的 j 点。

$T_E(j)=\max[T_E(i)+T(i,j)]$

$T_E(1)=0$

$T_E(2)=\max[T(1)+(1,2)]\max(0+2)=2$

$T_E(3)=\max[T_E(2)+T(2,3)]=\max(2+4)=6$

$T_E(4)=\max[T_E(2)+T(2,4)]=\max(2+3)=5$

$T_E(5)=\max[T_E(2)+T(2,5);T_E(4)+T(4,5)]=\max[(2+4);(5+5)]=10$

$T_E(6)=\max[T_E(3)+T(3,6);T_E(5)+T(5,6)]=\max[(6+5);(10+0)]=11$

$T_E(7)=\max[T_E(4)+T(4,7)]=\max(5+4)=9$

$T_E(8)=\max[T_E(5)+T(5,8);T_E(6)+T(6,8);T_E(7)+T(7,8)]=\max[(10+6);(11+2);(9+1)]=16$

（2）结点最迟时间，是指以该结点结束的各工序最迟必须完成的时刻。用 $T_L(i)$ 和 △ 来表示。计算顺序：从尾到头，结点从大到小。计算公式：规定终点的 $T_L=T_E$。对于 ⓘ→ⓙ的 i 点。

$T_L(i)=\min[T_L(j)-T(i,j)]$

$T_L(8)=T_E(8)=16$

$T_L(7)=\min[T_L(8)-T(8,7)]=\min(16-1)=15$

$T_L(6)=\min[T_L(8)-T(6,8)]=\min(16-2)=14$

$T_L(5)=\min[T_L(8)-T(5,8);T_L(6)-T(5,6)]=\min[(16-6);(14-0)]=10$

$T_L (4) = \min[T_L (7) - T (4, 7); T_L (5) - T (4, 5)] = \min[(15-4); (10-5)] = 5$

$T_L (3) = \min[T_L (6) - T (3, 6)] = \min(14-5) = 9$

$T_L (2) = \min[T_L (5) - T (5, 2); T_L (4) - T (2, 4); T_L (3) - T (2, 3)] = \min[(10-4); (5-3); (9-4)] = 2$

$T_L (1) = \min[T_L (2) - T (1, 2)] = \min(2-2) = 0$

2. 图上计算法

图6-7为图上计算法。

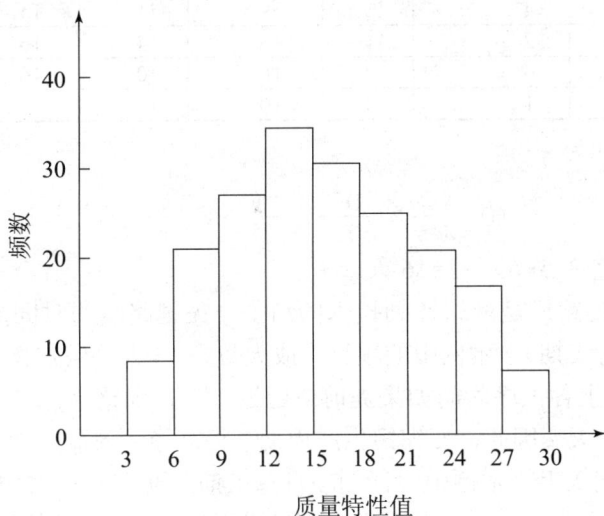

图6-7 图上计算法

（三）工序时间计算

①工序最早开始时间（T_{ES}），即由此结点出发的各工序的最早开始时间。$T_{ES}(i, j) = T_E(i)$

②工序最早结束时间（T_{EF}），$T_{EF}(i, j) = T_{ES}(i, j) + T(i, j)$

③工序最迟开始时间（T_{LS}），$T_{LS}(i, j) = T_{LF}(i, j) - T(i, j)$

④工序最迟结束时间（T_{LF}），指进入该结点各工序的最后结束时间，$T_{LF}(i, j) = T_L(j)$

计算顺序：①—④—②—③。对①、③从头到尾，结点从小到大；对②、④从尾到头，结点从大到小。工序时间计算方法有：公式法、表上计算法。

（四）时差

时差 $R(i, j)$ 是指在不影响整个任务完成时间的条件下，某项工序的最迟开始时间与最早开始时间之差或最迟结束和最早结束时间之差，即中间可推迟的最大延迟时间（弹性时间）。时差又称可利用的机动时间，时差越大，潜力越大。计算公式为

$$R(i, j) = T_{LS}(i, j) - T_{ES}(i, j) = T_{LF}(i, j) - T_{EF}(i, j)$$

（五）关键路线

时差为 0 的工序为关键工序，而由关键工序组成的路线称为关键路线。用时差法确定图6-7所示网络图的关键路线。其具体方法见表6-2。

表6-2 工序时间和时差的表上计算法

工序名称	结点编号		作业时间／天	T_{ES}	T_{LS}	T_{EF}	T_{LF}	时差	关键路线
	i	j							
A	1	2	2	0	2	0	2	0	√
B	2	3	4	2	6	5	9	4	
C	2	5	4	2	6	6	10	4	
D	2	4	3	2	5	2	5	0	√
E	3	6	5	6	11	9	14	3	
F	4	5	5	5	10	5	10	0	√
U	5	6	0	10	10	14	14	4	
G	4	7	4	5	9	11	15	6	
H	6	8	2	11	13	14	16	3	
I	5	8	6	10	16	10	16	0	√
J	7	8	1	9	10	15	16	6	

本例的关键路线为

$$①\xrightarrow[2]{A}②\xrightarrow[3]{D}③\xrightarrow[5]{F}⑥\xrightarrow[6]{I}⑧$$

工程总工期：（2+3+5+6）天 =16 天。

掌握和控制关键路线是网络计划技术的精华。关键路线的时间即为整个计划任务完成的时间（即工程总工期）。本例中的项目完成天数为 16 天（假定作业时间为单一时间估计法）。在关键路线上各工序时间如果提前或延迟一天，则整个计划任务的完工日期，就要相应提前或延迟一天。因此，要缩短生产周期，提高经济效益，就必须从缩短关键路线的作业（工序）时间入手。本例中，计划项目总工期若要缩短为 13 天，则必须在 A、D、F、I 这 4 道工序中缩短 3 天。若缩短其他 6 道非关键工序时间，只能增加这些工序的时差，而不能缩短整个计划项目的生产周期。

关键路线的确定方法一般有时差法和最长路线法两种。

时差法。根据关键路线的定义来确定（一般均采用此法，便于将来的网络优化）。

最长路线法。各条路线中时间（工期）最长的路线为关键路线（一股只能用于最简单的网络图）。

对于比较简单的网络图，不用进行网络时间计算也能确定关键路线。其办法为：找出从始点到终点的各种路径，计算各条路径的总时间，其中时间最长的路线即为关键路线。本例中，从始点到终点的路线共有 4 条，如图 6-8 所示。

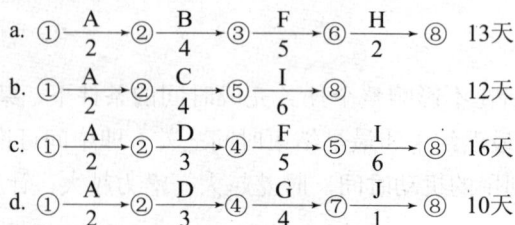

$$a.\ ①\xrightarrow[2]{A}②\xrightarrow[4]{B}③\xrightarrow[5]{F}⑥\xrightarrow[2]{H}⑧\quad 13天$$

$$b.\ ①\xrightarrow[2]{A}②\xrightarrow[4]{C}⑤\xrightarrow[6]{I}⑧\quad 12天$$

$$c.\ ①\xrightarrow[2]{A}②\xrightarrow[3]{D}④\xrightarrow[5]{F}⑥\xrightarrow[6]{I}⑧\quad 16天$$

$$d.\ ①\xrightarrow[2]{A}②\xrightarrow[3]{D}④\xrightarrow[4]{G}⑦\xrightarrow[1]{J}⑧\quad 10天$$

图6-8 4条路线

第 c 种路线总工期最长为 16 天，即此为关键路线。这与上面通过网络时间计算得出的结论是相同的。对于复杂的网络图（大中型工程项目），用最长路线法来确定关键路线，基本上是不可能的。通过网络时间计算来确定关键路线，可适用任何项目，若采用计算机编程，则会使计算变得更为简单，而且这种方法也能知道各工序的时差，这将为网络优化指明方向。

（六）任务完成期的概率分析

在三点时间估计法中，它的时间估计具有随机性，网络图中各项作业时间服从 β 分布，各项作业时间的均值为

$$T=(a+4m+b)/6$$

$$标准差\ \sigma=(b-a)/6$$

工程总工期的方差＝关键路线上各道工序方差之和，即

$$\sigma^2_{总}=\sigma^2_1+\sigma^2_2+\cdots+\sigma^2_n=\sum(b_i-a_i)2/\sigma^2$$

如果关键路线上工序充分多，根据概率论中的大数定律，工程总工期服从正态分布，$\mu=T_K$（关键路线的总工期）$\sigma=\sigma_{总}$

则根据正态分布原理可进行概率计算

$$a=(T_D-T_K)/\sigma_{总}$$

式中　a——概率系数；

T_D——工程规定工期。

【例 6-1】已知 $T_K=16$ 天；$T_D=17$ 天；$\sigma_{总}=1.4$（见表 6-3）

求：该工程用 17 天完成的概率。

解：$a=(T_D-T_K)/\sigma_{总}=(17-16)/1.4=0.71$

查正态分布表 $P(a)=76.1\%$

【例 6-2】若要完成上例所述工程的概率为 94.5%，则计划完工工期为多少天？

解：$T_D=T_K+a\sigma_{总}=(16+1.6\times1.4)$ 天 $=18.24$ 天

表 6-3　方差计算

活动名称	结点编号		三点时间估计			$T=(a+4m+b)/6$	方差 σ^2	关键路线
	i	j	a	m	b			
A	1	2	1	2 1	2.6	2	2.56/36	2
B	2	3	2	3.7	7.2	4		
C	2	5	3	3.9	5.4	4		
D	2	4	1	2.6	6.6	3	31.3 6/36	3
E	3	6	4	4.9	6.4	5		
F	4	5	3	5.2	6.2	5	10.24/36	5
u	5	5	0	0	0	0		
G	4	7	2	3.9	6.4	4		
H	6	8	1	2.1	2.6	2		
I	5	8	3	6.2	8.2	6	27.04/36	6
J	7	8	0.5	1	1.5	1		
$\Sigma\sigma^2=71.2/36=1.98$								T_D-16

任务落实

比较上述各种计算方法。

项目七　质量管理

质量是生产与运作管理的基本问题之一，也是企业竞争力的主要来源之一。尤其是在当今时代，顾客有时宁愿花更多的钱，得到更好的产品和服务。同时，企业也已经认识到，产品的质量保证是打开国内外市场的通行证。因此，质量管理对于企业有更重要的意义。本项目首先描述质量与质量管理的基本概念，并详细讨论质量成本问题；接下来介绍质量管理的主要方法，包括统计控制方法和全面质量管理方法；最后介绍 ISO 9000 质量管理与质量保证标准以及 6δ，并讨论 ISO 9000、6δ 与全面质量管理的关系。

任务一　质量和质量管理

任务目标

能够产生重视质量的意识。

情境导入

"回锅油"问题多

调查人员特别关注街头煎炸食品用油，经一番明察暗访发现，绝大多数街头摊点煎炸食品用油存在许多问题，食后对人体健康造成不良影响。谈谈你对此事的看法。

知识广场

一、质量的含义

（一）质量的基本概念

什么是质量？世界著名的质量管理专家朱兰（Joseph M. Juran）从用户的使用角度出发，曾把质量概括为产品的"适用性"（Fitness for use）。美国的另一位质量管理专家克劳斯比，从生产者的角度出发，曾把质量概括为产品符合规定要求的程度。在国际标准化组织 1994 年颁布的 ISO 8402—94《质量管理和质量保证——术语》中，把质量定义为："反映实体满足明确和隐含需要的能力的特性总和。"这里的实体是指可以单独描述和研究的事物，可以是活动或过程、产品、组织、体系、人或它们的任何组合。这个定义非常广泛，可以说包括了产品的适用性和符合性的全部内涵。

还应说明的是：第一，质量定义中的"需要"，在合同环境或法规环境下，如在核安全性领域中，是明确规定的，而在其他环境中，隐含的需要则应加以识别和规定；第二，需要通常可转化成用指标表示的特性。因此，产品质量的好坏和高低是根据产品所具备的质量特性能否满足人们的需要及其满足的程度来衡量的。

（二）产品的质量特性

1. 有形产品的质量特性

一般有形产品的质量特性主要有以下几方面：

（1）性能。它是产品满足使用目的所具备的技术特性，如钟表的走时准确、电视机的图像清晰度等。

（2）寿命。它是产品在规定的使用条件下完成规定功能的工作总时间，如轮胎行驶磨损的里程数、电冰箱的使用年数等。

（3）可靠性。它是产品在规定的时间内，在规定的条件下，完成规定功能的能力，如电视机平均无故障工作时间、机床的精度稳定期限等。

（4）安全性。它是产品在制造、储存和使用过程中保证人身与环境免遭危害的程度，如各种家用电器在故障状态下不自燃起火。

（5）经济性。它是产品从设计、制造到整个产品使用寿命周期的成本，具体表现为用户购买产品的售价和使用成本，如电冰箱的耗电量、维护保养费用等。

2. 无形产品的质量特性

无形产品，即服务的质量特性一般包括功能性、经济性、安全性、时间性、舒适性和文明性等，它强调及时、圆满、准确与友好。显然，确定无形产品质量的好坏比确定有形产品质量的好坏要困难得多。原因如下：首先，在很多情况下，服务质量是一个比较模糊的、难以量化的概念，同一服务，不同的人对它会有不同的感知和评价；其次，对有形产品来说，用户一般只是对最终产品的好坏进行评价，而对于服务来说，顾客不但要对最终得到的服务内容进行评价，还要对服务的"生产"流程进行评价。例如，一名去餐馆就餐的顾客，不但要对饭菜的质量进行评价，而且对餐馆服务人员的服务态度、服务方式等也会比较敏感。

二、生产者与用户对质量的不同定义

质量作为一种竞争武器，包括高设计质量和恒定的质量两个方面。但实际上，生产者和用户对质量的定义是不同的，所以从什么角度看待质量，对进行质量管理有重要的决定性作用。因此，有必要考虑如何将生产者对质量的定义和用户对质量的认识统一起来，以便进行有效的质量管理。

（一）生产者对质量的定义

对于生产者来说，质量一般意味着"同技术要求的一致性"。例如，在制造业，公差被用来限定一个零件的尺寸。一个零件的质量好坏经常是看其尺寸同技术要求上规定的尺寸的接近程度。对于那些不符合标准尺寸的零件，不是进行重新加工就是当成废品处理掉。尽管这样会增加成本，但同时也使最终产品具有了恒定质量。另外，技术要求也可以限定产品设计水平。例如，一个光盘驱动器制造商宣布其产品的平均使用寿命为3万小时，以此来突出其较高的产品设计质量。实际上，恒定的质量和高设计质量均可以通过技术要求来表达，并且在制造流程的每道工序均予以检验。同样，对于服务业来说，服务质量水平的高低也可以通过一定的服务标准来衡量。例如，著名的麦当劳公司对其分布在全球各地的麦当劳快餐分店规定了统一的服务标准。统一的服务标准包括尽量使所有顾客均获得相同的满意度，所有分店的各种食品具有统一的质量、价格，所有分店的设备均要达到同样的卫生标准等多个方面。

（二）用户对质量的定义

用户经常将质量定义为"价值"。也就是说，他们所购买的产品或得到的服务是否达到了当初他们购买这种产品或服务时的目的。用户对质量的另一种定义是"适用性"，或者说，用户购买的产品和服务的功能。这些定义都是类似的，它们都包含了用户对产品或服务的期望。用户对"价值"或"适用性"的评价因素有很多，而且对于制造业和服务业来说，这些因素又有所不同，如表7-1所示。

表7-1 用户对质量的评价因素

质量 评价因素　　　　行业	服务业	制造业
硬件	饭店中餐桌的样式、外观等 牙医所用的医疗设备的新旧程度等	产品的外观
产品安装和使用的难易程度等	产品或服务支持	银行业务中的数据记录差错率
对应直接或间接承担的责任的态度等	付款手续的准确性以及改正错误的难易程度	广告的可信度等
心理影响	旅馆中服务员的服务态度 对商店的顾客投诉办公室中的工作人员热情与否等	产品销售人员对所售产品的了解程度、品牌的信誉等

可以进一步分析表7-1中列举的用户对质量的评价因素。

硬件：在服务业中，硬件的质量与服务提供地点的美学内涵以及所使用的服务设备的情况有关；在制造业中，硬件质量则是指外观、样式、平均寿命、可靠性、加工技艺以及售后服务等产品特性。所以用户对厂商的产品生产能力以及产品设计水平等都要予以评价和考虑。

产品或服务支持：公司提供的产品或服务支持的完善程度往往与产品或服务本身的质量一样重要。用户对于公司的财务记录不准确、保修延误或广告欺骗等相当反感。好的产品支持可以部分地弥补硬件质量的某些不足。例如，一个用户买了一台冰箱，一个星期后发现制冷系统坏了。通常情况下用户会对冰箱生产厂商相当不满，如果冰箱厂商在收到用户的电话后立即派人到用户家中免费维修或给用户换一台新冰箱，则用户的怨气会得到相当程度的缓解。

心理影响：人们心理上对质量的感觉也是十分重要的。在服务业中，当顾客和服务人员的直接接触机会比较多时，服务人员的外貌和动作是相当重要的。如果服务人员穿戴整洁，彬彬有礼，友善、热情，顾客会认为服务质量比较好。而假如一个饭店服务人员服装不整洁，无礼貌或缺乏耐心，他的这种表现足以使饭店在其他许多方面所做的提高服务质量的努力付诸东流。见到这种服务人员的顾客会在很长一段时间内对这个饭店的服务有反感心理。在制造业中，用户同产品销售人员的接触或者用户对产品宣传的接受程度通常会影响用户对产品质量的看法。销售人员关于所售产品的了解程度，销售人员的个性、品质以及广告中所展现的产品形象，在很大程度上会在心理上影响用户对产品质量的定位。

另外，用户对质量的评价因素往往会随着时间的推移而发生变化，这给企业的生产与运作管理不断带来新的挑战。以美国的汽车业为例，20 世纪 70 年代初，美国国内汽车用户对汽车的关注已从汽车马力转移到汽车造型；到了 70 年代中期，又转移到耗油量；而到了 80 年代初，汽车用户更看重的是汽车的设计风格和行驶情况。随着经济情况的变化，用户的生活方式和价值观也在相应变化，这些都使他们对汽车产品有了新的要求，现在，他们更倾向于购买耐久、安全的产品，即使价格较高也不介意。由于没有及时认识到用户这种心理上的变化并迅速做出反应，20 世纪 80 年代，美国汽车公司丧失了在美国国内汽车市场保持或增加其市场份额的大量机会，从而使许多外国公司夺得了更多的市场份额。总体上讲，商业经营成功与否在很大程度上取决于企业能否准确地把握用户对产品的期望，以及能否消除或基本消除用户与产品生产厂商之间在质量观念上的差别。

三、服务质量的特殊性

服务质量的特殊性主要来自服务本身所具有的特点。表 7-1 从用户的角度对制造业和服务业不同环境下质量的评价因素进行了分析，这里，进一步从服务的特点来分析服务质量管理的特殊性。

首先，服务的无形性使得它不像有形产品那样容易精确地用数量来描述和定义，从而导致服务质量难以用精确的数量来描述和定义。对于制造业来说，产品的质量可以用产品符合规定要求的程度来定义，这种要求通常是企业的内部标准，可以用精确的数值来表示。例如，一台空调，其质量可以用制冷能力、耗电量、噪音水平等精确的数值指标来衡量。而对于服务来说，服务质量往往取决于顾客的评价而不是企业的内部标准，服务场所的气氛、服务人员的态度、环境条件等都会给服务质量带来影响。因此，服务质量的好坏取决于顾客所期待的服务与实际所感受到的服务的一致性。

其次，对于制造业企业来说，产品的生产与使用是在两个不同的时间段、不同的地点发生的，生产系统与顾客相隔离，因此产品质量可以在"出厂前把关"，检验合格的产品才允许出厂；一旦不合格的产品出厂、被顾客发现了，也可以采用"三包"（包退、包换、包修）的方法来挽回产品质量给顾客和企业带来的损失。而许多服务只能在顾客到达的同时才开始"生产"，生产的同时顾客也就消费掉了。一项服务的不可触性越强，生产和消费越容易同时发生。服务的这种特性使得服务质量不可能预先"把关",使得服务中所发生的质量问题难以"返修",因此要求企业在服务过程中必须"第一次就把事情做好",这些都使得服务质量的控制管理方法与制造业不同。

再次,服务的不同性质导致服务质量的评价方法也有很大不同。对于服务质量来说,只有一部分可由服务提供者来评定,其余的只能通过顾客的体验、感受来评价;好的产品大家会众口一词地称赞,而对于服务来说,同一服务,不同的顾客会有不同的评价;顾客对产品质量的评价可通过"试用"等方式来确定,而顾客对服务质量的评价不完全取决于一次体验,往往需要很长一段时间,甚至是在接受竞争对手的服务之后。

最后,对于制造业企业来说,由于产品的生产过程与顾客是隔离的,因此顾客只对出厂后的最终产品的好坏进行比较和评价;而在很多服务过程中,顾客自始至终是参与其中的,顾客不仅对得到的最终服务进行评价,而且对服务的"生产"过程进行评价,甚至在排队等待的过程中,还对他所观察到的对别人的服务进行评价。所有这些评价的综合,才构成一个顾客对服务企业质量的总体评价。此外,由于顾客个人的偏好差异很大,使得服务质量的标准难以设定,也给服务质量监管人员采集质量数据、采取有效的质量控制措施带来了一定困难。

四、质量管理的发展过程

质量管理是一门科学,它是随着整个社会生产的发展而发展的,同时,它与科学技术的进步、管理科学的发展也密切相关。考察质量管理的发展过程,有助于我们有效地利用各种质量管理的思想和方法。目前,一般把质量管理的发展过程分为以下 3 个阶段:

(一)质量检验阶段

也称为传统质量管理阶段,其主要特征是按照规定的技术要求,对已完成的产品进行质量检验。从大工业生产方式出现直至 20 世纪 40 年代,基本上属于这一阶段。在这一阶段,质量管理的中心内容是通过事后把关性质的质量检查,对已生产出来的产品进行筛选,把不合格品和合格品分开。这对于保证不使不合格品流入下一工序或出厂送到用户手中,是必要的和有效的,至今在工厂中仍不可缺少,但它缺乏对检验费用和质量保证问题的研究,对预防废品的出现等管理方面的作用较薄弱。这是质量管理发展中的初始阶段。

(二)统计质量控制(SQC)阶段

由于上述的把合格品和不合格品分开的事后把关检查是基于废品已经出现,而废品既已出现,即使被检查出来也已经造成了损失,因此它不是一种积极的方式。积极的方式应该是把废品消灭在发生之前,防止出现废品而带来损失。随着生产规模的迅速扩大和生产效率的不断提高,每分钟都可能产生大量废品,其带来的经济损失将大得难以忍受。这样,统计质量控制的方法(Statistical Quality Control,SQC)产生了。它应用数理统计的方法,对生产过程进行控制。也就是说,它不是等一个工序整批工件加工完了,才去进行事后检查，而是在生产过程中，定期地进行抽查，并把抽查结果当成一个反馈的信号，通过控制图发现或检定生产过程是否出现了不正常情况，以便及时发现和消除不正常的原因，防止废品的产生。

数理统计方法在质量管理中应用的另一方面，是验收抽样检查。在第二次世界大战期间，军工产品的生产任务重、时间紧，很多产品又不能实行全检，因为检查带有破坏性，所以必须进行抽样检查。此外，有的产品的检验工作量很大、检验费用很高，进行全数检验有时是很不经济的，或者时间上是不允许的。所以，基于数理统计理论的抽样检查方法得到了迅速的推广应用。

统计质量控制是质量管理发展过程中的一个重要阶段，它是在 20 世纪 40 年代到 60 年代初得到发展和推广应用的。它的主要特点是，从质量管理的指导思想上看，由事后把关变为事前预防；从质量管理的方法上看，广泛深入地应用了统计的思考方法和统计的检查方法。

（三）全面质量管理（TQM）阶段

最早提出全面质量管理（Total Quality Management，TQM）概念的，是美国的费根鲍姆（Armand V. Feigenbaum），但是由日本人首先将这一概念真正用于企业管理之中。费根鲍姆提出："全面质量管理是为了能够在最经济的水平上，并考虑到充分满足顾客要求的条件下进行生产和提供服务，并把企业各部门研制质量、维持质量和提高质量的活动构成一体的一种有效体系。"

全面质量管理的出现，始于 20 世纪 50 年代末 60 年代初。这不是偶然的，而是现代科学技术和现代工业发展的必然产物。进入 20 世纪后半期以后，随着科学技术的迅速发展和市场竞争的日趋激烈，新技术、新工艺、新设备、新材料大量涌现，工业产品的技术水平迅速提高，产品更新换代的速度大大加快，新产品层出不穷。特别是对于许多综合多种门类技术成果的大型、精密、复杂的现代工业产品来说，影响质量的因素已不是几十、几百个，而是成千上万个。对一个细节的忽略，也会造成全局的失误。这种情况必然对质量管理提出新的更高的要求，那种单纯依靠事后把关或主要依靠生产过程控制的质量管理，显然已不能适应工业发展的需要。因此，全面质量管理作为现代企业管理的一个重要组成部分，也就应运而生，并且迅速得到推广。

总的来说，以上质量管理发展的三个阶段的质的区别是，质量检验阶段靠的是事后把关，是一种防守型的质量管理；统计质量控制阶段主要靠在生产过程中实施控制，把可能发生的问题消灭在生产过程之中，是一种预防型的质量管理；而全面质量管理，则保留了前两者的长处，对整个系统采取措施提高质量，可以说是一种进攻型或者是全攻全守型的质量管理。

任务落实

有一种说法，想要降低质量缺陷带来的成本，就必须增加用于预防和鉴定的成本。请谈谈你的看法。

任务二 质量成本

任务目标

能够深刻理解产品质量问题带来的成本。

情境导入

质量问题引发的悲剧

福特公司 1968—1980 年制造的汽车的传动部件中，有些由于有质量问题，停止行驶却未熄火的汽车往往会自动向后倒车。福特公司为这一问题所导致的 1 000 多起伤亡事故付出了 5 亿多美元的法庭诉讼费用和赔偿金。

知识广场

质量和成本是企业可选择的不同竞争重点，但实际上，这二者是密切相关的。朱兰和美国另一位著名的质量管理专家戴明（W. Edwards Deming）早就提出，低质量会给公司带来更多的成本，但这一点一直未受到人们的重视。随着人们对质量问题重视程度的增加，现在人们逐渐认识到了低质量往往意味着高成本。为此，我们专门分析质量成本问题。

一、质量成本的定义与构成

质量成本是企业为确保达到满意的质量而导致的费用以及没有获得满意的质量而导致的损失。质量成本的构成如图 7-1 所示。

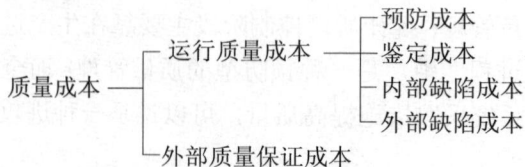

```
                              ┌─ 预防成本
              ┌─ 运行质量成本 ─┤─ 鉴定成本
质量成本 ─────┤               ├─ 内部缺陷成本
              │               └─ 外部缺陷成本
              └─ 外部质量保证成本
```

图 7-1　质量成本的构成

其中，预防成本是指为预防质量缺陷的发生所支付的费用；鉴定成本是指为评定产品是否具有规定的质量而进行试验、检验和检查所支付的费用；内部缺陷成本是指交货前因产品未能满足规定的质量要求所造成的损失（全过程中）；外部缺陷成本是指交货后因产品未能满足规定的质量要求所造成的损失；外部质量保证成本是指为满足合同规定的质量保证要求提供客观证据、演示和证明所发生的费用。

二、质量成本的一般分析

质量成本主要是由四种运行成本构成的，现在对这四种成本进行一些分析。

（一）预防成本

当产品质量或服务质量及其可靠性提高时，预防成本通常是增加的。因为提高产品或服务质量通常需要更多的时间、努力和资金等的投入，这包括流程设计费用、产品设计费用、人员培训费用等。

（二）鉴定成本

当产品或服务的质量及其可靠性提高时，鉴定成本通常会降低。质量鉴定可以帮助管理人员发现质量问题的所在，从而可以立即采取措施解决存在的问题，保证质量能够持续得到改善，从而减少质量问题带来的成本。例如，在日本企业中，每名员工都不放过任何一个已发现的质量问题，绝对不让有质量问题的加工零件进入生产线的下一工位。这种做法有利于企业迅速发现质量问题，并找到引起质量问题的根源，这是一种降低质量管理中鉴定成本的有效方法。

（三）内部缺陷成本

当产品或服务的质量及其可靠性提高时，内部缺陷成本会降低。有很多预防措施可以用来减少不合格品的产生，从而降低材料报废、再加工、延期交货、设备故障、库存积压等带来的成本。

（四）外部缺陷成本

同内部缺陷成本一样，当产品或服务的质量及其可靠性提高时，外部缺陷成本会降低。质量及可靠性的提高不仅会减少售后保修费用，保持市场份额，而且会避免由于产品或服务质量低劣而导致的人身损害、环境污染等重大事故的发生。

从以上分析可以看出，在预防措施上进行一定投入使质量得到提高，对于一个组织来说是很有益的。当然，这也取决于管理的注意力是否集中在质量和可靠性上。例如，如果公司希望通过更好的产品设计和流程设计来提高质量水平，而不是通过解决原有产品设计和流程设计中的质量问题来提高质量，则生产管理人员要做的主要工作是在产品的质量、反应时间和灵活性等竞争因素上下工夫，以期在市场竞争中取得优势。在这种情况下，有关质量的其他成本的减少并不能弥补预防成本的增加。所以，管理人员通常不得不提高产品或服务的价格，从而采取以质量取胜而不是以价格取胜的生产运作战略。奔驰车比福特车贵，四星级宾馆的住宿费比普通旅馆的住宿费高就是这个道理。

一般说来，如果管理人员提高了质量可靠性水平，则由此增加的预防成本就会较高。但是与此同时，由于质量提高而使各种浪费减少所带来的收益也是巨大的，下面对内部缺陷成本和外部缺陷成本的详细分析说明了这一点。这也是众多公司投入大量人力、物力、财力来提高产品质量或服务质量的原因所在。

三、内部缺陷成本

内部缺陷成本是在生产不合格产品或服务的过程中产生的。它主要包括两个方面：生产损失和再加工成本。一件产品或一次服务由于质量太差，不能满足标准要求而不得不予以弃除时，会给企业带来一定的损失，这种损失就称为生产损失。当一件产品或一次服务由于质量问题而不得不通过对其进行重新加工或改善来弥补时，所带来的成本就称为再加工成本。在服务业，再加工成本还指顾客对服务不满意时，公司需要再次免费或优惠服务而增加的成本。

（一）生产损失

很多人看到生产损失这个术语时，首先想到的往往是材料损失，实际上这仅仅是全部生产损失中的一部分，但不妨从这里开始对生产损失进行讨论。假定一个企业的管理人员需要确定最终生产 m 件合格产品所需投入的原材料数。使用的符号如下：

d_i：加工件在第 i 个工序的平均加工损坏比例；

n：产品所需经过的工序数目；

m：最终合格产品需求量；

x：生产开始时需要投入的原材料数（决策变量）。

每一工序的合格产出是下道工序的投入。例如，第 1 道工序的合格产出单位是 $x(1-d_1)$，这就是第 2 道工序的投入，其余的 xd_i 单位的加工件由于第 1 道工序的加 T 问题已经成为废品。同理，经过第 2 道工序后的合格率为 $X(1-d_1)(1-d_2)$。依此类推，则我们有：

$$X(1-d_1)(1-d_2)\cdots(1-d_n)=m$$

也就是，所需投入的原材料数 x 为

$$x=\frac{m}{(1-d_1)(1-d_2)\cdots(1-d_n)}$$

显然 x 比 m 大。每个工序的平均加工损坏比例越大，说明工厂加工质量越低，需要最初投入的原材料单位数 x，比需求量 m 越大。

【例 7-1】某种产品的生产流程由四道工序组成,每个工序的平均加工损坏比例见表 7-2。

表 7-2　四工序生产流程加工损坏比例表

工序号	平均加工损坏比例 d_i
1	0.01
2	0.04
3	0.02
4	0.06

加工流程示意图见图7-2。

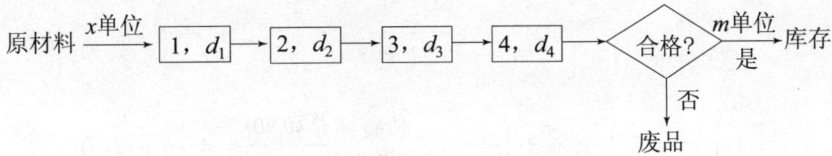

原材料 $\xrightarrow{x\text{单位}}$ 1, d_1 → 2, d_2 → 3, d_3 → 4, d_4 → 合格? $\xrightarrow[\text{是}]{m\text{单位}}$ 库存

否 → 废品

图 7-2 四工序加工流程示意图

如果要求 $m=100$ 个/天，即希望每天得到 100 个合格成品，则每天需要投入多少单位的原材料？

解：将上述加工损坏比例的数值代入计算公式，得

$$x（1-0.01）（1-0.04）（1-0.02）（1-0.06）=100$$

解得：$x=114$（个）

即每天需要投入的原材料单位数是 114 个。

从上例可以看出，最初投入的原材料单位数目比最终合格产品数目多 14 个，即由于质量问题而增加的原材料成本比例为 14%。除此之外，还包括其他潜在成本。例如，假定只在最后一道加工工序之后设立一道质量检验工序（如图 7-2 所示），这实际上是很多企业的实际做法。这种做法存在潜在成本。首先，由于生产损失而不得不多付出 14% 的劳动力成本和设备成本。其次，由于设备运转时间的增加又会使设备发生故障的概率上升，从而导致停工次数和停工时间增多。再次，由于需要多投入 14% 的原材料，平均加工时间也会增加，这意味着不能按时交货的可能性增大，从而导致用户的不满，进而影响公司未来的销售额。最后，无论是在各工序之间进行质量检验还是在最后一道工序进行检验，我们都是基于检验员可以百分之百地将不合格零件或产品检验出来这一假设。但实际上，再好的检验员也会有失误，所以由于检验员失误而带来的一系列问题也会给企业造成损失。

（二）再加工成本

有些时候，可以对一些不合格产品进行再加工以弥补其缺陷，使之成为合格产品。假定产品的批量固定，一旦发现有缺陷，则其中的每个产品都要被再加工。确定平均每天需要再加工的产品数量时，可以使用以下符号：

P_j：第 j 批产品有缺陷，需要再加工的概率；

L_j：产品 j 的批量大小；

N_j：每天所需的合格产品 j 的批量数目；

Q_j：每天需要再加工的产品 j 的平均数量。

考虑如图 7-3 所示的生产流程。假定容易产生质量缺陷的是工序 3，其后紧接着检查工序。当某批产品第一次经过工序 3 的加工后，由于不合格而返回的概率是 P_j。当它经过第二次加工后，仍有可能再次返回，再次返回的概率是 P_j^2。从理论上来说，这批产品有可能一次又一次地返回，在该工序的平均加工次数是（$1+P_j+P_j^2+P_j^3+\cdots$）$=1/$（$1-P_j$）。这

样每批产品的平均加工数量是 $L_j[1/(1-P_j)]$。因此，有下式：

$$Q_j = \frac{L_j N_i}{1-P_j}$$

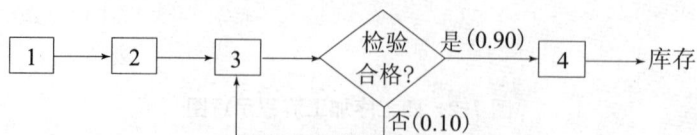

图7-3 四工序流程中的检验和再加工示意图

为了更好地理解再加工成本，让我们再来看一个应用事例。

【例7-2】让我们再来看上例中的四工序流程。假设这次没有废品产生，所有质量问题均可以通过再加工解决。设产品生产批量是10，有可能整批产品都需要再加工。每天下班前对合格产品的需求数目仍是100。在工序3结束后将对产品进行检验。假设经过工序3，一批产品出现质量问题的概率是10%。在这种情况下，这批产品必须全部退回予以再加工，如图7-3所示。请问由工序3导致的每天必须进行再加工的不合格产品数量是多少？

解：四工序流程中的再加工情况见表7-3。

表7-3 四工序生产流程再加工示意表

工 序	每批产品需要再加工的概率	需返回工序	每批的平均数量	每天需要加工的产品平均数
1	0		10	100
2	0		10	100
3	0		11.1*	111**
检验	0.10	3	11.1	111
4	0		10	100

* 工序3（和检验）对每批产品需要加工（和检验）的平均数量是 $10 \times [1.0+0.1+(0, 1)^2+\cdots] \approx 11.1$；

** 由于每天需要的产品批量数是10，所以工序3（和检验）每天需加工（和检验）的产品平均数目是 $11.1 \times 10 = 111$。

从上表可以看出产品的再加工情况。每天生产10批产品，平均大约有1批产品需要进行再加工。这就意味着工序3和检验部门每天至少要生产或检验110单位产品。同时，这批必须予以再加工的产品又有10%的概率被进行再一次再加工，如果每次再加工之间是独立的，则每批产品有1%（=10%×10%）的可能性被两次再加工。依此类推，可以得到工序3和检验部门对每批产品的工作量是 $10[1.0+0.1+(0.1)^2+\cdots]=10/(1-0.1) \approx 11.1$ 单位。所以工序3和检验部门每日工作量将会是 $10 \times 11.1 = 111$（单位）。

现在让我们讨论一下与再加工有关的各种成本。首先，再加工显然会带来更高的劳动力成本、更多的设备损耗并消耗更多的检验时间。在上例中，需要在正常成本之上再加11%的这种成本。其次，再加工通常也会增加作业交换时间，即使一批产品中只有一部分需要再加工。再次，由于需要再加工的产品在各工序间的流动时间增加，所以在制品库存量会增加，这就意味着库存成本的增加。另外，由于需要再加工，每批产品的平均加工时间会有所增加。更严重的是，平均加工时间的增加有可能使公司无法及时满足用户需求，出现延迟交货或提前期增加等现象，使公司的市场竞争力下降。

再加工问题不仅仅局限于制造业企业。例如，一些汽车商的售后服务部门经常需要对售出汽车付出相当大的保修成本。汽车商售后服务的再加工成本不仅包括增加的劳动力成本、材料成本、维修设备损耗，而且包括再加工（维修）对用户心理上的负面影响。对于服务上门的企业来说，再加工成本还包括维修人员的往返费用等。如果用户处于偏远地区，则这种费用可能在再加工成本中占相当大的比例。

四、外部缺陷成本

企业生产的产品或提供的服务在到达用户手中后才发现有质量问题，就会导致外部缺陷成本的增加。将它与内部缺陷成本区分开是因为，当企业为那些逃脱了检验员或监督员眼睛的不合格产品或服务采取弥补措施时，才会导致外部缺陷成本。一个用户发现了一件不合格产品或一次不合格的服务可能会给企业带来诸多影响。最明显的影响是企业可能会由此而丢失一部分市场份额，因为不利于企业的信息可能会从这个用户口中传播开来。这个不满的用户会将企业的产品或服务有质量问题的信息告诉自己的朋友，而这些朋友可能又会告诉其他更多的人。最后如果情况严重的话，媒体上会有不利于企业的报道出现。这对企业今后的影响是无法估计的。但有一点是可以肯定的，那就是企业的市场份额、企业形象、企业利润等均会受到或多或少的冲击。这样，问题的结果将不仅仅是产生外部缺陷成本，还有可能带来保证成本和诉讼成本。

（一）保证成本

所谓保证，往往是企业以书面形式（保修单等）保证所提供产品或服务的质量，当产品或服务的质量出现问题时，顾客有权依据保证书上的条款要求企业退换或者维修有质量问题的产品，或者要求补偿性服务，以保护顾客的正当权益。通常情况下，保修单均有时间期限。例如，有的汽车厂家的保修期限是 3 年或是汽车行驶路程少于 50 000km 等。

当产品到达用户手中后，才发现产品质量有问题并试图解决所发现的质量问题时，往往要付出更大的成本代价。图 7-4 给出了在不同时期发现并解决产品质量问题的成本曲线。质量问题发现得越早，相应成本就越低。如果产品已经到达用户手中才发现有质量问题，此时的维修成本可能会直线上升。试想 IBM 的大型计算机在新加坡出了故障，需要从美国本土派人去维修所发生的成本该有多高。

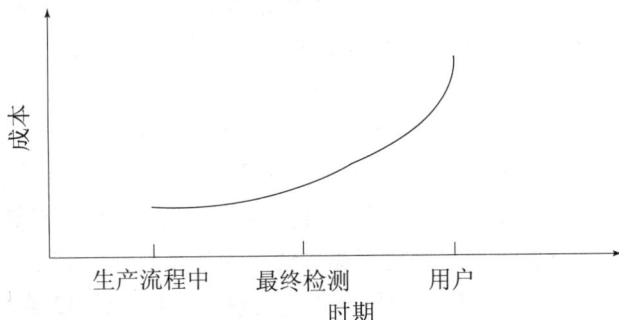

图 7-4　不同时期解决质量问题的成本曲线

（二）诉讼成本

更为严重的是，有质量问题的产品有可能会使用户人身安全受到伤害。这些质量问题往往是由产品设计不合理或产品加工质量太差造成的。只要是因为产品质量问题而使用户人身受到伤害，企业往往必须对受害人及受害人家属做出赔偿，而且赔偿金额一般都很高。

另外，公司经常要为此付出高额的诉讼费用。

质量问题引起用户人身伤害不仅会使企业付出大笔赔偿金，更严重的是企业的信誉会一落千丈。新闻媒介会对企业的质量问题以及由此引起的人身安全事故进行报道，这给企业带来的负面效应是不言而喻的。企业如果不能及时采取相当有效的补救措施，则将会被市场淘汰。

任务落实

请调查学校餐厅的质量成本。

任务三　质量管理方法

任务目标

能够进行质量管理的监督。

情境导入

巨大的咖啡成本

1992 年 2 月，莉柏克搭乘外孙驾驶的轿车，途经当地一家麦当劳快餐店，通过"驾车销售窗口"买了一杯咖啡。驶离餐馆后，莉柏克需要往咖啡里添加奶粉和白糖，便把杯子停放在双膝之间，左手拿着奶粉袋和糖袋，右手试图打开杯盖，没料想一个意外闪失，整杯滚烫的咖啡泼洒在两腿之间，致使身上多处严重烫伤，其中"三度烫伤"面积占全身皮肤 6%。莉柏克住了 8 天医院，总算脱离了生命危险，出院后卧床不起，直到 2 个多月后，伤口才逐渐痊愈，后来又做过多次植皮手术，在长达两年的时间中难以自如行走。初步了解案情后，律师判定，老太太的伤情令人震惊，麦当劳难逃法律责任。于是，莉柏克以咖啡质量缺陷、危及人身安全、酿成责任事故为由，一张状纸把麦当劳告到了联邦地区法院。陪审团一致判决，麦当劳出售的咖啡温度过高，在产品安全问题上，侵犯了原告的人身安全，造成了重大伤害事故和经济损失，因此，必须承担咖啡质量低劣的法律责任，偿付原告 20 万美元的"补偿性赔偿"（Compensatory Damages）。考虑到原告不慎失手，亦应对事故承担 20% 的责任，麦当劳公司的实际责任减为 80%，赔偿总数相应地由 20 万减为 16 万美元。在 16 万美元的"补偿性赔偿"中，其中 14 万美元可视为对原告的精神伤害补偿。除了"补偿性赔偿"之外，被告应偿付原告 270 万美元的"惩罚性赔偿"。这样，一杯售价 49 美分的咖啡，终于造成了麦当劳公司 286 万美元的巨额责任赔偿。

知识广场

一、质量管理的两大类方法

质量管理的方法可以分为两大类：一类是以数理统计方法为基础的质量控制方法；另一类是建立在全面质量管理思想之上的组织性的质量管理方法。

（一）统计质量控制方法

统计质量控制方法以 1924 年美国的休哈特（W. A. Shewhart）提出的控制图为起点，近一个世纪以来有了很大发展，现在包括很多种方法。这些方法可大致分为以下 3 类。

1. 常用的统计管理方法。此方法又称为初级统计管理方法。它主要包括控制图、因果图、相关图、排列图、直方图等所谓的"QC 七种工具"。运用这些工具，可以从经常变化的生产或业务过程中，系统地收集与产品质量有关的各种数据，并用统计方法对数据进行整理、加工和分析，进而画出各种图表，计算某些数据指标，从中找出质量变化的规律，实现对质量的控制。日本著名的质量管理专家石川馨曾说过，企业内 95% 的质量管理问题可通过企业上上下下全体人员活用这七种工具而得到解决。从全面质量管理的推行，到 ISO 9000 质量标准体系的建立和实施，直至 6δ 质量管理方法，都离不开对这些工具的使用。

2. 中级统计管理方法。此方法包括抽样调查方法、抽样检验方法、官能检查方法、实验计划法等。这些方法不一定要企业全体人员都掌握，主要是有关技术人员和质量管理部门的人使用。

3. 高级统计管理方法。此方法包括高级实验计划法、多变量解析法。这些方法主要用于复杂的工程解析和质量解析，而且要借助计算机手段，通常只是专业人员使用这些方法。

统计管理方法是进行质量控制的有效工具，但在应用中必须注意以下几个问题，否则得不到应有的效果。这些问题主要是：①数据有误。数据有误可能是两种原因造成的，一是人为地使用有误数据，二是由于未真正掌握统计方法。②数据的采集方法不正确。如果抽样方法本身有误，则其后的分析方法再正确也是无用的。③数据的记录、抄写有误。④异常值的处理。通常生产过程取得的数据中总是含有一些异常值，它们会导致分析结果有误。

（二）组织性质量管理方法

组织性质量管理方法是指从组织结构、业务流程和人员工作方式的角度进行质量管理的方法，主要内容有制定质量方针、建立质量保证体系、开展 QC 小组活动、各部门质量责任的分担、进行质量诊断、开展质量改进活动等。以下介绍的 PDCA 循环可以说是一种典型的组织性质量管理方法。从更广的意义上来说，TQM、ISO 9000 质量保证体系以及近年来开始迅速推广的 6δ 质量管理方法可以说都是组织性质量管理方法。

二、常用的质量管理统计方法——"QC 七种工具"

常用的质量管理统计方法主要包括所谓的"QC 七种工具"，下面分别作以介绍。

（一）统计分析表

统计分析表是利用统计表对数据进行整理和初步分析原因的一种工具，其格式可多种多样，表7-4是其中的一种格式。这种方法虽然较简单，但实用有效。

表7-4　统计分析表

项目	统计	频数	排序
A	////	4	3
B	///// ///// //	12	1
C	//	2	4
D	///// //	7	2
合计		25	

（二）数据分层法

数据分层就是把性质相同的、在同一条件下收集的数据归纳在一起，以便进行比较分析。因为在实际生产中，影响质量变动的因素有很多，如果不把这些因素区别开来，难以得出变化的规律。数据分层可根据实际情况按多种方式进行。例如，按不同时间、不同班次进行分层，按使用设备的种类进行分层，按原材料的进料时间、原材料成分进行分层，按检查手段、使用条件进行分层，按不同缺陷项目进行分层，等等。数据分层法经常与上述的统计分析表结合使用。

（三）排列图

排列图又称为帕累托图，由此图的发明者意大利经济学家帕累托（Pareto）而得名。帕累托最早用排列图分析社会财富分布的状况，后来美国质量管理专家朱兰将其用于质量管理。排列图是分析和寻找影响质量主要因素的一种工具，其形式见图7-5。图中的左边纵坐标表示频数（如件数、金额等），右边纵坐标表示频率（以百分比表示），图中的折线表示累积频率。横坐标表示影响质量的各项因素，按影响程度的大小（即出现频数多少）从左向右排列。通过对排列图的观察分析，可抓住影响质量的主要因素。这种方法实际上不仅在质量管理中，在其他许多管理工作中，如在库存管理中，都是十分有用的。

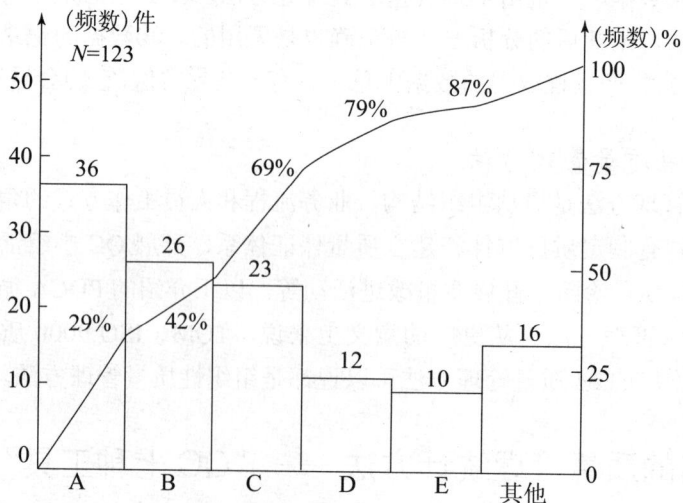

质量影响因素
图7-5　排列图

（四）因果分析图

因果分析图是以结果作为特性，以原因作为因素，在它们之间用箭头联系表示因果关系，图7-6是一个示例。因果分析图是一种充分发动员工动脑筋、查原因、集思广益的好办法，也特别适合工作小组中实行质量的民主管理。当出现了某种质量问题，但未搞清楚原因时，可针对问题发动大家寻找可能的原因，使每个人都畅所欲言，把所有可能的原因都列出来。如图7-6所示，这是一个铸造企业的流程中存在的某一问题的因果图。该企业铸出的某种产品表面有明显裂纹，其原因可能有四大类：浇铸温度、铸模、金属成分和铸模温度。每一类原因可能又是由若干个因素造成的。与每一因素有关的更深入的考虑因素还可以作为下一级分支。当所有可能的原因都找出来以后，就完成了第一步工作，下一步就是要从其中找出主要原因。

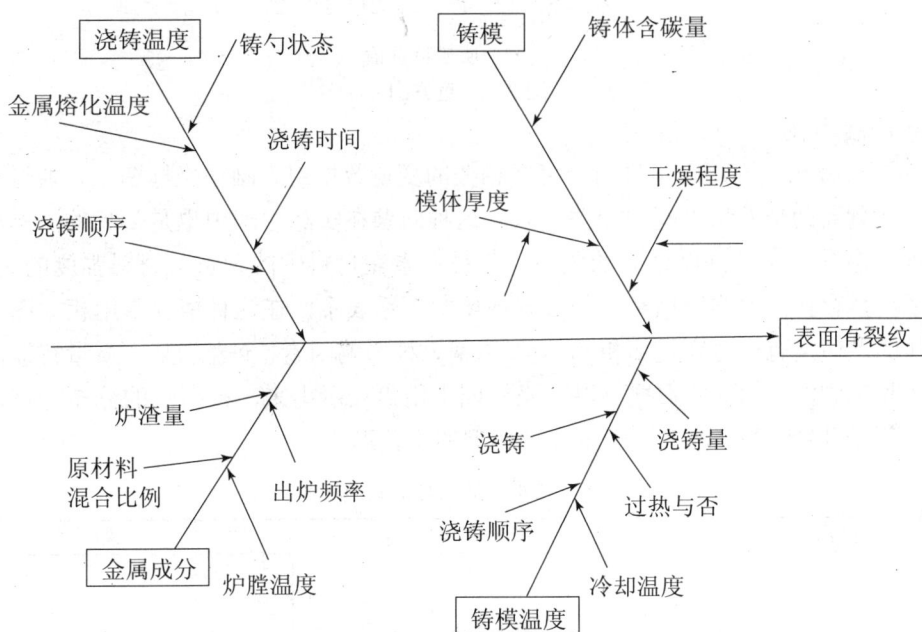

图 7-6　因果分析图

（五）直方图

直方图的形式如图7-7所示，它是表示数据变化情况的一种主要工具。用直方图可以比较直观地看出产品质量特性的分布状态，可以判断工序是否处于受控状态，还可以对总体进行推断，判断其总体质量分布情况。在制作直方图时，首先要对数据进行分组，因此如何合理分组是其中的关键问题。分组通常是按组距相等的原则进行的，两个关键数字是分组数和组距。如图7-7所示，分为9组，组距为3。

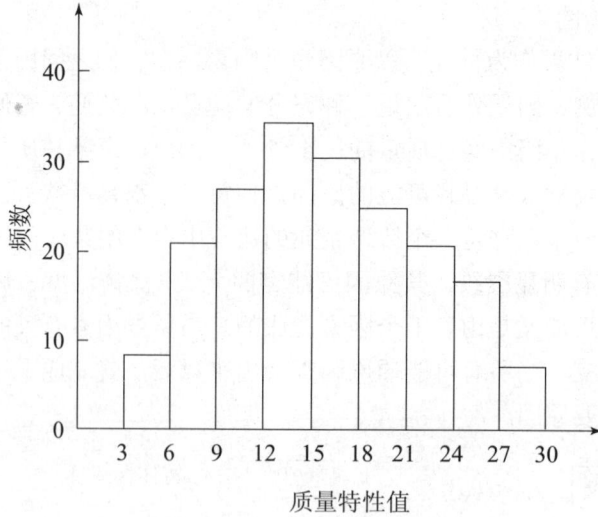

图 7-7　直方图

（六）散布图

散布图又称相关图，它是将两个可能相关的变量数据用点画在坐标图上，通过对其观察分析，来判断两个变量之间的相关关系。这种问题在实际生产中也是常见的，例如，热处理时淬火温度与 T 件硬度之间的关系，某种元素在材料中的含量与材料强度的关系等。这种关系虽然存在，但难以用精确的公式或函数关系表示，在这种情况下用相关图来分析是很方便的。假定有一对变量 x 和 y，x 表示某一种影响因素，y 表示某一质量特征值，通过实验或收集到的 x 和 y 的数据可以在坐标图上用点表示出来，根据点的分布特点，即可判断 x 和 y 的相关情况。表 7-5 表示六种典型的相关形式。

表 7-5　散布图的典型形式与说明

图形	x 与 y 的关系	说明
	强正相关 x 变化大时，y 也变化大	x、y 之间可以用直接表示。对此，一般控制住 x，y 也将得到相应的控制
	强负相关 x 变化大时，y 变化小；x 变化小时，y 变化大	
	弱正相关 x 变化大时，y 大致变大	除 x 因素影响 y 外，还要考虑其他因素（一般可进行分层处理，寻找 x 以外的因素）
	弱负相关 x 变化大时，y 大致变小	

图形	x 与 y 的关系	说明
	不相关 x 与 y 无任何关系	
	x 与 y 不是线性关系	

（七）控制图

控制图又称为管理图。如图 7-8 所示，它是一种有控制界限的图，用来区分引起质量波动的原因是偶然的还是系统的，可以提供系统原因存在的信息，从而判断生产过程是否处于受控状态。控制图按其用途可分为两类：一类是供分析用的控制图，用控制图分析生产过程中有关质量特性值的变化情况，看工序是否处于稳定受控状态；另一类是供管理用的控制图，主要用于发现生产过程是否出现了异常情况，以预防产生不合格品。

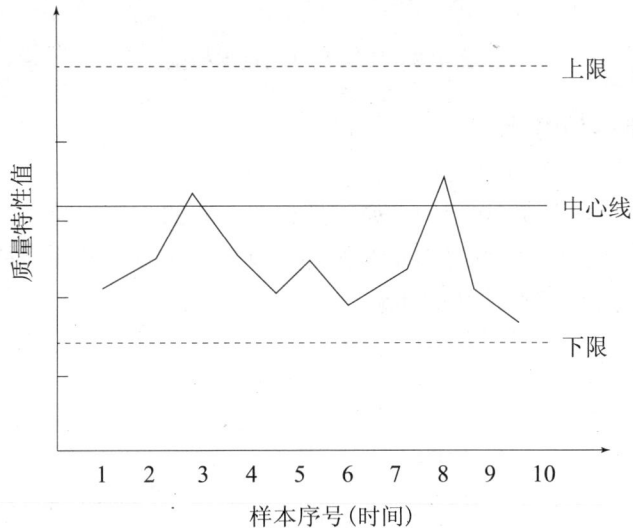

图 7-8　控制图

以上概要介绍了 7 种常用的质量管理统计方法，这些方法集中体现了质量管理的"以事实和数据为基础进行判断和管理"的特点。最后还需指出的是，这些方法看起来都比较简单，但能够在实际工作中正确、灵活地应用并不是一件简单的事情。

三、PDCA 循环

（一）PDCA 循环的概念

PDCA 循环的概念最早是由美国质量管理专家戴明提出来的，所以又称"戴明环"。

PDCA 四个英文字母及其在 PDCA 循环中所代表的含义是：P（Plan）——计划，确定方针和目标，确定活动计划；D（Do）——执行，实地去做，实现计划中的内容；C（Check）——检查，总结执行计划的结果，注意效果，找出问题；A（Action）——行动，对总结检查的结果进行处理，对成功的经验加以肯定并适当推广、标准化，对失败的教训加以总结，以免重蹈覆辙，未解决的问题放到下一个 PDCA 循环。

　　PDCA 循环实际上是有效进行任何项工作的合乎逻辑的工作程序。在质量管理中，PDCA 循环得到了广泛的应用，并取得了很好的效果，因此有人称 PDCA 循环是质量管理的基本方法。之所以将其称为 PDCA 循环，是因为这四个过程不是运行一次就完结，而是要周而复始地进行。一个循环完了，解决了一部分问题，可能还有其他问题尚未解决，或者又出现了新的问题，再进行下一次循环，其基本模型如图 7-9 所示。

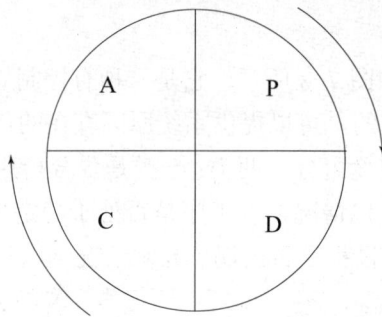

图 7-9　PDCA 循环的基本模型

（二）PDCA 循环的特点

PDCA 循环有以下 3 个特点：

1. 大环带小环。如图 7-10 所示，如果把整个企业的工作作为一个大的 PDCA 循环，那么各个部门、小组还有各自小的 PDCA 循环，就像一个行星轮系一样，大环带动小环，一级带一级，有机地构成一个运转的体系。

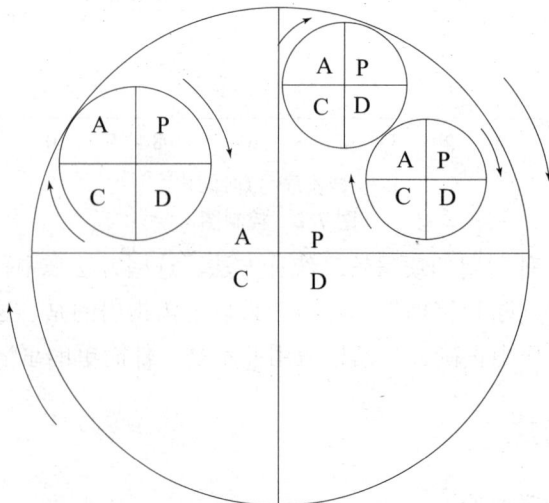

图 7-10　PDCA 循环的特点之一：大环带小环

2. 阶梯式上升。PDCA 循环不是在同一水平上循环,而是每循环一次,就解决一部分问题,取得一部分成果,工作就前进一步,水平就提高一步。到了下一次循环,又有了新的目标和内容,更上一层楼。图 7-11 表示这个阶梯式上升的过程。

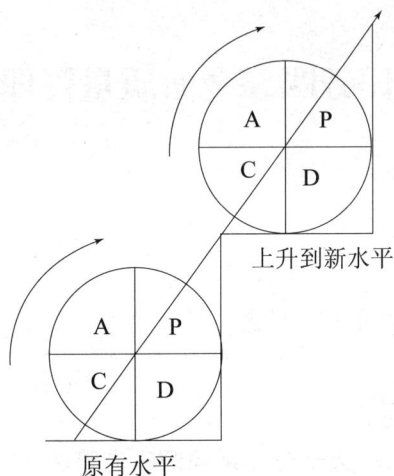

图 7-11 PDCA 循环特点之二:阶梯式上升

3. 科学管理方法的综合应用。PDCA 循环应用以"QC 七种工具"为主的统计处理方法以及工业工程(IE)中工作研究的方法,作为进行工作和发现、解决问题的工具。PDCA 循环的四个阶段又可细分为八个步骤,每个步骤的具体内容和所用的方法如表 7-6 所示。

表 7-6 PDCA 循环的步骤和方法

阶段	步 骤	主要方法
P	1. 分析现状,找出问题	排列图,直方图,控制图
	2. 分析各种影响因素或原因	因果图
	3. 找出主要影响因素	排列图,相关图
	4. 针对主要原因,制订措施计划	回答"5W1H" 为什么制定该措施(Why)? 达到什么目标(What)? 在何处执行(Where)? 由谁负责完成(Who)? 什么时间完成(When)? 如何完成(How)?
D	5. 执行、实施计划	
C	6. 检查计划执行结果	排列图,直方图,控制图
A	7. 总结成功经验,制定相应标准	制定或修改工作规程、检查规程及其他有关规章制度
	8. 把未解决或新出现问题转入下一个 PDCA 循环	

任务落实

请调查学校餐厅的质量成本。

任务四　全面质量管理

任务目标

能够从全面质量管理的角度考虑问题。

情境导入

大部分质量问题来自管理

美国著名质量管理专家戴明曾提出：在生产过程中，造成质量问题的原因只有10% ～ 15% 来自工人，而85% ～ 90% 是企业内部在管理系统上有问题。由此可见，质量不仅仅取决于加工这一环节，也不只是局限于加工产品的工人，而是涉及企业各个部门、各类人员。所以说，质量的保证要通过全面质量管理（TQM）来实现。

知识广场

一、全面质量管理的基本思想

所谓全面质量管理，就是企业全体人员及各个部门同心协力，把经营管理、专业技术、数量统计方法和思想教育结合起来，建立产品的研究与开发、设计、生产（作业）、服务等全过程的质量体系，从而有效地利用人力、物力、财力、信息等资源，提供符合规定要求和用户期望的产品和服务。全面质量管理的基本思想可以用下面几句话概括。

全面的质量概念。质量不光是产品的技术性能，还包括服务质量和成本质量（价格要低廉）；质量由设计质量、制造质量、使用质量、维护质量等多种因素构成；质量是设计、制造出来的，而不是检验出来的。

全过程质量管理。其范围是产品质量产生、形成和实现的全过程，包括市场调查、研究、开发、设计、制造、检验、运输、储存、销售、安装、使用和维修等多个环节和整个过程的质量管理。

全员参与的质量管理。这是指调动企业所有人员的积极性和创造性，使每一个人都参加到质量管理工作中来。

全企业质量管理。企业各管理层次都有明确的质量管理活动内容，产品质量职能分散在企业各有关部门，形成一个有机体系。

运用一切现代管理技术和管理方法。

下面就其中的全过程质量管理、全员参与的质量管理和全企业质量管理再做一些详细的讨论。

二、全员参与的质量管理

产品质量是企业活动的各个环节、各个部门全部工作的综合反映。企业中任何一个环节、任何一个人的工作质量都会不同程度地、直接或间接地影响产品质量。因此必须把企业所有人员的积极性和创造性充分调动起来，不断提高人的素质，上自厂长，下至工人，人人关心质量问题，人人做好本职工作，才能生产出用户满意的产品。这就是全员参与质量管理的含义。

具体而言，全员参与质量管理可通过下面几种方法实现：

（一）QC 小组

QC 小组的概念是日本质量管理专家石川馨提出来的。QC 小组是由一些基层管理人员及一般员工组成的，能够发现、分析并最终解决生产和质量问题。石川馨之所以提出 QC 小组的概念是因为他发现，许多员工如果被允许参与改进他们所进行的工作，这些员工往往会表现出更大的兴趣和成就感。一般说来，QC 小组成员都是自愿加入这一小组，并且小组的讨论、研究一般都是在小组成员的业余时间内进行的。QC 小组的人数比较少，一般在 6 ～ 10 人的范围内，这样便于所有成员相互间进行自由交流。因此，一个公司内可能会有许多 QC 小组。例如，IBM 公司的某工厂有 800 个 QC 小组。建立 QC 小组的方式有多种，可以在一个班组内建立，也可以跨班组建立。同样，QC 小组的活动方式也可以多种多样，除了经常性的小组内的活动外，还可以组织车间、公司直至全国性的成果发表会、经验交流会、QC 小组代表大会等。

一个 QC 小组每年可能提出上百条质量改进意见。这些意见中有很多是很有价值的，也有一些可能是次要问题，有些甚至根本不可行。但是，公司管理人员对所有这些改进意见都应给予足够的重视。因为往往众多意见中的某一条可行建议，就可以使公司通过质量改进提高生产率或削减成本，从而获得巨大收益。

QC 小组起源于日本，对于提高日本企业的产品质量，从而提高日本企业的国际竞争力起了重要作用。因此，自 20 世纪 80 年代以来，其他国家的许多企业也开始尝试建立 QC 小组。在今天，QC 小组已经不仅是作为一种质量管理的方法，而且成为开发人力资源、调动广大员工积极性和创造性的一种重要途径。

（二）全员把关

TQM 要求每一个人都对产品质量负有责任，及时发现质量问题，并把问题解决于发源地。也就是说，生产线上的每名员工均有责任及时发现质量问题并寻找其根源，不让任何有质量缺陷的加工件进入下一工序。在很多日本企业，员工甚至有权力在发现质量问题时将生产线停下来。因为全面质量管理的观念之一是，质量的恒定比高产出量更重要。

也就是说，在 TQM 中，与强调通过检验员严把质量关相比，更强调全员把关，即每一个员工保证不让任何有质量缺陷的加工件进入下一工序。在对这种管理方式的优点进行讨论以前，让我们先来看一下表 7-7 所示的一个例子。假设每名工人能够百分之百地保证只有质量合格的加工件进入下一道工序，也就是说，工序 1 的工人加工完成后能够百分之百地找到不合格加工件（这里假设有 1 个不合格加工零件），并将其余的合格件（这里假设有 114-1=113 个合格件）送入工序 2；同理，工序 2 的工人在加工完成后只允许合格的 108 个加工件进入工序 3，而将 5 个不合格加工件拣出；依此类推，最后工序 4 的工人生产出的合格产品为 100 件。

表 7-7　一个四工序生产流程中的生产损失

工序	产品不合格率 /%	加工产品数	每道工序产生的不合格零件数	进入到下一工序的合格零件数
1	1	114	1	113
2	4	113	5	108
3	2	108	2	106
4	6	106	6	100
总计	—	—	14	—

说明：每道工序加工产品数量等于上道工序送来的合格零件数；每道工序增加的不合格零件数等于本工序加工零件数和产品不合格百分率的乘积，如工序 2 增加的不合格零件数为：$113 \times 4\% = 5$（个）。

与每道工序的工人对有质量问题的产品不予理睬，而仅仅依赖质量检验部门拣出不合格产品的情况相比，全员把关的方法会节约大量的劳动力成本和机器损耗成本。图 7-12 对这两者作了比较。

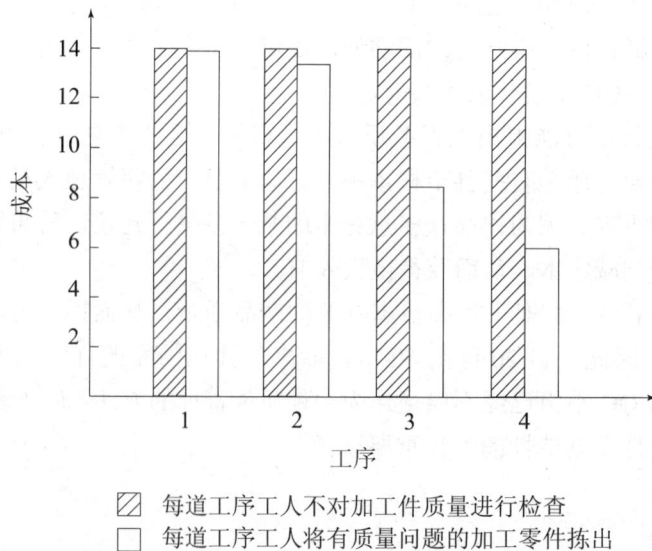

图 7-12　两种质量检验方法的成本比较

同样，这种管理方法可以缩短制造提前期。因为在工序 2，3，4 中节约了不必要的用于加工已经成为不合格零件的时间。同时，机器设备的损耗也会减少，这也减少了设备故障引起的停工次数，从而减少了设备维修成本以及停工给企业带来的损失。虽然原材料成本并未得到节省，但在制品库存量下降了。在初期工序就已是不合格的加工件直到最后一两道工序才被挑出来只会给企业带来损失而不会增加任何价值。这个道理是显而易见的。对于存在再加工问题的流程，也可以采用类似的管理方式。

显然，最理想的情况是只生产合格产品，这样能大量削减生产成本。但在很多情况下要想达到这种要求是不现实的．或不经济的。因此，全员把关的方法更具现实意义。无论各工序可能的质量问题有多少。这种方法都会使企业节约大量的成本。此外，这种方法还会减少检验员的数目，从而降低鉴定成本。

（三）质量教育

既然产品的质量决定于企业全体人员，要求全员参与质量管理，就必须不断地对全体人员进行质量教育，使他们在思想上重视质量，在管理上能掌握与自己工作相适应的质量管理方法，并具有高度的技术操作水平。

在质量教育中，思想观念、管理方法和技术水平这三者是缺一不可的。首先，应当在每个员工的头脑中树立很强的质量意识，让他们每个人都认识到，自己有责任及时发现质量问题，并单独或和他人合作，及时解决质量问题。即使对一个临时工来说也应如此。其次，应该组织各级人员，根据工作需要，学习质量管理方法，如在工人中普及"QC 七种工具"的应用等。再次，要加强对员工的技术培训，这种培训能有效地提高生产率并减少不合格产品或服务的数量。一些企业让每位员工了解与他们各自工作内容相关的环节（如一条生产线的不同工位之间）的工作，以便使每位员工均认识到自己这一环节的工作如果出现问题,会在哪些方面影响相关环节的工作。也就是应该使每名员工都要找到自己的"顾客"。这里的"顾客"不是指公司的产品或服务的消费者（即外部顾客），而主要是指企业内部的"顾客"（即内部顾客）。例如，一条生产线上某一工序的工人应该把下一工序的工人看作自己的顾客，每个人都应尽量满足自己的"顾客"的需求。另外，还应注意对员工提高质量的行为进行物质上和精神上的激励。例如，可以将奖金和产品质量挂钩，质量好则奖金高，质量下降则奖金会受到明显影响。

应当意识到，当今市场的竞争是质量的竞争，而质量的竞争又是技术和人才的竞争。加强质量教育不仅可以促进质量的提高，也是人力资源开发的根本途径之一。还应注意的是，质量教育不是一劳永逸的事，需要不断地、经常性地进行，因为现代知识和技术更新的周期越来越短，只有不断学习，定期培训，才能适应发展的需要。这种学习本身，实际上也是现代企业员工的一种精神需求，是满足员工需求、激励员工的一种有效途径。

三、全过程的质量管理

产品的质量取决于设计质量、制造质量和使用质量（合理的使用和维护等）等全过程，因此必须在市场调查、研究开发、设计、制造、检验、运输、储存、销售、安装、使用和维修等各个环节中都把好质量关，这就是全过程质量管理的基本观念。要实施全过程质量管理，各个环节的配合和信息反馈是非常重要的。例如，制造过程可以反映出设计过程中的质量问题，使用过程又可以反映设计和制造过程中的质量问题。及时把这些信息反馈给有关部门和人员，是全面质量管理中的重要环节。

另外，正确的产品和服务设计以及流程设计对于全过程质量管理有着相当重要的作用。一个例子是，加拿大 Novatel 通信有限公司在生产一种蜂窝式电话时，因设计不精确以及在投产前未进行细致的全面测试而损失巨大。Novatel 公司是 20 世纪 80 年代中期加拿大唯一一家生产蜂窝式电话的企业。该公司设计了一种便携式轿车无线电话，用户可以将这种轿车电话带出车外使用。首先，产品测试使这种产品的上市时间延迟了 5 个月之久。随后发现的线路问题使得公司不得不在 1987 年 9 月将这种最新式的轿车电话回收。后来的分析证实，其实完全可以在产品设计和测试阶段通过更仔细的工作来避免这些问题的出现。

一般来说，产品和服务设计的变化次数越多，出现质量问题的概率越大。所以，保持稳定的产品和服务设计有利于减少质量问题。但是，在现在越来越激烈的市场竞争中，如果用户的多样化需求要求不断改变设计，问题就不那么简单了。保持产品设计的稳定性和满足市场需求多样化这两者之间往往存在一定的矛盾。如何解决这一矛盾，是摆在管理人员面前的一个新课题。

此外，对生产和服务流程的设计也会在相当大的程度上决定产品或服务的质量。这一过程中的一个小小的疏忽往往会导致十分严重的后果。过去，对产品质量改善效果的评价主要集中在对产品本身的质量进行检测。近年来，产品质量管理则强调对生产流程本身质量的管理，以使生产流程能够"始终保持良好状态"，并最终减少不合格产品。而得到好的生产流程的关键是要有正确的生产流程设计。在某些行业，如美国酿酒业，已通过精心设计流程把质量控制融入了流程本身，通过周期性的样本测试来检查质量水平。

四、全企业的质量管理

全企业的质量管理主要是从组织管理的角度考虑如何进行质量管理，其基本含义是要求企业各管理层次都有明确的质量管理活动内容。

每个企业中的质量管理都可以分为上层、中层和基层的质量管理，其中每个层次都应该有自己质量管理的重点内容。上层管理侧重于质量决策,制定企业的质量方针、质量目标、质量政策和质量计划，并统一组织、协调企业各部门、各环节、各类人员的质量管理活动，保证实现企业经营管理的最终目的；中层管理要实施领导层的质量决策，运用一定的方法找出各部门的关键、薄弱环节或必须解决的重要事项，再确定自己的目标和对策；基层管理则要求每个员工都严格地按标准、按规章制度进行生产，并积极组织员工开展 QC 小组活动，不断进行作业改善。这样，企业就组成了一个完整的质量管理体系：企业的质量方针目标是自上而下一级一级地层层展开，纵向到底，横向到边，展开到全企业的所有部门、环节；然后，每个环节、部门再根据自己的实际情况，努力完成各自的工作去实现方针目标，自下而上一级一级地保证。每一个基层部门都达到或超过各自的目标值，最后就保证了上层质量目标的实现。

全企业质量管理的另一个必要做法是，打破公司内各个职能部门之间的界限，各个不同职能领域的管理人员共同参与产品或服务设计，这样有利于设计出更可行、更有竞争力的产品或服务方式。有时候，公司不同部门之间存在严重的壁垒，这使得产品或服务的开发、设计几乎仅仅是设计人员闭门造车的结果，而且企业经常是在所生产产品或所提供的服务在市场竞争中遭到失败之后才认识到这一点。实际上，质量管理并不仅仅是企业所设的质量管理部门的职能，企业的质量管理职能可以说是分散在全企业的各个部门，虽然各部门的职责和在质量管理中的作用不同，但都是提高产品质量不可缺少的一部分，这就要求加强各部门之间的协调，形成真正的全企业的管理。为了从组织上、制度上保证企业长期稳定地生产出符合规定要求和用户期望的产品，最终必须建立全企业的质量体系，这是全面质量管理深化发展的重要标志。

任务落实

有人认为，如果强调让全员参与质量改进的活动，员工的生产率会下降，你认为呢？

任务五　ISO 9000 与 6δ 质量管理

任务目标

能够协助进行 ISO 9000 与 6δ 质量管理

情境导入

广州本田的管理体系

广州本田的企业宗旨是"我们以国际企业为目标，通过向顾客提供世界最高水平的商品，贡献社会"。为了达成这一宗旨，广州本田建立了先进的质量管理体系，从多个方面保证产品质量，同时培养具有品质意识的优秀员工队伍，将产品质量的管理与企业文化相结合，确保将最高品质的产品提供给用户。

知识广场

ISO 9000 是国际标准化组织制定的质量管理和质量保证的一系列国际标准的简称。现在通行的一种说法是，取得 ISO 9000 系列标准的认证是取得进入国际市场的通行证，这从一个侧面反映了 ISO 9000 对企业的重要意义。而 6δ 是近几年传播越来越广的一种新型质量管理理念和方法。简要介绍 ISO 9000 的由来和主要内容，以及 6δ 质量管理理念和方法，并讨论全面质量管理、ISO 9000 与 6δ 的关系。

一、ISO 9000 的由来及其内容构成

任何标准都是为了适应科学、技术、社会、经济等客观因素发展变化的需要而产生的，ISO 9000 系列标准也不例外。随着科学技术的进步和社会生产力的发展，产品品种越来越多，很多产品结构越来越复杂，其中相当一部分还具有高安全性、高可靠性和高价值的特性。人们一方面用自己创造的科学技术造就了各种各样的新产品，一方面却使越来越多的使用者无法凭借自己的能力来判断所采购产品的质量是否可靠，而对于产品制造者自己的"合格声明"又往往不能相信，因此，就希望有一个公正的、客观的第三者来证明产品的质量是没有问题的。从产品制造者的角度来说，同样希望有这样一个公正的、客观的第三者来证明自己的产品是合格的，以便得到更多的用户，同时，一旦被用户追究责任，也能通过第三方提出足够的证据为自己辩护。而 ISO 9000 国际质量标准正是这样一个公正的、客观的第三方评价。

国际贸易的迅速发展也加速了国际质量管理和质量保证标准的产生。20 世纪 60 年代以来，国际贸易发展迅速，产品超越国界必然带来与之有直接关系的国际产品质量保证和产品责任问题。为了有效地开展国际贸易，一些国际性组织开始研究质量管理国际化的问题。以使不同的国家、企业之间在技术合作、经济交流和贸易往来上，在产品质量方面，具有共同的语言、统一的和共同遵守的规范。至 20 世纪 70 年代末，许多国家和地区性组织发布了一系列质量管理和质量保证标准，作为贸易往来供需双方评价的依据和遵守的规范。与此同时，质量管理的发展也为质量管理标准的统一奠定了基础。特别是全面质量管理在企业中的广泛应用，为 ISO 9000 系列标准提供了实践基础。ISO 9000 系列标准就是在这样的多方面背景之下、在质量管理理论和实践的基础上，最后由国际标准化组织正式发布的。

1994 年版的 ISO 9000 系列标准主要包括如下"三种质量保证模式"：

ISO 9001—94《质量体系——设计、开发、生产、安装和服务的质量保证模式》

ISO 9002—94《质量体系——生产、安装和服务的质量保证模式》

ISO 9003—94《质量体系——最终检验和试验的质量保证模式》

其中 ISO 9001—04《质量体系——设计、开发、生产、安装和服务的质量保证模式》由 20 个体系要素组成，包括质量保证体系的全部要素，要求供应方提供具备产品质量产生、形成和实现全过程的质量保证能力；ISO 9002—94《质量体系——生产、安装和服务的质量保证模式》由 19 个体系要素组成，要求供应方建立生产制造和服务过程的质量保证体系；ISO 9003—94《质量体系——最终检验和试验的质量保证模式》由 16 个质量保证体系要素组成，要求保证对产品最终质量的检验和试验能力，以保证出厂产品质量符合规定的要求。三种质量保证模式虽然在内容上逐次包容，但并无好坏与高低之分，在适宜的情况

下分别使用三种质量保证模式标准，其使用价值是等同的。三种模式的差别主要在于所涉及的质量体系要素的数量不同，针对每一要素所提出的要求不同，进而所要求提供的证据有多有少，以适应不同情况的质量保证要求。三种质量保证模式标准并不代表质量保证程度的强弱，更不反映质量管理水平的高低。因此，这三种模式分别适用于不同的企业。

2000 年，国际标准化组织对 1994 年版的 ISO 9000 质量标准作了全面修订，重新公布了 2000 版的 ISO 9000 系列标准，将三种模式合为一种。改版的主要目的有两个：一是制定一套简化的、既适用于小型组织又适用于大型组织的标准；二是使文件从数量到详略程度上都与组织的过程活动所要达到的结果有更强的关联性。新标准的主要特点如下。

指导思想的改进。明确提出了八项质量管理原则：以顾客为中心、领导作用、全员参与、过程方法、管理的系统方法、持续改进、基于事实的决策方法，以及与供应方互利的关系。

采用单一认证标准。新的认证标准只有 ISO 9001：2000《质量管理体系要求》，改变了 1994 年版中有 ISO 9001、ISO 9002 和 ISO 9003 三个认证模式标准的情况。

淡化了对质量体系文件化的要求。新标准减少了强制性的"形成文件的程序"要求，只明确要求建立 6 个形成文件的程序，给予组织更多结合实际决定文件化程度的自由度。

4 个板块取代要素。新版以管理职责、资源管理、产品实现，以及测量、分析和改进 4 个板块取代 1994 年版的 20 个要素作为对质量管理体系的要求，解决了原先的要素间相关性不好的问题，概念上更加提炼，脉络上更加清晰，管理上也更加方便。

引入过程方法模式。1994 年版中的"过程控制"仅用于产品的形成或服务过程，并未在质量体系的所有方面展开。而新版中的"过程方法"模式覆盖了新标准的所有方面要求，强调识别和确定过程、监视过程、控制过程、测量过程、改进过程，一切围绕"过程"运转。

增加和强化了质量业绩的持续改进要求。新标准有多处提到持续改进要求，强调"必须策划和管理持续改进质量管理体系所必要的过程"，通过质量方针、目标、审核结果、数据分析、纠正和预防措施以及管理评审等促进质量管理体系的持续改进。

二、6δ 质量管理

（一）6δ 的含义

δ 在统计学上的含义是标准差。假设某生产流程的产出服从正态分布，在一定的规格界限（设计值十公差）之下，如果企业实现了 ±3δ 质量控制，按照 ±3δ（即 3 倍标准差）的定义。意味着将有 99.73% 的产出的实际规格落在规格界限以内，即此时的产品合格率为 99.73%（图 7-13 中的上图），缺陷率为 0.27%。换句话说，每百万个产品中有 2 700 个产品为不合格品。如果企业认为这种缺陷率太高，可以考虑的一种思路是，在原规格界限不变的前提下，让实际产出的变动减小，就会有更多的产品落在规格界限之内，从而使合格品更多。如果产出的变动能够减小到这样一个水平，即产品实际规格落在 ±3δ 范围内的间隔正好是规格界限间隔的一半，则 ±6δ 范围内的产品仍然处于规格界限之内（图 7-13 中的下图）。这样 ±6δ 以内的产品都是合格品，此时每百万个产品中的缺陷数只有大约 2 个。换句话说，如果一个产品的实际产出能够实现 6δ 质量控制，产品几乎是零缺陷，这无疑对生产者还是消费者都是非常有益的。而要想实现这一点，需要通过各种方法持续改进，使产品在生产过程中的变动不断减小。这就是 6δ 质量管理的含义。

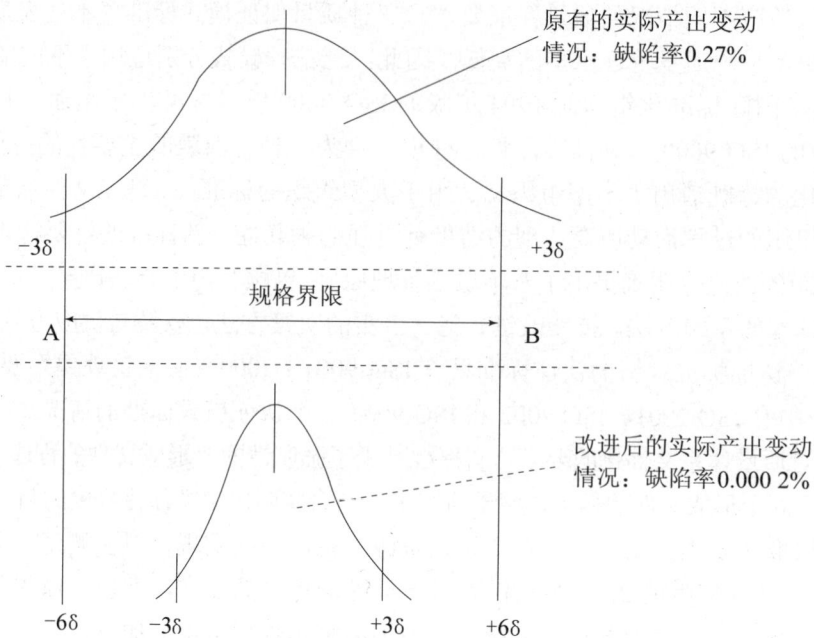

图 7-13　3δ 质量控制与 6δ 质量控制的比

进一步，假设企业通过努力已经实现了 6δ 质量水平，但如果产出的规格要求提高了（例如，竞争对手推出了质量精度更高的产品，要求企业也相应改进；或者企业率先提高了自己产品的精度），从原来的 AB 提高到了 A′B′（见图 7-14），则意味着此时的产品合格率又掉到了 ±3δ 的水平，需要企业进一步通过改进来提高产品合格率，达到新的 6δ 质量水平。由此可见，通过 6δ 这样的手段，可以不断地追求更高的管理目标。长此以往，还可以通过企业上上下下、各个环节的不断努力，形成一种持续改进的企业文化，从而使企业长久立于不败之地。这正是 6δ 管理思想的实质。

6δ 质量管理的概念最初起源于摩托罗拉公司。20 世纪 70 年代，一家日本公司在美国收购摩托罗拉的一个电子设备工厂后，通过改变原有的运作流程管理模式，使该工厂产品的不合格率迅速下降。日本企业用的是同样的设备、员工、技术和设计，但运作绩效却截然不同，显而易见问题出在摩托罗拉的管理方式上。20 世纪 80 年代中期，为了飞跃性地改进产品质量，摩托罗拉提出了 6δ 质量管理的概念，并制定了明确的目标，规定了实现目标的工具和方法，探索用一种系统性的方法来实现质量的飞跃。随后，波音、GE、IBM 等公司也开始采用 6δ 方法来改进质量。到 90 年代中期，6δ 不仅被用于企业的产品质量控制，而且开始应用于服务质量、流程时间等"任何可以量化的绩效指标"的改进，从一种质量管理方法演变为一种在企业产品、服务以及其他业务流程中不断减少缺陷、去除浪费的流程设计、改造乃至优化的技术，甚至成为很多企业追求卓越运营、卓越管理的战略举措。例如，著名的 GE 公司从 1995 年以来就一直把 6δ 作为其四大战略举措之一，不遗余力地将 6δ 理念和方法贯彻、渗透到公司庞大组织的每一个角落，为这个百年老店注入了前所未有的活力，最终带来了巨大的经济效益。

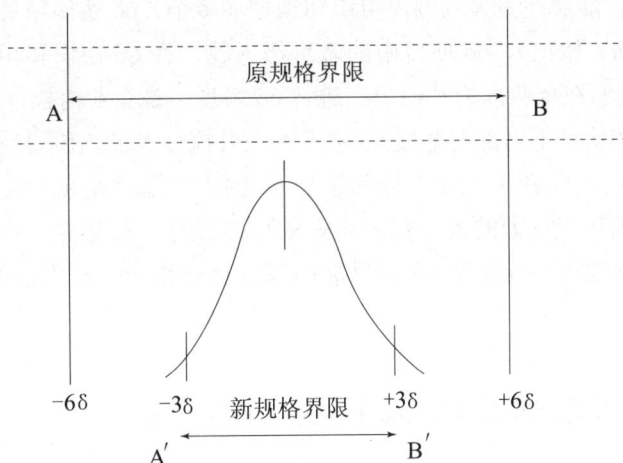

图 7-14　6δ 与持续改进

（二）6δ 的实现方法

6δ 不仅是一种理念，而且有一套严密的实现方法和组织架构作为支撑。6δ 实现方法可以概括为 DMAIC（Define-Measure-Analyze-Improve-Control）循环和必要的统计分析工具。其中统计分析工具与前面所述的"QC 七种工具"基本一样，但在 6δ 中，强调这些工具应该通过 DMAIC 循环以一种系统的模式被应用。DMAIC 循环的含义如下。

1. 定义（Define）：识别顾客的需求，并从顾客的角度定义最重要的质量特性（critical-to-quality characteristics，CTQs），在此基础上确定 6δ 改进项目。

2. 测量（Measure）：决定如何衡量流程，界定影响 CTQs 的关键流程，测量现在的缺陷水平。

3. 分析（Analyze）：界定引起流程变动的关键变量，从中找出产生缺陷的最主要原因。

4. 改进（Improve）：针对上述原因采取消灭缺陷的措施，界定关键变量的最大允许值范围，改进流程，使流程变动范围保持在允许范围内，确认实施结果是否达到了目标。

5. 控制（Control）：总结经验，使改进了的流程规范化，以便保持成果。

由此可见，DMAIC 循环可以说是 PDCA 循环的更详细版本，其背后隐含的思想都是通过反复循环来实现持续改进。

除了 DMAIC 循环和必要的统计分析工具之外，6δ 的另一个特色是建立了一套组织架构作为支撑，这一点与 TQM 有很大不同。6δ 管理要求企业内从兼职人员到专职人员（虽然是少数），从部门负责人到高层领导，有一个明确的组织架构确保 6δ 管理能够以一个项目、一个项目的方式不断地加以推进，还要求其中的一部分人员，尤其是专职人员必须取得某种资格，表明其对 6δ 管理思想以及相应的实现方法、统计工具有足够的知识。为了表达需要这些人员或主要负责人斗志昂扬地去发现问题、解决问题的思想，这些不同级别的资格还借用了柔道、空手道等武术中不同段位所配腰带不同的方法来命名。这些资格从低到高包括："绿带"（Green Belts），在基层领导或参与 6δ 项目的人，非专职，经过简单培训掌握一定的统计工具和流程分析技能;"黑带"（Black Belts），经过更专业的培训，具有更高程度的 6δ 知识，能够在更大范围内组织和领导（多个）6δ 实施项目，兼职或专职;"黑带大师"（Master Black Belts），6δ 项目中的教练级人物，在 6δ 知识和相关统计分析工具上接受过高度训练，能够在企业内为其他员工进行 6δ 培训，是企业内执行和传播 6δ 理念、确认 6δ 项目，并指导和协调不同部门开展 6δ 项目的主要执行人员;冠军和领导者（Champions and Executive Leader），前者是企业主持和领导 6δ 的人，通常是企业的执行副总，后者是在整个企业具有权威和影响力的人，代表企业的最高领导，传达企业在 6δ 上的坚定信念。这种层层构成的组织架构，保证了 6δ 项目能够以一种有组织、有方法的方式，从上而下、从下而上地反复循环。

三、TQM、ISO 9000 以及 6δ 之间的关系

（一）TQM、ISO 9000 以及 6δ 的一致性

TQM、ISO 9000 以及 6δ 可以说都是企业为了加强质量管理所采用的组织性管理方法。纵观近二三十年以来企业在质量管理上所走过的历程，企业似乎在不同时期分别对不同方法给予了更多的关注，因此有人质疑这几种方法之间是否存在替代关系。但实际上，这几种方法在本质上并不矛盾，它们有着共同的理论基础——质量管理学。这种一致性可以从以下几个方面来看：

1. 目的一样。ISO 9000 的目的可以说是通过贯彻标准，使企业的质量体系有效运行，使其具有持续提供符合要求的产品的能力，而且在质量保证活动中向顾客提供具有这种能力的证实；TQM 的目的可以说是通过企业全体人员及有关部门同心协力，建立产品的研究与开发、设计、生产（作业）、服务等全过程的质量体系，并通过全员参与来实现质量保证和质量的不断提高；6δ 的目的则可以说是通过一套严密的组织架构、定量化的分析和考核方法在各项业务中追求完美，精益求精。虽然目标的表达方法有细微区别，但最终目的都是要最大限度地提供符合规定要求和用户期望的产品和服务。

2. 系统管理的思想一样。ISO 9000 规定，建立质量体系应将与产品质量有关的组织机构、职责、程序、活动、能力和资源等构成为一个有机整体，以求得供需双方在考虑风险、成本、利益等基础上的最佳质量，使供需双方都得到好处；TQM 则要求全员、全过程、全企业开展质量管理活动，用最经济的手段生产用户满意的产品；6δ 更强调从流程，而不是个别环节、个别问题的角度去实施改进。因此，系统管理的思想都是一致的。

3. 预防为主的出发点一样。ISO 9000 是一个组织落实、有物质保证、有具体工作内容的有机体，目的在于使与质量有关的各项活动处于受控状态，预防和避免发生质量问题；TQM 则要求把事后把关变为事先预防，把控制结果变为控制过程，实行超前管理和早期报警；同样，6δ 强调通过减少流程的波动和偏差来实现防患于未然。虽然具体控制途径不同，但都是强调预防为主。

4. 用事实与数据说话的思想一样。ISO 9000 强调以客观事实为依据，为了证实建立质量体系的适用性和运行的有效性，要求每个要素都必须以质量文件、质量记录为凭证，

有文字依据;TQM 和 6δ 则都是以统计分析为基础,一切用数据说话,实现质量管理科学化。

(二)TQM、ISO 9000 以及 6δ 的细微差别

可见,TQM、ISO 9000 以及 6δ 在目标上是一致的,在采用方法上是相通的,在具体做法上也是相近的。其差别主要体现在一些细微之处。例如,ISO 9000 与 TQM 虽然都讲全面质量,但 ISO 9000 的质量含义比 TQM 所讲的质量含义更广。如本项目第一节所述,ISO 9000 对质量的定义是"反映实体满足明确和隐含需要的能力的特性总和",这里的实体是指可以单独描述和研究的事物,可以是活动或过程、产品、组织、体系、人或它们的任何组合,可见 ISO 9000 所指的质量的对象非常广泛。TQM 所指的全面质量则是产品的设计质量、制造质量、使用质量、维护质量等,其对象不如 ISO 9000 的领域宽。而 6δ 所注目的,可以说不仅是质量,而是"任何可以量化的绩效指标"。又如,TQM、ISO 9000 以及 6δ 都强调全过程控制,但 ISO 9000 强调文件化,TQM 更重视方法、工具和全员参与,6δ 则更强调有一套完整的组织架构来支持。此外,ISO 9000 是通用的标准,能够进行国际通用的认证,TQM 和 6δ 则不能。这些差别都不是什么关键问题,不影响三者之间相容、相通、相同和相近的主流。

(三)实施 ISO 9000 的目的

从二十世纪六七十年代开始,很多企业就在推行 TQM 上做了大量的工作,如建立了质量管理机构,形成了质量管理队伍,推广了统计质量管理方法等。这些都为其后实施 ISO 9000 打下了基础。以近二十年来很多成功企业实施 ISO 9000 的历程表明,实施 ISO 9000 并不是要把在推行全面质量管理中建立起来的质量体系"推倒",一切从头开始创建一个新的体系,而是根据 ISO 9000 的要求,对现行的质量体系进行更新、改造和完善,使其更加规范化、制度化。因此,实施 ISO 9000 系列标准有利于把企业的质量管理纳入国际规范化的轨道,促进全面质量管理的深化,向国际标准看齐。此外,ISO 9000 是一个系列标准,标准从本质上看是协商一致的结果,具有系统性和一致性,并在一定时期内保持相对稳定,是最起码、最基本的要求;而全面质量管理要始终不断地寻求改进的机会,是更高的要求。二者之间具有一种静态和动态、基础和发展的关系,是相互补充、相互促进的。因此,实施 ISO 9000 与推行全面质量管理并不矛盾。在质量管理的实际工作中,完全可以把实施 ISO 9000 与推行全面质量管理结合起来,在推行全面质量管理中实施 ISO 9000,在实施该系列标准中深化全面质量管理。而随后发展起来的 6δ 质量管理的思想和方法,一方面完全秉承了 TQM 的持续改进的思想,另一方面又克服了 TQM 体系化、规范化不足的弱点,通过一套完整的组织架构、明确的量化目标、完善的方法体系来不断推进质量管理活动,可以说又吸收了 ISO 9000 的体系化的长处。TQM、ISO 9000 以及 6δ 相互之间并不存在替代关系。从顾客的角度来说,也并不关心企业采用哪一种或哪几种方法,他们关心的只是结果——高质量的产品和服务。而 TQM、ISO 9000 以及 6δ 几种方法实际上是殊途同归,最终都是要实现这一目的。

任务落实

调查一个实施 6δ 质量管理不成功的例子,试分析其原因。

项目八 物流、库存和供应链管理

在市场中，从供应商、制造商、批发商到零售商，每个环节都存在库存。通过学习本项目可知，库存用于应付各种各样的不确定性，如需求变化、订货提前期、货物运输情况，生产时间等，为了保证市场的正常运行，必须保有一定数量的库存，使库存经常处于合理水平，防止超储积压或不足，满足生产与销售的需要，减少资金占用，使库存总成本最低，以提高企业竞争力。

任务一 物流管理

任务目标

能够识别出不同物流模式的优劣。

情境导入

不可小觑的物流成本

当你在超市里花 6 元钱买一瓶 2.25 升的可口可乐时，你有没有想过，这 6 元钱里，蕴涵着多少人工成本、多少原材料成本、多少利润、多少物流成本呢？

听到答案后你也许会感到吃惊：制造的成本，也就是把人工和原材料的费用加在一起，也不过 4 元左右，利润不过几毛钱，而相比之下，物流的成本超过了 1 元钱！

一瓶可乐，它在仓储、运输上消耗的费用能够占到它销售价格的 20% ～ 30%。事实上，物流的成本已经成为企业生产成本中不可忽视的一笔消耗。在市场竞争日益激烈的今天，原材料和劳动力价格利润空间日益狭小，劳动生产率的潜力空间也有限，加工制造领域的利润趋薄，靠降低原材料消耗、劳动力成本或大力提高制造环节的劳动生产率来获取更大的利润已较为困难。因此，商品生产和流通中的物流环节成为继劳动力、自然资源之后的"第三利润源泉"，而保证这一利润源泉实现的关键是降低物流成本。

知识广场

一、物流的概念与作用

物流的发展过程大致可以分为三个阶段，20世纪60年代和70年代为第一阶段，称为实物配送阶段，主要是对产品生产出来到消费者这一段配送过程中的潜力进行挖掘。20世纪70年代和80年代为第二阶段，称为综合物流阶段，在这阶段企业认识到了原材料物流与产品物流的综合管理，可以带来很大的效益，开始加强物流的综合管理。20世纪80年代至今为第三阶段，在这个阶段人们认识到市场的竞争是供应链之间的竞争，提出供应链管理这一新概念。

（一）物流的定义

美国物流管理协会（Council of Logistics Management）的定义为："物流是供应链运作中，以满足客户要求为目的，对货物、服务和相关信息在产出地和销售地之间实现高效率、低成本的正向与反向的流动和储存所进行的计划、执行及控制的过程"。

《中华人民共和国国家标准物流术语》中把物流定义为：物品从供应地向接收地的实体流动过程中，将运输、储存、装卸搬运、包装、流通加工、配送、信息处理等功能有机结合的过程。

从物流定义看，物流过程一方面综合了运输、存货、管理、仓储、物料搬运系统及包装和其他相关活动，包含了整个供应链流动的成本与服务水平的权衡取舍；另一方面，物流还包含了效率和效益两方面。这是现代物流的定义，与传统物流有很大的区别，具体区别见表8-1。

表8-1　传统物流与现代物流的区别

区别项目	传统物流	现代物流
范围与边界	重视销售物流与生产物流	强调供应、生产、销售、消费等全过程的"大物流"
系统概念	重视运输、储存、包装、装卸、流通加工、信息等构成要素的系统最佳	强调物流系统与其他经营系统的"大系统"最佳
性质与地位	企业或组织体的"后勤""内部事务"；成本支出项目	企业或组织体的"先锋""外部事务"；价值创造事业
目标与理念	效率与成本的均衡	效率、成本、服务与效益的均衡
服务对象	企业或组织体内部	企业或组织体外部顾客
功能定位	节约成本的"手段"与"策略"	扩大销售、增加利润的"战略"

（二）物流与流通的关系

流通是商品生产得以产生和发展的前提条件，商品或服务从企业到消费者，必须通过流通才能实现，流通的内容如图8-1所示，包含商流、物流、资金流和信息流。

在商品流通过程中，一方面要发生商品所有权的转移，即实现商品的价值，这个过程即是"商流"，它解决的是所有权的更迭问题；另一方面，还要完成商品从生产地到消费地的空间转移，即商品的实体流动（物流），以便实现商品的使用价值。商流引起物流，物流为商流服务。没有物流过程，商流就不能最后完成，产品或在商品中的价值和使用价值就不能真正实现。物流能力的大小，直接决定着整个流通的规模和速度。如果物流效能过小，整个市场流通就不会顺畅，就不能适应整个市场经济的发展。资金流是在所有权更迭的交易过程中发生的，可以认为从属于商流；信息流则分别从属于商流和物流，属于物流的部分称为物流信息。

传统的商流和物流是伴随活动的，这时常形成经济上的不合理、低效率现象，而现代物流实现了商流和物流的分离，带来了显著的经济社会效益。如传统的分销企业，其商流是总公司与经销商结算或分公司与经销商结算，物流也是根据商流进行，货物先由总公司发到分公司，再由分公司发给分销商。现代分销企业则把商流和物流分离，不管商流如何运行，物流都是由总公司直接发给客户，分公司不存在物流过程，只有资金流和商流，大大提高了效益。

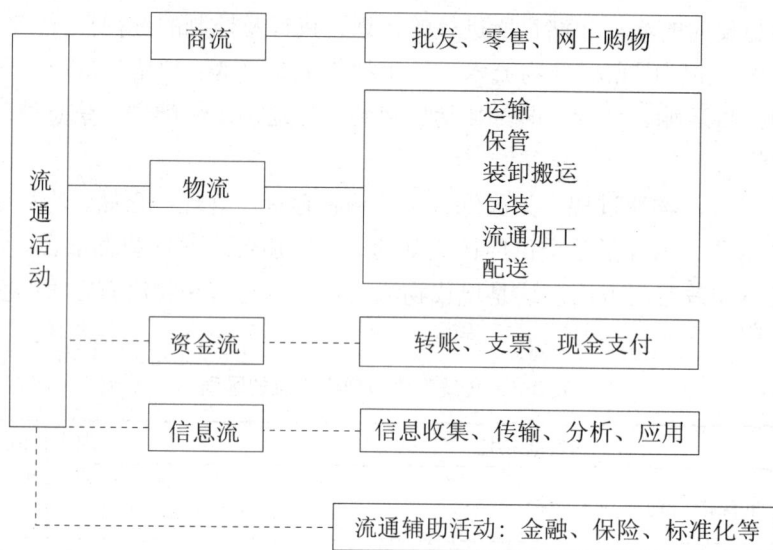

图 8-1　流通活动

（三）物流的增值作用

物流被称为"第三利润源"，物流的作用主要体现在以下方面：

1. 物流的时间价值

物质资料从供给者到需求者之间有一段时间差，用各种手段改变这一时间差而创造的价值，称作物流的"时间价值"。物流的时间价值可表现为：①缩短时间创造价值。如通过选择合适的运输工具和运输方式缩短运输时间。②弥补时间差创造价值。如集中产出和常年消耗。③延长时间差创造价值。例如，延迟制造。

2. 物流的场所价值

（1）从集中生产场所流入分散需求场所创造价值。通过物流将产品从集中生产的低价位地区，转移到分散于各处的高价位地区，物流的"场所价值"也就实现了。

（2）从分散生产场所流入集中需求场所创造价值。如汽车公司的零配件生产分布非常广，但却需集中到一个大厂中装配，物流依此取得了场所效应。

（3）从甲地生产流入乙地需求创造场所价值。

3. 物流加工的价值

物流加工价值是指通过简单制造、生产、组装和分装、包装等物流活动创造的价值。例如，商品在流通中为方便运输而进行的包装。有时在进入商店之前，为适应顾客的要求往往要进行分割、换包装、拆零等操作，这些物流活动增加了商品的附加价值。

二、物流的分类

（一）按照物流在企业中的作用分类

按照物流在企业中的作用分，可以分为供应物流、生产物流、销售物流、回收物流和废弃物物流。

供应物流包括原材料等一切生产物资的采购、进货运输、仓储、库存管理、用料管理和供应管理，也称为原材料采购物流。

生产物流是指在企业生产过程中发生的物流活动。企业生产物流的过程大体为：原材料、零部件、燃料等辅助材料从企业仓库和企业的"门口"开始，进入到生产线开始端，再进一步随生产加工过程各个环节运动，在运动过程中，本身被加工，同时产生一些废料、余料，直到生产加工终结，再运至成品仓库便终结了企业生产物流过程。

销售物流是指伴随销售活动，将产品实体转给用户的物流活动。销售物流的起点，一般情况下是生产企业的产成品仓库，经过分销物流，完成长距离、干线的物流活动，再经过配送完成市内和区域范围的物流活动，到达企业、商业用户或最终消费者。销售物流是一个逐渐发散的物流过程，这和供应物流形成了一定程度的镜像对称，通过这种发散的物流，使资源得以广泛地配置。

回收物流是指不合格物品的返修、退货以及周转使用的包装容器从需方返回到供方所形成的物品实体流动。企业在生产、供应、销售的活动中总会产生各种边角余料和废料，这些东西的回收是需要伴随物流活动的。如果回收物品处理不当，往往会影响整个生产环境，甚至影响产品的质量，占用很大空间，造成浪费。

废弃物物流是指将经济活动中失去原有使用价值的物品，根据实际需要进行收集、分类、加工、包装、搬运、储存等，并分别送到专门处理场所时所形成的物品实体流动。它从环境保护的角度出发，不管对象物有没有价值或利用价值，都将其妥善处理，以免造成环境污染。

（二）按照物流的执行者分类

按照物流的执行者不同，分为企业自营物流和第三方物流。

自营物流是指企业自备仓库、车队等物流设施，自己负责企业的物流运作。

第三方物流，又称契约物流，即由供方与需方以外的物流企业提供物流服务的业务模式。随着社会经济的发展和社会分工的不断深化，第三方物流得到了巨大的发展，日益成为重要的物流模式。

【知识链接】

我国物流业概况

据相关数据测算，2008 年我国社会物流总额可达 88.82 万亿元，同比增长 18.1%；物流业增加值完成约 1.94 万亿元，同比增长 14.6%；社会物流总费用约为 5.21 万亿元，同比增长 14.7%。

2009 年，国务院通过了物流业调整振兴规划，把现代物流业列入我国十大产业调整振兴规划。规划指出，物流业是融合运输、仓储、货运代理和信息等行业的复合型服务产业，涉及领域广，吸纳就业人数多，促进生产、拉动消费作用大。因此，必须加快发展现代物流，建立现代物流服务体系，以物流服务促进其他产业发展。这一产业振兴规划，表明了党中央、国务院对物流业的重视，成为我国物流业发展历史进程中标志性的事件。

三、企业主要物流工作

（一）物流网络设计

用于进行物流作业的设施的数量、规模，以及地理关系等，都影响着向顾客提供服务的能力和成本。所以，确定每一种设施需要多少数量、其地理位置，以及各自承担的工作等，是网络设计的一个十分重要的组成部分。在实际工作中，物流设施作业可以获得有关专业服务公司的合作。但不管是谁承担实际的工作，都必须把所有的设施看作企业物流网络的一个整体组成部分来进行管理。这里所指的物流网络是实体性网络，与后面所谈的物流信息网络是有区别的。

物流网络设计要确定完成物流工作所需的各类设施的数量和地点，同时还要确定每一设施内应储备存货的种类、数量，以及安排应在何处交付客户订货。物流网络融合了信息和运输功能，还包括与订货处理、存货管理以及物料搬运等相关的具体工作。物流设施主要包括制造工厂、仓库、码头、零售商店以及它们之间的作业条件。网络设计是整个企业物流作业的基础，是物流管理部门一个最基本的责任。

物流网络设计时必须重点考虑地理这一因素。合理进行网络布局，可以减少运输路线的重复、交叉，降低运输费用，缩短运送时间。不同地区市场间存在很大差异，在规划设计时要充分考虑。基本原则就是规划设计出能满足企业确定要涉及的经营市场范围的物流能力。如果企业在全国范围内营销，必须确立能为这些最主要的市场服务的物流能力。同时在原料和零部件的采购地的规划设计上也要考虑地理上的差异。当企业涉足全球物流时，就要研究如何在世界范围布局企业物流网络，既能满足全球的物流需求，又能使运作成本最低。

物流网络设计要不断提高网络的适应性，在动态的竞争性环境中，产品分类、客户供应量，以及制造需求等都在不断发生着变化，因此，必须不断修正设施网络以适应供求结构变化。市场发生变化了要及时对具体设施重新定位或重新设计，形成能适应新形势下市场的物流网络。在时间上定期或不定期地对所有的设施重新进行评估，确定它们的定位是否仍令人满意，使物流网络始终与市场相适应。只有设计出具有定位优势的网络，才会在竞争中占有优势。

（二）信息处理

物流中的信息可分为计划／协调流和作业流两部分，相互关系如图 8-2 所示。

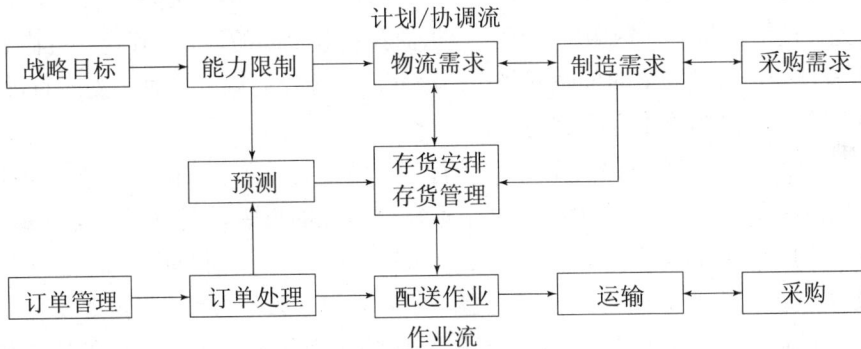

图 8-2　物流信息需求

物流信息的质量很关键，如果信息质量上有问题，就会在物流实际作业中出现问题。信息质量上的问题可以分为两大类：一类是趋势预测信息的不准确性。由于大量的物流活动是根据未来需求发生的，不准确的需求判断或预测就会引起存货短缺或过剩。过分乐观的预测会产生不恰当的存货。另一类信息质量问题是有关订单处理的信息是否准确。订单处理不准确，会引发相应的物流成本，并导致最终销售不能完成。有关客户需求的信息处理不准确时，还会发生货物退回，退货费用也会增加物流成本，如果信息处理不准确，会失去销售机会，从而产生机会成本，造成物流成本的增加。可见，信息处理的准确与否将对整个供应链产生重大影响。物流作业运用信息处理技术的最重要目标之一，就是要平衡物流系统的各个组成部分，使总体效果最佳。

（三）运输与配送管理

1. 运输管理

（1）运输的概念。运输是物体借助运力在空间上产生的位置移动。运输活动消耗的能源和动力较多，运输成本高。所以，合理地组织运输，无论是在企业物流的组织中，还是在国民经济中都占有非常重要的地位。由于运输活动费用高，节约余地大，因此，运输是整个物流领域挖掘"第三利润源泉"的重要环节。

（2）实现合理组织运输的条件。现代物流中合理组织运输的目的就是要合理选择运输方式，减少运输数量，缩短运输距离，避免启程或返程空驶，避免交叉迂回运输，提高运输效率，降低运输成本，从而安全、准确、及时、保质、保量地为客户提供服务。

（3）运输成本、速度和一致性。运输系统作为一个物流子系统，在整个物流大系统中发挥着重要的基础性作用，在运输的组织运作过程中，必须考虑成本、速度和一致性这3个重要因素。

运输成本是指为两个地理位置间的运输所支付的款项，以及与行政管理和维持运输中的存货有关的费用。在物流系统的设计时，应该充分利用能把物流系统总成本降到最低程度的运输方式，要从整个物流系统出发考虑。某运输方式费用最低，它并不一定能使物流系统总成本最低。

运输速度是指完成特定的运输所需的时间。运输速度和成本的关系，主要表现在以下两个方面：首先，能够提供更快速服务的运输提供商会收取更高的运费；其次，运输服务越快，运输中的存货越少，运输间隔时间也就越短。因此，在选择运输方式时，关键的问题就是如何平衡运输服务的速度和成本之间的关系。

运输的一致性是指在若干次运输中，履行某一特定运次所需的时间与原定时间或与前几次运输所需时间的一致性。运输一致性是运输可靠性的反映，是高质量运输最重要的特征，假如给定的一项运输服务第一次花费了2天时间，第二次则花费了6天时间，这种意想不到的变化就会产生严重的物流作业问题。如果运输缺乏一致性，就需要安全储备存货，以防预料不到的服务故障。因此，运输一致性会影响买卖双方承担的存货义务和有关风险。

在运输组织与管理中，必须精确地维持运输成本和服务质量之间的平衡。在某些情况下，低成本和慢运输是可以令人接受的，而在另外一些情况下，快速服务也许是实现作业目标的关键所在。因此，发掘并管理所期望的低成本、高质量的运输，是运输管理的一项最基本的职责。

2. 配送及配送中心

配送的英语原词是delivery，是"送货"的意思，强调的是将货送达。我国物流学界认为配送是按照客户的订货要求和时间计划，在物流据点（含仓库、商店、货运站、配送中心等）进行分拣、加工和配货等作业后，再将配好的货物以最合理的方式送交客户的一种经济活动。配送中心是从事货物配备（集货、加工、分货、拣选、配货等）活动和组织对客货送货，以高水平实现销售或供应的现代物流设施。

运输与配送的区别：运输是长距离大量货物的移动，是在据点间的移动，是地区间货物的移动；而配送是短距离少量货物的移动，是企业把货物最后送交客户，是地区内部货物的移动。

配送中心的功能如下：

（1）服务功能。配送中心的活动实质上就是为各个客户提供物流方面的整体服务，特别是开展共同配送的配送中心，物流服务能力的高低是配送中心竞争力的重要表现。

（2）集货（也就是收获或进货）功能。配送中心从众多供应商处采购大量的、品种较齐全的商品，然后经过理货或加工作业后向用户开展配送。

（3）加工功能。配送中心采购来的产品有的需要简单加工，如大多数的农副产品可按消费者的需要进行分类包装的简单加工后再配送。加工功能可以有效地提高配送水平。

（4）储存功能。配送中心发挥着临时库存的作用，虽然商品在配送中心储存的时间越来越短，但配送中心具有储存功能是十分必要的。

（5）分拣功能。分拣功能是指配送中心将储存货物按用户要求分拣配齐以后，送到指定配货场，经配装后送至用户。

（6）装卸功能。配送中心的集货、储存、分拣等过程都需要进行装卸搬运，装卸作业效率的高低、质量的好坏直接影响到配送的速度和质量。

（7）送货功能。送货是指配送中心依照客户的订货要求，将分装、配组好的货物送达各用户。可借用社会运输车辆，也可自建运输队伍。

（8）信息功能。配送中心必须有灵敏、完整的信息管理系统，这是保证配送业务顺利进行的关键。

对于综合型的配送中心一般有如下作业流程：从供应商进货——接货——验收——入库——存放——盘点——拣货——流通加工——包装——分类——盘整——制定配送计划——配装——配送至客户。与作业流程相对应，配送中心的作业管理主要有进货入库作业管理、在库保管作业管理、流通加工作业管理、理货作业管理和配货作业管理等内容。配送中心作业流程及管理如图 8-3 所示。

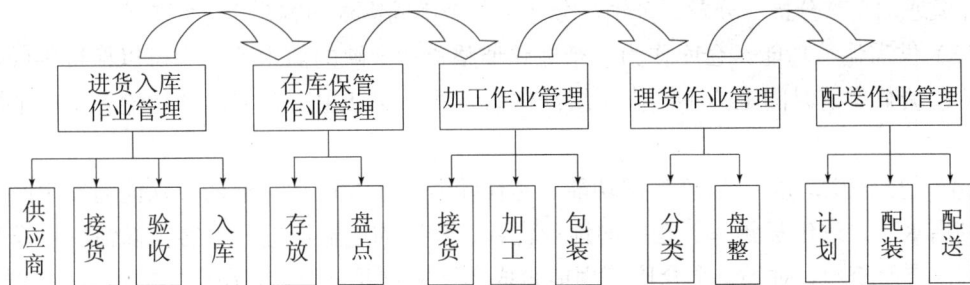

图 8-3　配送中心作业流程及管理

（四）仓储管理

1. 仓库类型和功能

仓库是存放物品的场所，是进行仓储活动的主体设施。为了对不同类型的仓库进行有效的利用和科学管理，可以按不同的标志对仓库进行分类。

按仓库的功能可分为储存仓库、流通仓库。

按保管物品的特性可分为原料、产品仓库，商品、物资综合仓库，农副产品仓库，一般专用仓库，特种危险品仓库，冷藏仓库，恒温仓库，战略物资储备仓库。

按建筑结构可分为露天仓库、简易仓库、平房仓库、楼房仓库、高层货架仓库、罐式仓库。

按仓库所处的位置可分为港口仓库、车站仓库、汽车终端仓库、工厂仓库。

按仓库的用途可分为自用仓库、公共仓库、营业仓库、保税仓库。

按产业领域不同可分为流通领域仓库和生产领域仓库。

除上述分类外还可把仓库分为:

(1)自动化仓库。如高层货架仓库、立体仓库。一般由以下4部分组成:①高层货架;②巷道机;③周围出入库搬运系统;④管理控制系统。

(2)虚拟仓库。它是指建立在计算机和网络通信基础上,进行物品的存储、保管和远程控制的物流设施,可实现不同状态、时间、空间、货主的有效调度和统一管理。

(3)网络仓库。网络仓库是借助先进通信设备可以随时调动所需物品的若干仓库的总和。网络仓库是与传统仓库在概念上完全不同的仓库形式。它不是一个可以看得到摸得着的特定的仓库,而是覆盖地域可以很大,根据订货的数量和距离,通过网络传递到网络中心进行处理,在最短的时间内做出决策,选择一个有足额库存并且距离需求地最近的仓库向需求地发货的仓库的集合。网络仓库实际上是一个虚拟仓库。仓库的网络化是现代信息技术的产物,同时也是经济进步的要求。

仓库应具有下功能:

(1)存储保管功能。仓库最基本的功能就是存储物品。在现实经济生活中,一些消耗较快需要及时补给的物品总会需要暂时存储。不管仓库实际的存储周转率如何,物品的暂时存储都是必需的。

(2)运输发送功能。仓库通过运输从各个供应商收集货物,然后在仓库进行储存、整理、组配、流通加工、分拣、分发、分销,分运到各个不同需求的客户手中。

(3)供需调节功能。仓库作为一个能够调整货物余缺的储水池,它可以衔接供应者和需求者,调节供需时间上的不同步,缓冲供需矛盾,保证生产、流通和运输各个环节的顺利进行。

(4)信息传递功能。信息传递功能总是伴随着运输发送和存储两个功能而发生的。如仓库利用水平、进出货频率、仓库的地理位置、仓库的运输情况、顾客需求情况以及仓库人员的配置等资料,对于一个仓库管理能否成功至关重要。目前,在仓库的信息传递方面,越来越多地依赖计算机和互联网络。

(5)风险防范功能。储备仓库以及周转仓库的安全储备是用于防范灾害战争、偶发事件以及市场变化、随机事件而设置的保险库存,可以用于防范各种风险,保障人们的生命财产,保障生产和生活正常进行。

(6)客户服务功能。企业通常根据客户要求,将产品在仓库中进行配套、组合、打包,然后运往各地客户。这些活动都是在仓库完成的。

(7)物流中心功能。仓库是各种物流活动集中的场所,除了储存以外,还可以运输、配送、包装、装卸、流通加工以及提供各种物流信息,因此仓库往往就是物流中心、配送中心或储运中心等。有的仓库还可以进行商流传递,这样的仓库就成为流通中心。

2. 仓储管理的决策

在企业的仓储管理中,仓库的产权、数量、规模、选址、布局以及存货内容等方面是最基本,也是最重要的决策,它直接影响仓库资源的配置能力。

(1)仓库产权决策。企业仓库产权决策就是采用自有仓储(公司建造或购买仓库)还是公共或营业仓储的选择。即在为存货安排仓储空间时，企业是使用自有仓库或是公共仓库。因为合同仓库（营业仓储）是每年以一固定的费用与另一个公司签约的仓库，使用时基本性质与自有仓储非常相似。所以，可把它和自有仓储一样看待。决策时可以选择两者之一，也可两者结合。在决策时企业是自建仓库还是租赁公共仓库，主要看货物周转量、需求是否稳定、市场密度大小或供应商是否集中等因素。

（2）仓储数量决策。这一决策就是确定公司物流系统应该使用多少个仓库的决策。在决策时确定仓库数量要充分考虑如下因素：总成本因素，仓库越多总成本就越大；满足客户服务需求因素，客户对服务标准要求越高，就需要更多的仓库来满足客户需求；运力因素，运力充足需要的仓库数量就少，反之就多；小客户因素，如果以小的零售商批发公司为主要分销渠道，需要的仓库就要增加；仓库的现代化程度因素，现代化程度越高需要的仓库数量越少；单个仓库的规模因素，仓库规模大，数量就少，规模小则数量就多。

（3）仓库规模决策。仓库规模是指仓库能够容纳货物的最大数量或总体积。直接影响仓库规模的因素是仓库的商品储存量。商品储存量越大，则仓库的规模也应越大。另外，商品储存的时间或商品周转的速度也影响仓库的规模，在存储量不变的前提下，周转速度越慢，所需的仓库规模越大。与仓库数量决策和产权决策密切相关的另外两个仓储决策因素是仓库规模及选址的决策。如果企业租赁公共仓库，那么仓库规模问题相对重要，但通常租赁的仓库空间可以根据不同地点的需求及时扩大或缩小，而选址决策的重要性相对小一些。如果企业自建仓库，尤其对于市场遍布于全国甚至全球的大型企业来说，仓库的规模与选址变得极为重要。仓库面积、长度、宽度、高度和仓库层数是反映仓库规模和仓储能力的重要参数。决策时应充分考虑。

（4）仓库的选址决策。仓库选址决策就是指运用科学的方法决定库存场地的地理位置。仓库选址包括两个层次的内容：一是选位，即选择什么地区（区域）设置设施；二是定址，即在已选定的地区内选定一片土地作为设施的具体位置。

（5）仓库布局决策。仓库布局决策是对仓库内部过道大小、货架位置、配备设备及设施等实物布局进行决策。目的是充分利用储存空间，提高存货的安全性，有效利用搬运设备提高仓库运作效率和服务水平。

（五）装卸搬运、包装与流通加工

1. 装卸搬运

装卸是指将物品在指定地点以人力或机械装入运输设备，或从运输设备卸下的活动。搬运则是指在同一场所内对物品进行水平移动的物流作业活动。在物流实践中，装卸和搬运一般是密不可分的，所以，通常合称"装卸搬运"，就是指在同一地域范围内进行的，以改变物品存放状态和空间位置为主要目的的作业活动；装卸搬运里的"运"和运输里的"运"有一定的区别，搬运里的"运"是在同一地域小范围内发生的，而运输中的"运"往往指在不同地域较大范围内发生。

无论在生产领域还是在流通领域，装卸搬运都是影响物流速度和物流费用的重要因素，在物流系统中发挥着如下作用：

（1）衔接生产各阶段和流通各环节的转换。

（2）保障生产和流通各环节作业的顺利进行。

（3）影响物流活动的效率。

2．包装

包装是指在流通过程中为保护商品，方便储存，促进销售，按一定技法而采用容器及辅助物等进行操作的总称。在物流活动中，包装包含了静态和动态两层含义。静态含义是指能够合理容纳商品、尽可保护商品在流通过程中价值和使用价值完整的物品，如用各种包装材料制成的包装容器。动态含义则是指将商品置于包装物保护之下的工艺操作过程，如对商品进行包裹、捆扎等。

在社会再生产过程中，包装是生产的终点，也是物流的起点。从生产的角度来看，包装是产品生产的最后一道工序，对产品的包装一旦完成，就意味着该产品可以从生产领域进入流通领域。从物流的角度来看，对产品的包装完成之后，该产品就具备了流通的能力，就可以经过装卸搬运、储存、运输等一系列物流活动，最终销售给消费者。

包装在商品流通过程中发挥着重要的作用。具体而言，包装具有保护商品、方便流通和消费以及促进商品销售的作用。

（1）保护商品。在流通过程中，商品不可避免地会受到各种外界因素的影响，所以保护商品是包装最基本和最主要的功能。

（2）方便流通与消费。包装具有按需要将产品以某种单位归集的功能。所以，可以根据商品本身的特性、物流方式和条件以及消费的情况，灵活地决定商品的包装单位，并使包装形态、包装材料、包装标志、包装拆卸的难易程度等要素与之相适应，从而为装卸、运输、验收、储存、计量、销售等各个环节的作业以及消费者的购买和使用创造方便条件。例如，用桶、罐等包装容器对液态商品进行封装，以便于运输；将零售的小件商品集装成较大的包装单位以便于装卸搬运和储存。

（3）促进商品销售。在销售时，消费者最先接触到的不是产品本身，而是产品的包装。对产品包装的印象往往会成为消费者对商品的第一印象。包装在一定意义上起着广告说明和宣传产品的作用。精美恰当的商品包装可以增加产品的美感，吸引消费者的注意，唤起消费者的购买欲望。

3．流通加工

流通加工是物品在从生产领域向消费领域流动的过程中，根据需要对其施加的包装、分割、计量、分拣、组装、价格贴附、标签贴附、商品检验等简单作业的总称。流通加工与生产、销售的关系如图8-4所示。

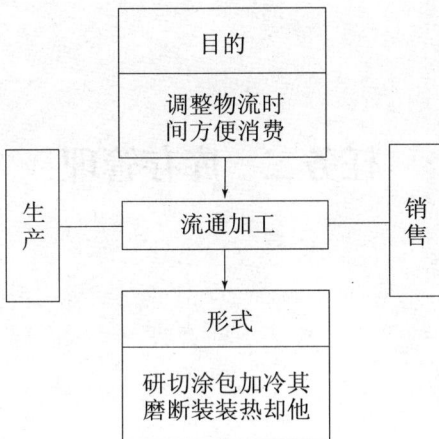

图 8-4　流通加工与生产、销售的关系

流通加工发挥的作用如下：

（1）有利于商品配送。流通加工是配送过程及其他活动的基础，是配送的前提。

（2）可方便客户。通过物流加工过的产品，用户可不用消耗人力、物力和财力对所购产品进行加工，方便了用户。

（3）为流通企业增加收益。流通企业从事流通加工可以创造新价值，可以为企业带来收益。

（4）弥补生产加工的不足。通过流通加工按用户需求对产品进行处理可弥补生产加工的不足。

【知识链接】

家具行业巧降物流成本

过去，顾客买的家具都是已经加工成形的，家具的体积相当庞大，如一套组合柜，体积可能达 2 立方米以上，而且形状各式各样，这给储存和运输带来了巨大的困难。一个仓库储存不下多少家具，一辆货车也只能装几个柜子。顾客在购买了家具后，也需要考虑如何把家具运到家里。如果买的是一个大型组合柜，要让它通过狭窄的楼梯和门，绝对是一个难题，有人甚至想出了从窗户把家具吊上去的方法，但这既危险又费时费力。现代物流的发展，给人们以启发，如果把家具的拼装环节放在配送之后，也就是在顾客家中进行，将解决这个难题。生产家具时就把家具做成一块块便于用标准化的螺钉来拼装的木板、玻璃等，在货物配送之前，家具都以模块化的木板、玻璃、螺钉的形态存在，体积比已经成形的家具小了 2/3 以上，而且形状规则，方便了储存和运输，这一做法大大降低了物流成本，成为家具行业降低成本的有效手段。

任务落实

请画出物流企业的运作模式图。

任务二　库存管理

任务目标

懂得库存管理的重要性。

情境导入

透视"零库存"——一汽大众应用物流系统纪实

上海一汽大众汽车有限公司已经开始体会改进后的物流系统——零库存带来的好处。一汽大众的零部件的送货形式有三种：电子看板；准时化；批量进货。这种 JIT 系统不但为一汽大众汽车有限公司节约了大量的成本，而且实现了在一条生产线同时组装 2～3 种车型的混流生产方式下，不仅及时、准确，而且生产现场比原来节约了近10%，同时，零部件的储存减少了，公司每年因此节约的成本达 6 亿多元人民币，供货厂也减少了 30% 至 50% 的在制品及成品储备。电脑网络由控制实物流、信息流延伸到公司的决策、生产、销售、财务核算等各个领域中，使公司的管理步入了科学化、透明化。

知识广场

一、库存管理概述

（一）库存的概念

库存，广义来说可以称为"组织中所用的任何资源或物品的储备"，狭义来讲，库存是指"用于进行生产或满足顾客需求的材料或资源的储备"，一般都侧重于狭义的库存及管理。传统的计划经济下，企业生产过程围绕国家计划来开展，一般侧重于对物资（原材料）的管理。在市场经济体制下，由于市场的不确定性增加了生产管理的困难，管理的范围也从原材料扩展到半成品和成品，一般称为"存货"。管理的重点也从编制物资供应计划转向库存管理。

对于不同的组织、不同的企业来说，库存的内涵不同。航空公司的库存是其飞机的座位；百货商店的库存是各种各样的商品，通常来讲，制造企业的库存可分为原材料、半成品、零部件、供应品和在制品五大类。服务业的库存，则指用于销售的实物和服务管理所必需的供应品。

（二）库存的作用

1. 预防不确定性。在市场经济条件下，市场的不确定性，决定了原料供应和产品销售的不确定性，而生产过程的均衡，能使企业获得较好的生产效率和有利于提高产品质量。另外，若发生生产和销售脱节，不能及时向用户供货，将可能失去用户。因此，建立安全的库存量十分重要。

2. 能够实现经济生产批量。如前所述，在成批生产类型企业中，按经济生产批量来安排生产计划能使成本最小，而经济生产批量一般不等于用户订购的批量数，这就需要通过库存来满足用户的需求。

3. 实现经济购买批量。按照经济原理，当订购货品的批量达到一定的数量（即经济订购批量）时，可以使企业订购和保管费用为最小。另外，在市场经济条件下，由于商品价格的灵活性，供货单位往往承诺，当购买批量达到一定数量时，可以给予价格优惠，这些都能降低企业的生产成本。

4. 为了防止原料涨价而增加库存。减少库存量虽然是企业为了降低原料成本而常用的方法，但带有较大的风险，若与预测相反，企业将蒙受较大的损失。若企业原料可在期货市场得到，完全可以用套期保值方法来降低成本。若预测某原料在今后将要涨价，可先购得期货合约；若将来真的涨价，则因有期货合约在手，对企业影响不大；若没有涨价反而跌价，企业虽然在期货有损失，但在现货市场购得廉价原料，两者相抵影响也不太大。

5. 在途库存。原料在运输过程需要一定的时间，占有一定的库存量。在生产过程的在制品等都占一定的库存。

（三）库存成本

库存成本由以下 3 个因素组成：

1. 保管费用。保管费用一般用库存货物成本的百分比来表示。如每年 15% 的库存费用，即 1 元物品存 1 年的花费为 0.15 元。库存保管费用主要是指：占用资金的利息、仓库租金（或折旧）、仓库管理费、库存损耗费。还有资金的机会成本，它是指资金被库存占用，而失去用于其他投资机会造成的损失。

2. 订货成本。每订一批货物所支付的必要费用，主要是指采购人员差旅费、合同公证费、手续费、通信联系费等。它仅与订购货物的次数有关，而与货物订购数量无关。

3. 短缺成本。短缺成本是指由于库存不足，无法及时满足顾客需求所造成的业务损失、企业信誉损失等。

（四）独立库存和相关库存

独立需求是指各种物品的需求之间没有联系，可以分别确定。独立需求由市场状况决定，与企业生产过程无关，企业最终产品的需求均为独立需求。相关需求是指产品的需求与更高层次的产品需求相关联，前者的需求由后者决定。例如，市场对某小轿车的需求：500 辆 / 月，为独立需求，因生产 500 辆小轿车而需要的 2 000 个车轮和轮胎则属于相关需求，它们是从属于独立需求的。为应付独立需求而建立的库存为独立库存，与相关需求相联系的库存是相关库存。由于以上原因，独立库存与相关库存模型是完全不同的。

二、库存控制

库存控制是指根据企业生产、经营的需要，在库存动态变化的基础上，按照经济合理的原则，采用适当方法对库存进行调节、控制的活动。进行库存控制的目标，是以最低的库存总费用和库存量来满足生产（顾客）的需求。

库存控制的作用有：在保证企业生产、经营需求的前提下，使库存量经常保持在合理的水平上；掌握库存量动态，适时、适量提出订货，避免超储或缺货；减少库存空间占用，降低库存总费用；控制库存资金占用，加速资金周转。

研究库存控制的意义和进行库存控制的目标是要对库存进行控制，使企业的库存维持在一个特定的水平上，使库存造成的各项浪费最小，而又能保证生产、经营活动的正常进行。

对于独立库存系统，可以用各种库存模型来求得经济合理的库存量，其中最为常用的是定量订货模型和定期订货模型。

（一）定量订货模型

定量订货是指当库存量降到某一确定的数值时，开始订购预先确定的新的物资，补充库存，而订货的时间不定。定量订货模型主要有三个因素：一是确定订货需要的库存水平，即订货点；二是为了降低成本，需要确定一个合适订货批量，一般用经济订购批量来表示；为了防止各种不确定因素对生产过程连续性的影响，而确定一个安全库存量。

1. 订货点和经济订购批量

经过某些假设可把库存量变化简化成如图 8-5 所示的图形。

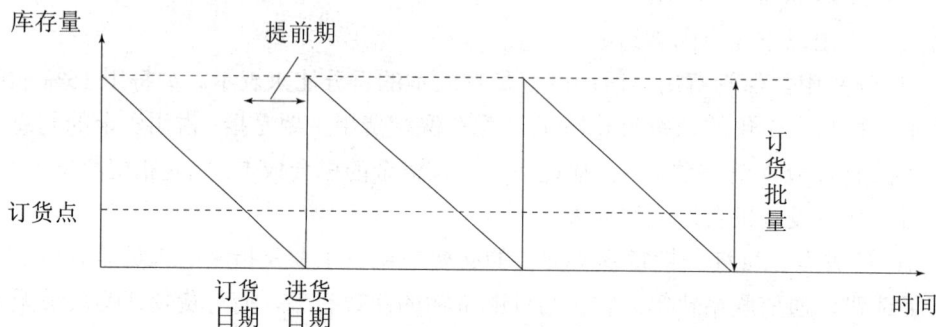

图 8-5　定量订货模型

设每日需求量为 d，交货期 $L=$ 进货日期 − 订货日期，则订货点 R（库存量）$=dL$

库存成本 = 订货费用 + 保管费用，（总库存成本 = 订货费用 + 保管费用 + 货品成本）

设总需求量（年）为 D；订货批量为 Q；每次订货费用为 S；单位货品库存费用为 H；单位货品成本为 C。

则

$$T_c = \frac{DS}{Q} + \frac{QH}{2} + DC$$

所谓经济订购批量（EOQ）是使总成本 T_c 最小时的 Q 值，则

$$\frac{dTc}{dQ}=0$$

求得经济订购批量

$$EOQ=\sqrt{\frac{2DC}{H}}$$

【例 8-1】某企业对某种物资年需求量为 3 650 千克，订货费用为 50 元 / 次，物资单价为 125 元 / 千克，保管费用为单价的 10%，交货期 5 天，求经济订购批量和订货点。

解：已知 D=3 650 千克，S=50 元 / 次，H=（0.1×125）元 =12.5 元

$$EOQ=\sqrt{\frac{2DC}{H}}=\left(\sqrt{\frac{2\times3\,650\times50}{12.5}}\right) 千克/次\approx171千克/次$$

$$日平均需量\,d=\frac{D}{365}=\left(\frac{3\,650}{365}\right)千克=10千克$$

$$订货点\,R=dL=（10\times5）千克 =50 千克$$

2. 安全库存量

由市场不确定性，造成每日需量为一随机变量，这时库存可能出现 3 种情况：① α_0 交货期内需求量 = 平均需求量这 3 种情况分别在图 8-6 中以 α_0，α_1，α_2 表示。② α_1 交货期内需求量 > 平均需求量，造成库存短缺。③ α_2 交货期内需求量 < 平均需求量，库存积压。日需求量一般可认为是服从正态分布，可根据历史数据或预测分析，求得需求量的期望值 d 及其标准差 σ_L。然后利用正态分布表求得给定短缺率（或服务水平）下的安全库存量。如图 8-6 所示。若仅考虑库存短缺给生产造成了损失，则必须用安全库存量来弥补。

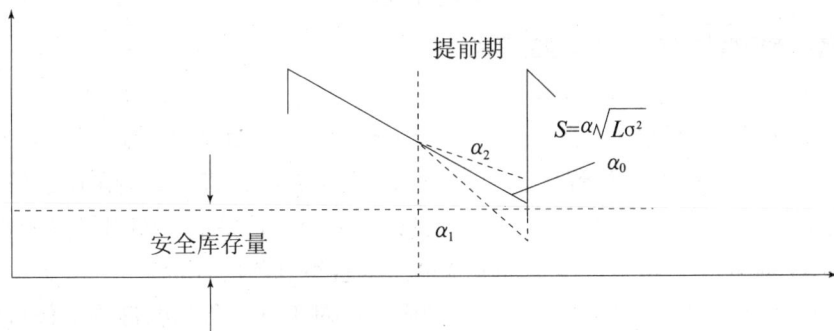

图 8-6　安全库存量

式中　S——安全库存量；

　　　α——安全系数；

　　　L——交货期；

　　　σ——日需求量。

【例 8-2】接上例，d=10 千克，L=5 天，σ_L=3 千克，短缺率为 5%，求安全库存时的订货点。

解：有安全库存量时的实际库存量 $= \bar{d}L + a\sqrt{L\sigma^2} = (10 \times 5 + 11.1)$ 千克 $= 61.1$ 千克

（二）定期订货模型

1. 定期订货的概念

定期订货是指订货时间和周期预先确定，订货数量根据订货日盘点的实际库存量的情况临时确定的订货方法，即订购时间固定，每次订购的数量不固定。在此，关键是如何确定（每次）订货数量。如图 8-7 所示。

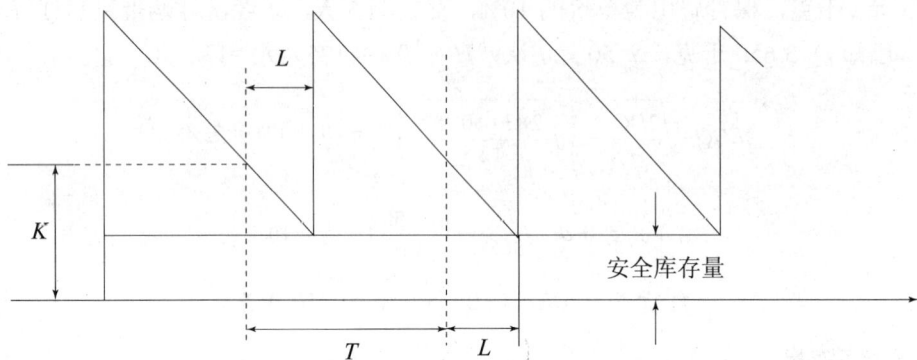

图 8-7　定期订货模型

设订货间隔期为 T，订货提前期（交货期）为 L，订货盘点库存量为 K，平均每天需量为 d，安全库存量为 R。

当 d 变动时，由于订货日已扣除了实际的库存量，因此从订货日到下一个进货间没有新的货源。变动日期为 $T+L$，标准差为 σ_{Li}，$\sigma^2 = (T+L)\sigma^2$，则安全库存量

$$R = \alpha\sqrt{(T+L)\sigma_{Li}^2}$$

2. 定量订货模型与定期订货模型的区别

下面将两种订货模型略加比较。

（1）定量订货模型的特点：①控制库存量方便，一般可用双堆法，即乙堆为订货点库存量，其余堆甲堆，并先用甲堆货品，当甲堆用完时即可开始订货。②能采用经济订购批量，降低采购成本。③安全库存量较小。过去一般认为适用于价格低、使用量多的货品，但由于后两个特点，对用于价格贵、用量少的货品方面也得到新的评价。

（2）定期订货模型的特点：①由于订货期固定，对于许多货品的订购工作可同时进行，也能降低总采购费用。②对库存量进行严格控制（定期盘点）。另外，在存在中间销售环节时，供应厂商可定期检查销售点的库存情况，以便及时补充库存。一般认为这种模型适用于单价高、用量少的货品。近来有人认为其安全存量高，而对这个观点提出异议。

三、库存的 ABC 管理法

（一）概述

ABC 分类法又称为重点管理法，其基本原理是处理问题要分清主次，区别关键的少数和次要的多数，根据不同情况进行分类管理，帮助人们正确地观察问题并做出决策。

帕累托（意大利经济学家）原理："关键的少数，次要的多数"。它最早用于分析本国财富分配状况时，后来许多管理学者把此原理用于管理的其他方面：库存管理——ABC 分析法；质量管理——排列图法等。

库存 ABC 分类法，就是按存货单元的年利用价值对其进行分类的方法。所谓存货单元是指因其用途，或因其款式、大小、颜色甚至存放地点的不同而被区别对待的存货项目。例如，相同款式但尺码不同的两种鞋可能被当做两个不同的存货单元。

（二）ABC 分析法的具体过程

1. 将商品按其库存额从大到小进行排列，并算出总库存额。
2. 计算累计库存额占总库存额的百分比。
3. 按累计库存额的百分比划分 A、B、C 类，见表 8-2。

表 8-2　ABC 分类

因素名称	因素重要性	占品种（%）	占金额（%）
A	关键因素	10	70 左右
B	一般因素	20	25 左右
C	次要因素	70	5 左右

【例 8-3】某仓库库存商品 10 种，其库存额并作 ABC 分类表如下，见表 8-3。

表 8-3　库存物资的 ABC 分类

商品序号	库存额／元	累计库存额／元	累计库存额（%）	分　类	累计品种数（%）
01	7 000	7 000	70.00	A	10
02	1 100	8 100	81.00	B	20
03	900	9 000	90.00		
04	270	9 270	92.70		
05	200	9 470	94.70		
06	190	9 660	96.60		
07	120	9 780	97.80	C	70
08	100	9 880	98.80		
09	90	9 970	99.70		
10	30	10 000	100.00		
合　计	10 000				

库存物资的 ABC 分类图，如图 8-8 所示。

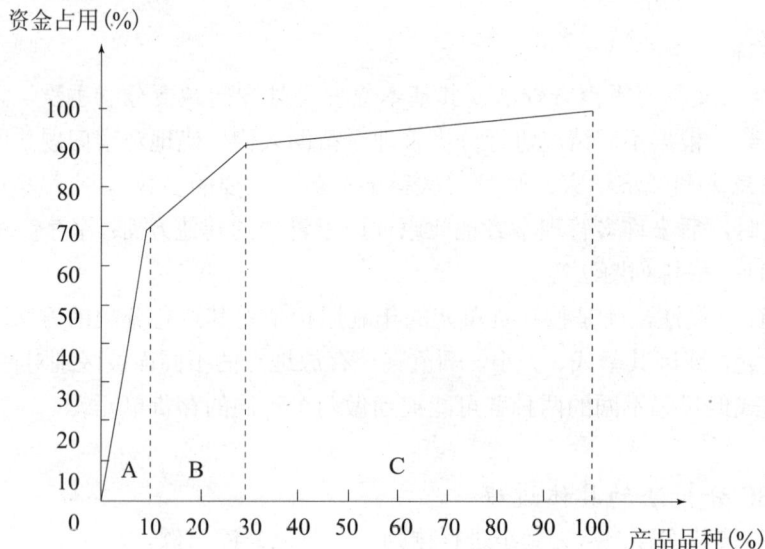

图 8-8　ABC 分类图

四、库存的 CVA 管理法

由于 ABC 分类法有不足之处，通常表现为 C 类货物得不到应有的重视，而 C 类货物往往也会导致整个装配线的停工。因此，有些企业在库存管理中引入了关键因素分析法（Critical Value Analysis，CVA）。

CVA 的基本思想是把存货按照关键性分成 3 ～ 4 类，即：

最高优先级。这是经营的关键性物资，不允许缺货。

较高优先级。这是指经营活动中的基础性物资，但允许偶尔缺货。

中等优先级。这多属于比较重要的物资，允许合理范围内的缺货。

较低优先级。经营中需用这些物资，但可替代性高，允许缺货。

表 8-4 列示了按 CVA 库存管理法所划分的库存种类及其管理策略。

表 8-4　CVA 库存种类及其管理策略

库存类型	特　点	管理措施
最高优先级	经营管理中的关键物品，或 A 类重点客户的存货	不许缺货
较高优先级	生产经营中的基础性物品，或 B 类客户的存货	允许偶尔缺货
中等优先级	生产经营中比较重要的物品，或 C 类客户的存货	允许合理范围内缺货
较低优先级	生产经营中需要，但可替代的物品	允许缺货

CVA 管理法比起 ABC 分类法有着更强的目的性。在使用中要注意，人们往往倾向于制定高的优先级，结果高优先级的物资种类很多，最终哪种物资也得不到应有的重视。CVA 管理法和 ABC 分析法结合使用，可以达到分清主次、抓住关键环节的目的。在对成

千上万种物资进行优先级分类时，也不得不借用 ABC 分类法进行归类。

任务落实

某企业原材料 A 的年消耗量为 12 000 公斤，价格为 15 元／公斤，每次采购费用为 30 元，年保管费用率 I=10%，求经济采购批量。

任务三 供应链管理

任务目标

理解供应链协调的重要性，识别供应链协调的障碍因素，掌握实现供应链协调的措施。

情境导入

敦豪国际快递公司在供应链管理中的作用

现在已经是深夜，但是在位于布鲁塞尔的敦豪国际快递公司的国际空运包裹网络中心的巨大的厂房中，仍然有叉车和分类工人在忙碌着。各种箱子不断进出敦豪国际快递公司的飞机，物品有戴尔公司电脑、思科公司的路由器、卡特皮拉公司的拖拉机、小松公司的水压泵等。从加利福尼亚运来的太阳公司的电脑被打上标签送往芬兰，来自泰克公司的光盘驱动器将要送往保加利亚。

对时间敏感的货物的门对门送货是电子商务、准时生产制、短产品生产周期、大量定制、降低库存和整个全球供应链的关键。全球供应链逐渐成为趋势，这对空运包裹行业是非常有利的。

利用覆盖 227 个国家和地区的网络，敦豪国际快递公司成为名副其实的跨国公司。公司位于布鲁塞尔的总部只有 450 名员工，而公司总共有 6 万名员工，来自 26 个不同国籍。敦豪国际快递公司为战略性物品建立了巨大的全球网络——快递物流中心。在布鲁塞尔的物流中心附近有世界著名的企业拜尔公司，拜尔的主要业务是升级、修理、组装富士通电脑、富可视投影机、强生医疗器材。"如果在星期三下午 16：00 出现断货，相关仓库管理部门将在 5 分钟后的 4：05 得到消息，当天晚上 19：00 或 20：00 该部件将到达拜尔的厂房"，拜尔公司的国际首席执行官罗伯特·古泼斯说。敦豪国际快递公司还替代诺基亚和飞利浦手机为易安信（EMC）和惠普公司存储和提供部件。

（资料来源：杰伊·梅译、巴里·伦德尔，《运作管理》，第 8 版，陈荣秋，张祥等译，534～535 页，北京，中国人民大学出版社，2006）

知识广场

一、供应链管理概述

供应链管理（Supply Chain Management，SCM）是在现代科技条件下发展起来的一种管理理念，它涉及各种企业及企业管理的方方面面，是一种跨行业的管理。供应链管理的本质是一种集成化的管理思想和方法，它把供应链上各个企业作为一个整体，企业之间为追求共同经济利益的最大化而共同努力，使供应链上各企业分担的采购、生产、分销和销售的职能成为一个协调发展的有机体。

（一）供应链管理的产生背景

1. 经济全球化

世界经济的发展及信息技术的应用，使得整个世界日益成为紧密联系的经济体。跨国公司经常出现采购、研发、生产、销售都在全球不同地区的情况，这就对传统的管理方式提出了挑战，要求管理不能从一个企业出发，而要从企业的各个职能的整体最优化出发。

2. 市场反应快速化

现代科技发展速度导致新产品层出不穷，产品的市场寿命大大缩短。因此，企业如果在剧烈的市场变化中反应稍慢，就有可能被淘汰。制造商把图纸设计好了再让供应商去做的传统模式正在失去竞争力，一些企业，特别是高科技企业发现，在产品的立项阶段即需要供应商的支持，没有供应商的参与，产品的研发进度将大大延缓，企业将发现自己永远慢人一步。

3. 产品需求的个性化

客户不再满足于千篇一律的产品，而要求得到个性化、多样化的产品，而且这种多样化需求具有很高的不确定性。制造商发现，最好的产品通常不是他们为客户设计好的，而是他们与客户一起设计的。这要求制造商与分销商、零售商通力合作，以迅速反应市场的多样化需求。这对企业的生产运作模式也提出了更高的要求。

4. 企业管理模式的变化

企业出于对制造资源的占用要求和对生产过程直接控制的需要，传统上采用的策略是，扩大自身规模，或参股控制供应商、分销商，尽可能大地扩大自己对上游原料供应和下游销售的控制，形成一种"纵向一体化"的管理模式。例如，一些企业拥有从铸造、毛坯准备、零件加工、装配、包装、运输等一整套设备、设施及组织机构，形成"大而全、小而全"的经营管理模式。但在当前市场环境下，这种模式无法快速响应客户需求而导致市场机遇的丧失。当前，越来越多的企业放弃了这种经营模式，转而采用"横向一体化"发展模式，即本企业只抓核心的产品或服务，形成横向上的企业竞争优势，通过外包非核心业务，快速响应市场，充分利用企业外部的资源。在这种模式下，企业管理的范围，从企业内部扩展到企业外部，从单个企业向社会扩展，以共同利益为目标，企业间进行结盟，形成一条从供应商到制造商再到分销商的贯穿所有企业的"链"条。

（二）供应链

供应链管理的对象就是供应链。供应链是一个连接在一起的组织网络，通过前向和后向连接的不同过程和活动，以产品方式产生价值，或者以服务方式提供给下一个节点，直到最终用户。

一般而言，供应链就是由供应商、制造商、分销商、零售商（仓库、配送中心和渠道商）、用户等构成的物流网络。一个企业内部可构成这个网络的不同组成节点，但更多的情况下是由不同的企业构成这个网络中的不同节点，在供应链各成员单位间流动的原材料、在制品库存和产成品等就构成了供应链上的货物流。供应链的结构如图8-9所示。

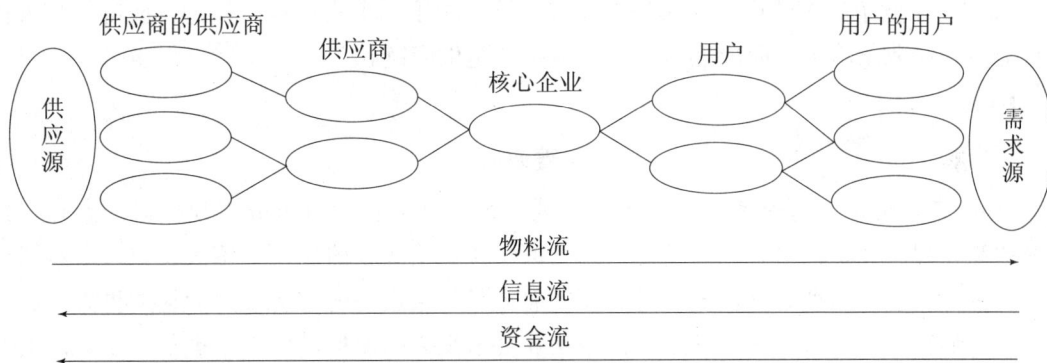

图 8-9　供应链结构

从图8-9可以看到，供应链实际上是由所有加盟的节点企业（或企业单位）组成，在供应链中一般有一个核心企业，节点企业（或企业单位）在需求信息的驱动下，通过供应链的职能（制造、转运、分销、零售等）分工与合作实现整个供应链的不断增值。

对于供应链，应从以下几个基本要点去理解：

1. 供应链是由多个供需节点所组成的网链结构。在供应链上每个企业都是按供需关系连在一起的，互为供需。直接发生供需关系的两个企业构成一个供需节，形成节点企业，所有这些节点企业按照一定的顺序依次连接在一个供应链上。

2. 供应链上有一个核心企业。一般来说，供应链是围绕供应链主体形成的，供应链主体就是指核心企业。一个供应链只能有一个核心企业。核心企业决定了供应链的性质、结构、内容等。供应链的结构是以核心企业为中心，上连供应商、供应商的供应商等供应源，下连用户、用户的用户或分销商、分销商的分销商等需求源；供应链的内容、供应链的性质均取决于核心企业的产品和服务。核心企业不同，供应链的结构也不一样。

3. 供应链供应的实质是产品和服务。在供应链上，供应链企业之间流动的是有形产品和无形服务。为了保障它们正常流动，则需要供应链上各企业做好沟通、协调等方面的工作。

4. 供应链是一条信息链。在供应链上，伴随产品和服务流动的是信息流、资金流、事务流。所以，对供应链上的信息进行处理是供应链管理的主要内容，供应链实质上是一条信息链。

5. 供应链的最终目标是整体效益最大化。供应链的着眼点不是对某个企业，而是对整个供应链中的所有企业，通过沟通、协调等手段最大限度地满足用户需求，实现供应链上企业的双赢和多赢。

供应链具有复杂性、动态性、交叉性、面向用户等特征。供应链按不同的分类标准划分类别也不同，按供应链存在的稳定性，可分为静态供应链与动态供应链；按供应链容量与市场需求之间的关系，可分为平衡供应链与倾斜供应链；按供应链的物理功能和市场功能，可分为有效性供应链和反应性供应链。

企业内部的各个职能部门，可以当作一条内部供应链，通过整合，以更高的效率处理联合的物流、信息流和资金流，完成产品或服务。

现代市场竞争的主体已不再是单个企业，这是由于单个企业难以抵御供应链的强大竞争攻势，纷纷败下阵来，而成熟市场的竞争主体是供应链。

【知识链接】

牛鞭效应

1995 年，宝洁公司管理人员在考察婴儿一次性纸尿裤的订单分布规律时，发现一定地区的婴儿对该产品的消费比较稳定，那里的零售商销售量的波动也不大，但厂家经销商的订货量却出现大幅度波动，同一时期厂家向原材料供应商的订货量波动幅度更大，这一现象与我们挥动鞭子时手腕稍稍用力，鞭梢就会出现大幅度摆动的现象类似。于是，人们将这种现象叫做"牛鞭效应"（Bullwhip Effect）。

牛鞭效应就是指供应链下游消费需求轻微变动而导致的上游企业生产、经营安排的剧烈波动。具体地说，当市场上一种商品的消费需求发生细微变动时，这种波动会沿着零售商、批发商、分销商直至制造商逆流而上，并逐级扩大，在达到最终源头供应商时，其获得的需求信息和实际消费市场中的顾客需求信息发生很大的偏差，需求信息严重扭曲或失真，人们称其为牛鞭效应。

（三）供应链管理

1. 供应链管理的概念

供应链管理是指在满足一定的客户服务水平的条件下，为了使整个供应链系统成本达到最小而把供应商、制造商、仓库、配送中心和渠道商等有效地组织在一起来进行的产品制造、转运、分销及销售的管理方法。也可以说是利用计算机网络技术全面规划供应链中的物流、资金流、信息流、事务流等并进行的计划、组织、控制。

供应链管理要把满足客户需求过程中对成本有影响的所有成员单位都考虑在内，也就是要把供应链上的每个企业都作为一个不可分割的整体看待，在采购、生产、分销等方面形成一个有机的协调的整体。

供应链管理的目的在于追求整个供应链的整体效率和使系统总成本降至最低。因此，供应链管理的重点不在于简单地使某个供应链成员的成本达到最小，而在于通过采用系统方法来协调供应链成员以使整个供应链总成本最低，使整个供应链系统处于最流畅的运行中。

2. 供应链管理的内容

从供应链管理的任务和概念分析可知，供应链管理主要涉及供应、生产、物流、需求4个方面。它是以同步集成的生产计划为指导，以各种现代技术为支持，以国际互联网和企业内部网为依托，围绕企业的供应、生产、物流等最大限度地满足用户需求。供应链管理涉及的领域（内容）如图 8-10 所示。

供应链管理具体应包括以下内容：

（1）供应链网络结构设计，包括供应链合作伙伴选择、供应链物流系统设计。

（2）各节点企业内部集成化供应链管理流程设计，主要是客户需求管理流程设计（如市场需求预测、营销计划管理、客户关系管理等）；客户订单完成管理流程设计（如生产计划与生产作业管理、新产品研发计划管理、物料采购计划管理、品质管理、运输和配送计划与作业管理、资金管理等）；客户服务管理流程设计（如产品售前、售中、售后管理，客户退货管理等）。

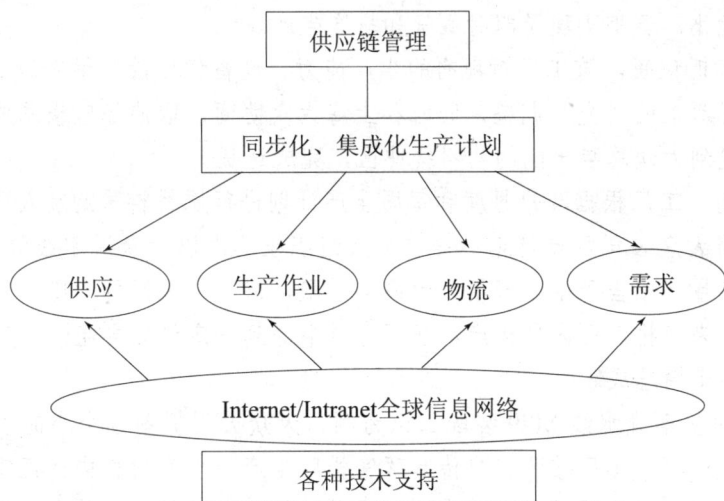

图 8-10　供应链管理领域（内容）

（3）外部集成化供应链管理流程设计。供应链核心企业的客户订单的管理流程与其原材料供应商、产成品销售商、物流服务提供商（物流外包商）等合作伙伴管理流程之间能够相互适应，有机结合。

（4）供应链信息管理。市场需求预测信息、库存信息、销售信息、新品研发信息、销售计划与生产计划信息等的交互共享，以及供应链各节点企业间的协同预测、计划与补给的库存管理技术等。

（5）供应链管理机制的建设。在供应链管理中要建立合作信用机制、协商机制、绩效评价与利益平衡机制、激励与约束机制、监督预警与风险防范机制和其他需要建立的相应机制。

【知识链接】

中转仓库集散式的总成送货方式

2000 年 4 月 SVW 座椅总装厂投产向上海大众公司供货，起初按照客户的要求，采用中转仓库集散式的总成送货方式。具体方法如下：

根据客户物料部门月度生产计划和周生产计划，提前一天组织生产，并以每 6 辆份同类型座椅为一个料架单位送达客户指定的仓库，第二天客户生产装配前，再由客户指定的中介运输公司从仓库送到上海大众总装厂物料缓冲区，客户物料工按需用铲车送到整车装配流水线旁。大众整车座椅装配工位的操作员根据不同车辆配置需要，从不同的料架上依次取下相应的座椅进行装配。

上述供货方式虽然能平稳有效运作，但存在问题有：①大量座椅总成库存每日积压的资金高达 300 万元，全年库存周转率仅 5 次；②库存中转过程大量占用和消耗总成料架，预计 5 年内需累计投资 200 万元；③中转过程造成座椅质量损失，影响客户满意度；④生产和物流链未能实现一日物流和及时生产，存在大量浪费。

为了降低成本，提高管理效益，该工厂对内部物流、信息流、生产方式以及管理架构进行全面整合优化，逐步实现了即时供货和排序生产。

为了达到即时供货，该工厂对现有的生产能力、设备稳定性、供应商供货及时性和运输状况等进行了深入的研究和调整，同时和上海大众协商，取消了座椅总成中转仓库，直接将座椅总成送到大众总装车间的物料缓冲区，完成送货。

实际操作时，工厂根据客户月度和每周生产计划进行原材料采购和人员配备，并通过电话或传真取得大众公司每日计划，提前半天组织生产，以大众流水线物料缓冲区 36 辆座椅的安全库存量（相当于半天产量）为最高时限，以客户现场的"座椅安全库存数量的减少"为拉动，来安排工厂内部生产，当库存量下降到一定量后再组织生产，然后直接向客户流水线提供座椅总成。

以大众公司整车流水线 M79 装配工位为例，大众公司提前 3 个小时"阶段性"地将供货需求传真到工厂，工厂按照客户传真落实排序生产，生产过程中保证座椅的排序和客户总装线上的不同车辆类型（如电动真皮、手动米织、电动带加热垫和气囊等等）的排序一致，生产结束后，依次放入料架后直接送到大众流水线，进行整车座椅安装。客户流水线装配员直接在同一料架依次排序取得与整车配套的座椅进行装配，不再执行分料架取货。

工厂在上午 7：00 得到客户的整车排序信息，然后按照指定的顺序进行多品种的混线生产。成品以相同的排序 6 辆份为单位装入总成料架，上午 9：20 准时发运到客户现场缓冲区准备装配。当上午 10：40 大众流水线 M79 点进行整车装配时，座椅抵达流水线旁，客户流水线操作员直接取用和整车配套的座椅完成装配。

通过以上方法，该工厂做到了"按照客户相同的排序，组织生产，并在客户指定的时间点将相同顺序和类型的座椅及时准确地送到现场"。实现了"排序生产、排序供货"。

二、采购管理

（一）采购概念

1. 定义。采购是用户为获取与自身需求相吻合的货物和服务而必须进行的所有活动。采购包括两个基本意思，"采"是指收集市场信息并进行选择；"购"即购买，是指根据一定的方法和经验从多个选择对象（如商店、企业、市场等）中进行选择购买的过程。

2. 采购过程。一个完整的采购过程一般应经历 7 个步骤：①接受采购申请；②制订采购计划；③联系供应商；④采购谈判；⑤进货及其控制；⑥支付货款；⑦采购评估总结。

3. 采购的杠杆效应。采购成本占企业总成本的比例一般都很高，对于技术性一般的企业，其采购成本比例在 30%～80% 之间；对于高新技术产业公司，其采购成本比例一般为 10%～30%；对于多年成熟的简单技术，采购成本比例可能高达 90%，因此，采购成本的节省，能为企业带来巨大的效益。例如，某企业年利润率为 10%，采购成本占销售额的比例为 60%，则采购成本降低 1% 所带来的利润相当于销售额提升 6% 的效果，采购成本的节省比销售额的增加带来的利润效应更明显。

（二）采购的方式

采购的方式有很多，常见的有招标采购和议价采购等。

招标采购，又可分为邀请招标和公开招标两种。公开招标是指采购企业作为招标方，先提出采购的条件和要求，并通过公众媒体、报刊、电视或信息网络等公共传媒介绍、发布招标公告或招标信息，邀请不特定的法人或者其他组织投标所进行的招标。公开招标是一种无限制的竞争方式，其优点在于投标不受地域限制，招标人有较大的选择余地，可在众多的投标人中选定报价合理、工期较短、信誉良好的承包商，有助于打破垄断，实行公平竞争。

公开招标虽然是最能体现充分竞争和"三公原则"的采购方式，但是也存在着程序环节多，采购周期长，费用较高等缺陷。邀请招标则不仅在一定程度上能够弥补上述缺陷，而且能相对充分发挥招标优势。所谓邀请招标，也称选择性招标，由采购人根据供应商或承包商的资信和业绩，选择一定数目的法人或其他组织（不能少于 3 家），向其发出招标邀请书，邀请他们参加投标竞争，从中选定中标的供应商。

议价采购是指采购人员对供应商的产品或服务的质量、交货期、价格等条件进行谈判后，从中选择信用可靠的供应商的采购方法。在对外贸易中，采购交易磋商的过程包括询盘、发盘、还盘与接受。

（三）供应商管理

所谓供应商管理，就是对供应商的了解、选择、开发、使用和控制等综合性管理工作的总称。其中，了解是基础，选择、开发、控制是手段，使用是目的。供应商管理的目的，就是建立一个稳定可靠的供应商队伍，为企业生产提供可靠的物资供应。

1．供应商调查

供应商管理的首要工作，就是要了解供应商、了解资源市场。供应商调查分为 3 种，第一步是资源市场调查，第二步是初步供应商调查，第三步是深入供应商调查。

（1）资源市场调查包括：①资源市场的规模、容量、性质。如资源市场是买方市场还是卖方市场，是垄断市场还是竞争市场等。②资源市场的环境如何，例如市场的管理制度、法制建设、经济、政治环境等。特别是在国际采购中更应注意。③资源市场中有哪些供应商，各个供应商的情况如何。

（2）初步供应商调查，是指对供应商基本情况的调查。它主要是了解供应商的名称、地址、生产能力，能提供什么产品，能提供多少，价格如何，质量如何，市场份额有多大，运输进货条件如何。初步供应商调查具有调查范围广、调查内容浅的特点。

（3）深入供应商调查，是指经过初步调查后，准备发展为自己的供应商的企业进行更加深入仔细的考察活动，是深入到供应商企业的生产线、质量检验环节和管理部门，对供应商的设备、工艺、生产技术、管理情况等进行深入了解，并进行样品试制，试制成功以后才算合格。

2．供应商考核和控制

供应商管理的任务，一是开发供应商，通过寻找新的供应商，建立起适合企业需要的供应商队伍；二是对已有的供应商进行考核和控制。因此，必须建立一套标准。常见的标准有：质量、价格、可靠性、能力等。

供应商的选择办法有考核选择和招标选择。

（1）考核选择。它是在对考核对象进行充分调查了解的基础上，通过相关指标的分析比较、考核来选择供应商的一种方法。

（2）招标选择。它是企业通过采用招标的方式，吸引若干个有实力符合要求的供应商，以投标的方式参与竞争，最后以评议标的方式确定最满意的供应商。

【例 8-4】某企业需求方按如下分数分配比例来评价本地的各供应商：产品质量占 40 分，价格占 35 分，合同完成率占 25 分。根据上期统计资料，4 家供应商情况见表 8-5。

表 8-5　4 家供应商情况表

供应商	收到的商品量	验收合格量	单　价	合同完成率（%）
甲	2 000	1 920	89	98
乙	2 400	2 200	86	92
丙	600	400	93	95
丁	1 000	900	90	100

根据上表数据，按以下计算可得出各供应商的综合分数如下：

甲：（1920÷2000）×40 分 +（86÷89）×35 分 +0.98×25 分 =96.7 分

乙：（2200÷2400）×40 分 +（86÷86）×35 分 +0.92×25 分 =94.7 分

丙：（480÷600）×40 分 +（86÷93）×35 分 +0.95÷25 分 =88.1 分

丁：（900÷1000）×40 分 +（86÷90）×35 分 +1×25 分 =94.4 分

得分最高者是甲，因此最终选定的合适供应商是甲。

三、准时化采购

(一) 准时采购的含义

准时化采购又称 JIT 采购，它是由准时化生产管理思想演变而来的。它的基本思想是：把合适数量、合适质量的物品，在合适的时间供应到合适的地点，最好地满足用户需要。其目的是为了实现零库存和消除不必要的浪费。要进行准时化生产必须有准时的供应，因此，准时化采购是准时化生产管理模式的必然要求。准时采购包括供应商的支持与合作以及制造过程、货物运输系统等一系列的内容。准时化采购不但可以减少库存，还可以加快库存周转、缩短提前期、提高购物的质量、获得满意交货效果。

(二) 准时化采购的原理

传统采购是填充库存，并以一定的库存来应对企业需求，为了保证企业生产经营的正常进行和应付物资采购过程中的各种不确定性（如市场变化、物资短缺、运输条件约束等），常常产生大量的原材料和外购件库存。虽然传统采购方式也在极力进行库存控制，想方设法地压缩库存，但是由于机制问题，其压缩库存的能力是有限的。特别是在需求急剧变化的情况下，常常导致既有高库存，又出现某些物资缺货的局面。准时化采购是一种直接面向需求的采购模式，其基本原理体现在以下几点：

1. 需要什么就采购和供应什么，品种规格满足用户需求。
2. 需要什么质量的物资就采购和供应什么质量的物资，杜绝次品或废品。
3. 需要多少就采购和供应多少。
4. 什么时候需要就什么时候送到。
5. 什么地点需要就送到什么地点。

准时采购与传统采购的区别见表 8-6。

表 8-6 准时采购与传统采购的区别

比较因素	准时采购	传统采购
供应商的选择	长期合作，甚至单源供应	短期合作，多源供应
供应商评价	质量指标、供应指标、经济指标、配合与服务指标等	质量、价格、交货期
验收入库工作	由于质量得到保证，无进货检查	每次进货都进行检查
采购批量与运输	小批量、多批次、运输次数多	大批量、批次少、运输次数少
协商内容	长期合作关系、质量与合理价格	获取最低价格
供货	准时送货，交货时间买方负责安排	较低成本，卖方安排
信息交流	快速、可靠	一般要求
包装	小、标准化容器包装	普通包装、无特别说明

(三) 准时化采购的优点

准时化采购对于供应链管理思想的贯彻实施有着重要的意义，作为一种先进的采购模式，不但可以有效克服传统采购的缺陷，提高物资采购的效率和质量，还可以有效提升企业的管理水平，为企业带来巨大的经济效益。具体表现为以下几点：

1. 有利于暴露生产过程中隐藏的问题。从深层次提高生产效率，JIT采购认为，过高的库存不仅增加了库存的成本，而且还将许多生产上、管理上的矛盾掩盖起来，使问题得不到及时解决，日积月累，小问题就可能积累成大问题，严重地影响企业的生产效率。而JIT是一种理想的物资采购方式，它设置了一个最高标准，一种极限目标，即原材料和外购件的库存为零，质量缺陷为零。同时，为了尽可能地实现这样的目标，JIT采购提供了一个不断改进的有效途径，即降低原材料和外购件库存——暴露物资采购问题——采取措施解决问题——降低原材料和外购件库存。JIT采购通过不断减少外购件和原材料的库存来暴露生产过程中隐藏的问题，从解决深层次的问题来提高生产效率。

2. 消除了生产过程中的不增值环节，提高了生产效率。在企业采购中，存有大量的不增加产品价值的活动，如订货、修改订货、收货、装卸、开票、质量检验、点数，入库及运转等，把大量时间、精力、资金花在这些活动上是一种浪费。由于JIT采购大大地精简了采购作业流程，因此避免了这些浪费，极大地提高了工作效率。

3. 进一步减少并最终消除原材料和外购件库存。降低企业原材料库存不仅取决于企业内部，而且取决于供应商的管理水平。JIT采购模式不仅对企业内部的科学管理提出了严格的要求，而且对供应商的管理水平提出了更高、更严格的要求。JIT采购不仅是一种采购方式，也是一种科学的管理模式，JIT采购模式的运作，在客观上将在用户企业和供应商企业中铸造一种新的科学管理模式，这将大大提高用户企业和供应商企业的科学管理水平。根据国外一些实施JIT采购策略企业的测算，JIT采购可以使原材料和外购件库存降低40%～85%。有利于企业减少流动资金的占用，加速流动资金的周转，同时也有利于节省原材料和外购件库存占用空间，从而降低库存成本。

4. 使企业真正实现柔性生产。JIT采购使企业实现了需要什么物资，就能供给什么样的物资；什么时间要，就能什么时间供应；需要多少，就能供给多少。从而使原材料和外购件库存降到最低水平。从这个意义上讲，JIT采购最能适应市场需求变化，使企业能够具有真正的柔性。

5. 有利于提高采购物资的质量。一般来说，实施JIT采购，可以使购买的原材料和外购件的质量提高2～3倍。而且，原材料和外购件质量的提高，又会导致质量成本的降低。

6. 有利于降低原材料和外购件的采购价格。由于供应商和制造商的密切合作以及内部规模效益与长期订货，再加上消除了采购过程中的一些浪费，就使得购买的原材料和外购件的价格得以降低。

任务落实

选择当地一供应商，运用所学对其进行考核。

项目九　设备综合管理

所谓设备，有时也称为装备或机器，通常是指在人类生产活动或其他活动中能起到工具作用的物体。本项目"设备管理"中使用的"设备"的含义，主要是指企业生产所使用的除土地和建筑物以外的有形固定资产，如各种机器、机械电子装置、各种车辆等等。但生产中耗用的工装模具，则不包括在"设备"的范畴之内。

任务一　设备的选择与评价

任务目标

能够有意识地从技术性、经济性角度考察一个设备的优劣。

情境导入

购买前的调查

某企业欲购买一套背投电视生产线，技术员小李发现，虽然有多家企业愿意出售，但老总并不急于购买，反而在做相关的技术和市场方面的调查，你能解释其中的道理吗？

知识广场

企业创建、扩建或对原有设备进行更新时均需添置新的设备。对大部分企业来说，靠自行研制的并不很多，所以当添置新的设备时，一般是从市场购置。为了能购置到符合要求、性能良好、质量可靠，同时又经济合理的设备，这就要对所需购置的设备从技术性和经济性等方面进行选择和评价。

一、设备的技术性评价

选择和评价设备的第一步往往是进行一次使用或技术上的仔细考察，以确定设备在技术上是否可行。在评价一台设备的技术规格时，应该认真考察下列因素：

生产能力。在选择一台设备时，其生产能力应能满足现行生产对它的要求，并在可预见的将来也能胜任。设备生产能力的过度使用或利用不充分，均是不可取的，购置一台很快就会超负荷的设备无疑是不明智的。同样，购置一台拥有始终不需要的过高生产能力的设备，尤其当设备的价格较为昂贵时，更是一种不应有的损失。因此，在选择设备时，应从具体的生产任务及生产的发展要求出发，客观地评价需购设备的性能、生产效率及生产能力等因素，使所购设备的性能和生产能力能得到充分合理的使用。

可靠性。所谓可靠性是指设备在规定的条件下和规定的时间内，完成规定功能正常运行的能力。谁也不希望购置一台经常出故障的设备，因为这不仅会影响产品质量，还会耽误交货期，尤其是在要求生产的连续性越来越强、市场竞争越来越激烈的今天，它会给企业带来严重的损失。因此，购置一台可靠性好的设备是一项重要的选择。

可维修性。所谓可维修性是指设备易于维修的特性。尽管现在已出现了许多无需维修的设备，但对绝大多数的设备来说，出现故障总是难以完全避免的。因此，在选择设备时，可维修性就应作为一个重要评价因素，在其他因素基本一致的情况下，无疑应选择结构合理，易于检查、维护和修理的设备。

互换性。在可能的情况下，新购置的设备在备件供应、维护、操作等方面应与企业现有设备尽量相同或相似，以节约人员培训、减少备件种类等方面的费用。

安全性。设备运行的安全性对企业的生产和人员的安全方面关系重大，因此，在购置设备时应慎重选择和评价。

配套性。对于许多复杂、精密的设备，只有在配以完备的辅助设备的条件下，才能充分发挥其作用。因此在选择主机时，往往要把辅助设备的配套情况及其利用率作为重要因素来考虑，尤其是对于应用日益广泛的数控设备，如果缺乏配套的软件，这些设备的作用是很难发挥的。

操作性。设备的日趋复杂、精密并不意味着操作也必然相应复杂。过分复杂的操作往往易于造成操作人员的疲劳和失误，以及人员培训费用的增加，所以应选择操作简便的设备。

易于安装。这一点往往容易被忽略。在选购设备前，应对设备的安装地点进行考察，对于一些大型设备，还需考察运输路线，以选择合适的、易于安装的设备。

节能性。设备的节能包括两方面的含义：一是指对原材料消耗的节省，二是指对能源消耗的节省。节能不仅是降低产品成本的需要，也是今天贯彻可持续发展方针和绿色制造的基本要求。

对现行组织的影响。选购设备，尤其是选购更为先进、精密、复杂的设备时，应充分考虑其对现行生产组织的影响。例如，当购置了数控机床或加工中心时，无疑会对现行的工艺准备、生产计划、现场监控人员的组织等方面带来影响，这些均应在设备购进之前予以充分评价。

交货。这需要考虑供货厂家的信誉及交货期。购置信誉好和交货期有保证的厂家的设备总是让人更放心的。

备件的供应。当设备由于磨损或发生故障而需要维修和更换零部件时，备件是否齐备就会成为能否尽快恢复生产的重要因素。因此，在选购设备时，应充分考虑备件的供应情况，尤其对于进口设备更需如此，在这方面的教训已经不少，值得吸取。

售后服务。选择设备供应厂家时，应考察他们提供安装、调试、人员培训及维修服务的条件。有良好的售后服务，设备运行时就有可靠的保证。

法律及环境保护。选购设备时要遵守国家和地方政府的有关法令和政策，同时要注意对环境保护的要求，不要购置那种为政策和环境保护所不容的设备。

二、设备的经济性评价

一台设备在技术上先进，并不意味着就一定值得购置，尚需考察它在经济上是否合理。一般来说，人们需要的是技术先进又经济合理的设备。

（一）设备的费用与收益

在评价设备的经济性时，总是要考察设备的费用与其所带来或可能带来的收益。

首先，讨论设备的费用。一般来说，设备的费用指的是设备在其整个寿命周期内为购置和维持运行所花费的全部费用，即设备的寿命周期费用，它主要由两部分构成：

一是固定费用，即已被安装好，准备使用而尚未启用的设备所发生的费用，包括购置费、运输费、安装调试费、人员培训费等。

二是运行费用，即为了维持设备正常运转所发生的费用。它包括直接或间接劳动费用、服务及保养费用、维修费用、消耗品费用等。在进行设备的费用比较时，我们需要同时考虑这两部分的费用支出，这也是设备综合管理的一个基本要求。有些设备制造商根据产品的价值链分析，在降低设备本身的价格的同时提高消耗品价格，使得顾客初期投入较少，但是 LCC 很大，从而使自己的总收入最大。设备购买者应根据自己的经济情况正确选择。在实际中，许多企业往往只注意了设备的固定费用，说得更确切些，只注意了设备的购入价格，而忽略了设备的运行费用，这样是有失偏颇的。

其次，讨论设备的收益。考察设备的收益往往要比考察设备的费用困难得多，因为设备所带来的许多收益是无法定量计算或很难与其他收益区别开的，这也是在进行设备选择的经济性评价时，往往更多地采用费用比较法的原因。在实际中如确有必要考察设备的收益，可从它所生产的产品的产量及质量、它所带来的成本的节约等多方面予以综合评估。

（二）经济性评价的方法

用于设备经济性评价的方法很多，这里只简单介绍几种常用的方法。

1. 投资回收期法。这种方法可用于单方案评价或多方案比较，投资回收期可根据实际采用静态或动态方法计算。当用于考察单设备时，如果投资回收期小于设备寿命周期，则该设备在经济上可行。当用于多设备比较时，无疑应选择投资回收期最短的设备。

2. 费用比较法。这种方法多用于多方案比较。它是将设备在寿命周期内发生的所有费用采用一定方法折算为年费用或现值费用，然后进行比较，选择费用低的设备。

3. 效益费用比较法。这种方法可用于单方案评价或多方案比较。它首先需计算设备的寿命周期费用及设备的综合效益。当用于考察单设备时，可在某一时点上（多用年值或现值）将费用与效益比较，当效益大于费用时，该设备在经济上可行；当用于多设备比较时，可在某一时点上将效益与费用相除，取其商值大者为优。

4. 费用效率比较法。这种方法用于多方案比较。它是将设备的生产效率视为设备的收益，用它除以设备的寿命周期费用，从而得出所谓的设备费用效率，取大者为优。

三、设备的安装与调试

设备购置或自制完成后，即进入安装与调试阶段，需要按照设备工艺平面布置图及有关安装技术要求，将外购或自制设备安装在指定的基础上，使设备安装精度达到安装规范的要求，并经调整、试运转、验收后移交生产。

可能有人认为设备的安装与调试工作是技术部门的事情，与管理无关，实际上这是不全面的。应该认识到，设备的安装与调试亦是设备管理工作的重要内容，组织得好坏与否，直接影响设备能否顺利交付使用。

设备的调试工作包括清洗、检查、调整和试运转。当设备安装就位后，应由设备的使用部门组织，设备管理部门与工艺技术部门协同进行设备的调试工作。对于设备的调试工作应予以充分重视，尤其是对高、精、尖设备和引进设备。组织好设备的调试工作，不仅能在设备正式使用前发现设备存在的问题和缺陷，通过调整予以消除，以便尽早交付使用，而且还由于设备的调试多由设备的制造厂家负责，因此，对于设备使用部门来说，也是一个熟悉和了解设备操作的极好机会，尤其对于一些引进设备，更应珍惜这种机会，以便尽快掌握正确的操作方法，使设备的功能全部发挥出来。根据目前的现状，设备的安装和调试一般都由设备制造厂商负责，设备使用企业应积极参与和配合，这样能使设备更迅速和顺利地投产和达产（达到额定产量）。

任务落实

假设学校餐厅要更换洗碗机等设备，请你拿出自己的购买方案。

任务二　设备的使用、维护与修理

任务目标

能够养成设备合理使用的意识。

情境导入

电脑引发的思考

某企业购买了 100 台电脑，使用了 90 台，另有 10 台闲置。1 年后，员工小珍发现，闲置的 10 台电脑账面价值下降了，使用中的 90 台电脑虽然并没有出现故障，但技术人员依然进行了一次检修，你能解释其中的道理吗？

知识广场

一、设备磨损和故障

（一）设备磨损

1. 设备的两类磨损

设备的磨损一般分为有形磨损与无形磨损。

（1）有形磨损（物理磨损）。设备投入生产后在正常使用过程中，由于摩擦、应力和化学反应等的作用，设备的部件和零件会逐渐磨损、疲劳和磨蚀，甚至断裂。一般把这种主要是由于在设备使用过程中机械磨损所致的磨损称为设备的有形磨损（物理磨损）。设备的有形磨损又分为两种：

①运行中的设备在力的作用下，零部件发生磨损、振动和疲劳等现象，致使机器的实体产生磨损，这种磨损称为使用磨损。

②设备在闲置过程中，由于自然力的作用而锈蚀，或由于管理不善和缺乏必要的维护而自然丧失其精度和工作能力，都会使设备遭受有形磨损，这种有形磨损称为自然磨损。

使用磨损与使用时间和使用强度有关；而自然磨损在一定程度上与闲置时间和保管条件等有关。

设备的有形磨损有一部分通过修理可以消除，属于能消除性的有形磨损，另一部分是不能通过修理消除的，属于不能消除性的有形磨损。本节所讨论的设备磨损理论主要是关于设备的有形磨损的理论。

（2）无形磨损。由于经济或科技进步的原因而使原有设备贬值所致的磨损称为设备的无形磨损。

①由于相同结构设备重置价值降低而引起的原有设备的贬值，称为经济性无形磨损。

②由于不断出现性能更完善、效率更高的设备而使原有设备在技术上显得陈旧和落后，因此而产生的无形磨损称技术性无形磨损。

2. 设备磨损的机理

设备的物理磨损主要决定于在受力情况下相对运动表面所产生的摩擦，这种摩擦不仅与受力的大小有关，而且同表面工作状态（如润滑的作用）和相对运动的速度有关，有时还会受某些化学作用所引起的腐蚀的影响。按照金属材料学的理论，钢材经淬、回火后，最表层是氧化脱碳层，质地疏松，附着力很差。一般新设备刚使用时，都要空转一段时间，就是为了磨去材料的氧化脱碳层，这段磨损时间很短但磨损量却很大。磨去氧化脱碳层后即是材料的硬化层，硬化层硬度很高，在使用润滑剂的条件下，是很难磨去的。硬化层下即是材料的基体，硬度很低，零件磨损达到基体，便会发生急剧磨损，它常常导致零件工作性能的迅速劣化或零件几何形状的迅速破坏。

3. 设备磨损的规律

从上述金属材料学的理论及实际测定的经验中，很容易发现设备的物理磨损有它自己的规律性。一般来说，在正常情况下设备零件的物理磨损可分为 3 个阶段。如图 9-1 所示。

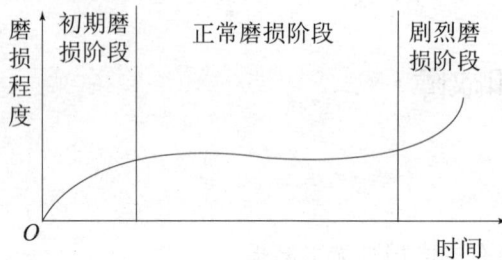

图 9-1 设备磨损曲线图

第 1 阶段称为初期磨损阶段，俗称磨合期，主要是由于相对运动的零件表面的微观几何形状（如粗糙不平度）在受力情况下的迅速磨损而发生的，也可能由于零件接触表面的形状不同，机器运转后产生的跑合作用而发生的。这一阶段磨损的速度很快，但时间较短。第 2 阶段称为正常磨损阶段，在这一阶段，零件的磨损趋于缓慢，延续时间很长，这就是零件的真正使用寿命，第 3 阶段称为剧烈磨损阶段。也就是当零件磨损到一定程度时，表面的硬化层被磨蚀，正常磨损关系遭到破坏，磨损速度大大加快，设备的精度和工作性能迅速劣化，如果不停止使用，进行修理，则设备很快就会被损坏。

（二）设备的故障及其发生规律

1. 故障

所谓设备的故障是指设备或其零部件在运行过程中发生的丧失其规定功能的不正常现象。由于种种原因，设备在使用过程中会发生这样或那样的故障，从而影响生产的正常进行。因此，如何正确分析和掌握设备故障发生的规律，从而减少故障的发生，就成了设备管理中的一个重要问题。

2. 故障发生的规律

一台设备，从生产到大修或报废，其故障的发生是有一定的统计规律的。根据试验研究得知，设备的故障率在整个设备使用期间是按一条所谓的"浴盆曲线"分布的，如图 9-2 所示。

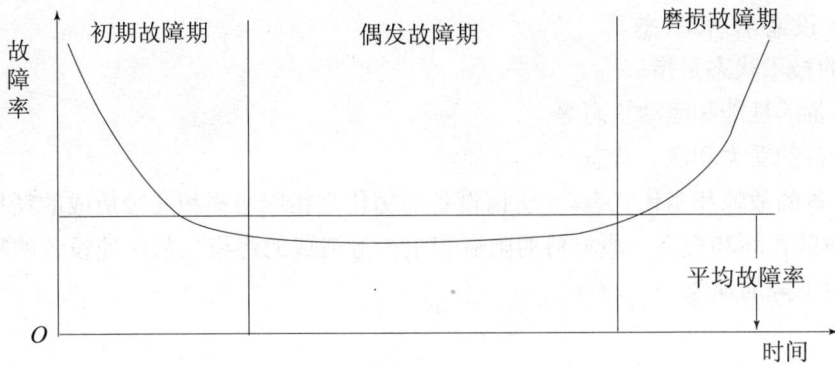

图 9-2 设备故障曲线图

所谓故障率是指工作到某一时间的设备，在接着到来的单位时间内发生故障的概率。从浴盆曲线可以看出，设备故障率的变化显现 3 个不同的阶段：

（1）初期故障期。在这一阶段，设备刚投入使用，由于设计、制造中的缺陷或操作上的不熟悉，往往会出现较多的故障，但这样的故障会随着缺陷的消除和使用的熟练而逐渐减少，因此，故障率也就随着时间的增加而减少，经过一段时间之后，故障率就相对稳定，变化不大了。

（2）偶发故障期。在这一阶段，故障较少，所出现的故障主要是由于维护不好和操作失误等偶然性因素引起的，发生故障的时间不能预测，并且是随机性的，所以称为偶发故障期。这一阶段故障率稳定、时间较长，是设备的正常运转阶段。

（3）磨损故障期。这一阶段可与设备物理磨损的相应阶段相对应，主要是由于设备某些零部件的磨损已达到了剧烈磨损阶段，从而使设备老化。在这一阶段，设备的故障率急剧上升。

二、设备状态监测与诊断技术

为了掌握设备的故障状态及造成的原因，过去常常采用停机解体检查的方法，或者用感官诊断的办法。停机解体不仅增加了停机的生产损失，而且设备的多次解体也必然造成设备的过度维修和精度下降，从而影响生产和产品的质量。由于现代的设备日益向大型化、高速化、连续化和精密化发展，这种停机解体检查和感官诊断的方法也造成财力、人力和时间上的巨大浪费，以及诊断结果的不准确，因而影响设备的维护和修理工作。于是，人们进行了探索，把人类医学的原理引入设备管理之中，把研究故障机理的故障物理学同现代信号处理技术结合起来，创造了设备状态监测和故障诊断技术。

所谓的设备状态监测，是指用人工或专用的仪器工具，按照规定的监测点进行间断或连续的监测，掌握设备异常的征兆。所谓的设备诊断技术，是指在设备运行中或基本不拆卸的情况下，根据设备的运行技术状态，判断故障的部位和原因，并预测设备今后的技术状态变化。

（一）设备技术状态

设备的技术状态是指：

1. 设备的性能和运动状态等。

2. 设备的受力和应力状态。

3. 设备的故障和劣化状态。（所谓设备的劣化是指因磨损和腐蚀造成的耗损，冲击和疲劳等造成的损坏和变形，原材料的附着和尘埃等造成的污染，从而使设备的精度、效率和功能发生下降的现象。）

（二）设备状态监测的对象及状态监视方法

设备状态监测的对象一般以重点设备为主。目前，设备状态监测方法主要有两种：

1. 由维修人员凭感官和普通量仪，对设备的技术状态进行检查、判断，这是目前在机械设备监测中最普遍采用的一种简易监测方法。

2. 利用各种监测仪器，对整体设备或其关键部位进行定期、间断或连续监测，以获得技术状态的图像、参数等确切信息，这是一种能精确测定劣化和故障信息的方法。

（三）监测费用

监测时需要增加费用，所以只有当状态监测所需费用低于故障维修的总费用或者对安全因素应予以特别考虑时，采用状态监测才有必要。一般说来，在确定采用状态监测技术时，以下几种设备是应优先考虑的：

1. 价值昂贵的高、精、大及稀有设备。

2. 发生故障对整个生产系统产生严重影响的设备，如自动线、生产线上的关键设备。

3. 必须确保安全性能的设备。

4. 故障停机修理费用及停机损失大的设备。

设备诊断技术一般包括两部分：一是对设备的技术状态简便而迅速地做出概括评价，主要由现场作业人员实施的简易诊断技术；二是当简易诊断难以做出正确判断时，由专门人员实施的精密诊断技术，它是对经过简易诊断判定为异常的设备作进一步的详细诊断，以确定应采取的措施。它不仅需要简单的测定和分析，还需运用一系列复杂的定量检测和分析技术。

我国目前在设备状态监测和诊断技术的研究和应用推广方面已取得了很大进步，但与先进国家相比仍有差距。我们应当积极采用先进的设备管理方法和维修技术，采用以设备状态监测为基础的设备维修方法，不断提高设备管理和维修技术现代化水平。

三、设备的合理使用

同样的设备，不同的使用，其结果是不一样的。合理使用设备可以提高设备的利用率，减少设备故障，延长设备的使用寿命。反之，则不仅设备的使用价值会降低，引起设备故障或设备不正常损坏，甚至会使新设备报废，直接给生产经营造成损失。所以，以合理使用设备和减少或避免设备故障为任务的设备使用中的管理，是设备管理中非常关键的环节。

目前，许多企业创造了很多有效的合理使用设备的方法和制度，综合起来可以看出，合理正确使用设备应从三个方面着手：一是提高设备的利用程度；二是保证设备的工作精度；三是建立健全的规章制度。

（一）提高设备的利用程度

设备的合理使用还在于提高设备的利用率，即充分有效地利用设备，减少设备的浪费。要做到这一点，就要对设备利用情况做深入的分析，才能找到提高设备利用率的措施和方法。设备利用情况可以从数量、时间、能力三方面分析。

1. 设备数量利用分析。企业拥有的设备，由于各种原因，在一定的时期内，总是有一定数量的设备处于没有被利用的状态。比如，企业已购入但尚未安装使用的设备；已安装但处于备用状态的设备；已在使用但因原料供应不上而处于停工待料或处于维修改造中的设备等。为此，应了解设备数量实际利用情况，从而找出影响设备实际利用水平的因素，以便有针对性地制定改进方案。设备数量的利用情况常用现有设备计划利用率和现有设备实际利用率进行差异分析。其中：

$$现有设备计划利用率 = \frac{计划使用设备数量}{企业拥有设备数量} \times 100\%$$

另外，在现代企业中，尤其是在流程生产企业中，备用设备的数量是影响设备利用水平的重要因素。一般来说，备用设备多，生产装置的运行保障系数就高，但设备利用率水平会较低；反之，减少备用设备的数量，可以提高设备利用水平，然而可能因备用设备不足，一旦出现设备事故，就会使整个生产系统或装置停工，这样损失会更大。因此，企业应从生产系统或装置的停工损失与备用设备所需费用这两个方面综合分析，寻求一个最佳备用设备数量。

2. 设备时间利用分析。设备运行的最大可能时间是全天 24 小时运转，一般流程式生产如化工、钢铁、水泥企业的热工设备（窑炉等），需要 24 小时运转；一般加工装配生产式如机械、电子企业，则根据工作轮班的情况，如两班倒则为 16 小时，一班倒则为 8 小时。因此，企业应采取有针对性的措施，减少意外的发生，合理安排设备的检修，增加设备的实际工作时间，提高设备的时间利用率。衡量设备时间利用水平的指标有：

$$设备制度时间利用率 = \frac{设备实际工作时间}{设备制度工作时间} \times 100\%$$

设备时间利用率在企业有时也称为设备运转率。

3. 设备能力利用分析。从理论上说，设备能力的利用分析应是将设备的实际生产能力与理论生产能力或设计生产能力进行对比分析，但在实际工作中，则多采用实际生产能力与计划生产能力或与该设备的历史最高生产能力进行对比分析，从中发现设备能力利用中的差距，找出影响设备生产能力利用的因素。其中，设备实际生产能力的计算公式为：

$$设备实际生产能力 = \frac{合格产品数量}{设备工作时间} \times 100\%$$

（二）保证设备的工作精度

用日常维护和保养等重要的手段，来减少或延缓设备的磨损；用进行修理方式来恢复设备原有的工作精度。还可通过技术改造和技术革新来改造原有设备，以保证加工所需的精度要求。

（三）建立健全合理使用设备的规章制度

企业尤其是大型企业所拥有的设备，大多种类繁多。要做到便于把握、有效使用和挖掘潜力，即要做到对设备了如指掌，就要对企业的各种设备进行分类、登记和建档。

在上述基础上，建立设备使用的规章制度。设备使用的规章制度是使用设备的依据，也是管理的依据，因此建立设备使用的规章制度，是设备管理的基础工作。它主要包括设备使用规程、岗位责任制、检查维护规程、交接班制度、润滑制度、操作合格制度等。在设备使用的规章制度的建立过程中，一定要认真地进行技术分析，使每台设备尤其是重要设备都有依据其技术特性而确定的规章制度。经过多年探索，我国的工业企业总结了一系列卓有成效的合理使用设备的规章制度，如凭证操作、定人定机、交接班制、"四项要求"（整齐、清洁、润滑、安全）、"三好"（管好设备、用好设备、修好设备）、"四会"（会使用、会检查、会维护、会排除故障）等，结合企业实际，认真执行好上述的规章制度，无疑会对设备的合理使用产生巨大的作用。

四、设备的维护和检查

设备的维护和检查是设备综合管理的重要内容，关系到设备能否正常使用。

（一）设备的维护

设备维护是指为了保持设备正常的技术状态，延长使用寿命，按标准进行的检查与润滑、间隙的及时调整以及隐患的消除等一系列的日常工作。

设备维护工作，按其工作量大小、难易程度与作业范围可划分不同的种类。如在我国许多企业实行的设备三级保养制度就对设备维护工作做出如下划分：

1. 设备的日常保养（日常维护）。它指每天对设备进行的清扫、润滑、紧固、调整和对设备进行的观察与检查、清除所发现的小故障等，一般主要由操作工人（部分工作由辅助工人）负责完成。

2. 一级保养。它是指根据设备使用情况拆卸、清洗零部件、调整间隙、清除表面油污、疏通油路等。一级保养一般由操作工人在专业维修工人的指导配合下定期进行。

3. 二级保养。它是指对设备进行局部群体检查、清洗与换油、修复或更换易损件、局部恢复精度并检查电气、冷却等系统。二级保养一般由专业维修人员在操作工人的参与配合下定期进行。

（二）设备的检查

设备检查是指对设备运转情况、技术状况、工作精度、零部件老化程度进行的各种形式的检查。通过检查可以及时发现隐患，有针对性地采取预防措施消除故障，同时根据检查情况制订修理计划，做好修理前的准备，有助于提高修理效率和修理质量。

1. 设备检查分类

（1）按检查时间可分为日常检查、定期检查和修理前检查。日常检查是由操作工人结合例行保养进行的日检查或交接班检查。它是凭借摸、听、看、嗅等感官方式或简单工具来进行的。定期检查是指专业维修工人在操作工人配合下，按计划进行的检查，其目的是查明零部件磨损与腐蚀情况，以便确定修理类别、修理时间和进行修理前的各项准备工作。修理前检查是在设备按计划修理前对设备进行相应的技术检查。其目的是准确、全面掌握设备的缺陷或故障情况，为修理做准备。

（2）按检查内容可分为机能检查与精度检查。机能检查是指对设备功能与技术状态进行的检查；精度检查是指对设备零部件单项精度与综合精度进行的检测，检测结果可用精度指数表示。

（3）按检查范围可分为机台检查、区域检查与巡回检查。

2. 设备点检

设备点检制度是起源于日本企业的一种先进的设备检查制度，它具有制度化、规范化的特点，对改善设备管理有显著效果，点检记录还可为维修工作提供第一手资料。这里所谓的"点"是指被检测设备的关键部位。所谓"点检制"是指按照一定的规范或标准，通过直观或检测工具，对影响设备正常运行的一些关键部位的外观、性能、状态与精度进行制度化、规范化的检测，它是日本全员生产维修制度的组成部分。

根据设备管理的层次，设备点检可分为"厂控"点检和"一般"点检。"厂控"点检是指由企业直接管理和组织的点检工作，它一般适用于关键设备和公用设备。"一般"点检通常由车间管理和组织，对象为一般性设备。

按作业时间间隔和作业的内容不同，点检工作又可分为日常点检、定期点检和专项点检。专项点检一般是针对某些特定的项目，如设备的精度、某项或某些功能参数等进行的定期或不定期的点检。

实行点检制首先要求明确规定检查点、检查项目、检查周期、检查的方法与手段、判断标准、处置方法、记录格式，即建立点检标准。点检制还要求把点检工作列入岗位责任制，点检结果要填入点检卡。

设备的维护和检查是不可分割的两个方面，二者的许多日常工作是结合进行的。

五、设备修理

设备修理是指通过修复或更换磨损零件，调整精度，排除故障，恢复设备原有功能而进行的技术活动，其主要作用在于恢复设备精度、性能，提高效率，延长使用寿命，保持生产能力。

（一）设备修理类别

设备修理类别一般分为小修、项修和大修。

1. 小修。针对日常点检和定期检查发现的问题，对部分拆卸零件进行检查、修整、更换或简单修复少量磨损件，同时，通过检查、调整、紧固机件等技术手段，恢复设备的使用性能。小修工作量小，但次数多，可结合日常维护与检查进行。

2. 项修。根据设备的技术状态，对其中丧失精度或达不到工艺要求的某些项目按需要进行针对性修理。在进行项修时，一般要部分解体、修复或更换磨损机件，必要时进行局部刮研，校正机床的坐标，以恢复设备精度、性能。项修是随着设备状态监测和诊断技术的发展，结合生产实际情况进行的局部恢复修理，可以达到满足工艺要求，缩短停机时间，降低修理成本的目的。

3. 大修。大修是指对设备进行的全面修理。设备的大修理是计划修理工作中工作量最大的一种修理。在大修时，要对被修设备进行全部解体，修理基准件，刮研修磨基础件的导轨面和固定接触面，修复或更换全部磨损件，同时修理、更换电气部分以及外表翻新，从而全面消除设备现存缺陷，恢复设备原有的精度、性能和效率。设备的大修可结合设备的技术改造来进行，以提高设备的现代化水平。

设备小修、项修和大修的具体内容因设备的不同而有所不同，企业应根据各自特点分别加以具体规定。

（二）设备维修制度

1. 计划预修制。计划预修制是预防维修类型的。它是前苏联在20世纪50年代建立的一种维修制度，我国在第一个五年计划期间引进了这套维修制度，目前有些企业仍在使用。

计划预修制的核心是有计划地进行预防修理，它根据零件磨损理论及故障理论，在设备的使用寿命周期内，通过计算，确定设备检查、小修、荐修和大修的次数及相应的修理工作定额（包括修理间隔期、检查间隔期、修理复杂系数、修理劳动量定额等），然后据此制定修理周期结构，编制修理计划，设备的修理将严格按计划强制执行。

计划预修制强调有计划修理，克服事后修理制度的缺点，在一定程度上实现了设备管理的基本要求，所以在相当长的时间里得到了广泛应用，并且产生了很大作用。但是，由于这个制度是以修理周期结构和修理复杂系数为基础的，所以在实际应用中也存在着不少问题。首先，由于设备的实际工作负荷经常有变化，设备的磨损状况往往与修理周期结构中预计的磨损情况有出入，由此而制订的修理计划常常与实际情况不符。其次，由于修理工作要严格按计划图表强制执行，经常进行没有实际需要的修理工作，因而导致劳动力和资源的浪费，修理费用高，经济效果差。最后，这一制度在修理力量的组织及对修理部门活动的经济评价方面也存在缺陷。

2. 计划保修制。计划保修制是我国20世纪60年代在总结计划预修制的经验和教训的基础上建立的一种专群结合、以防为主、防修结合的设备维修制度，也是我国机械行业企业中目前广泛采用的一种维修制度。

计划保修制的核心是有计划地进行三级保养和大修理。它依据零件磨损及故障发生规律，在设备的使用寿命周期内，通过计算确定设备三级保养和大修理的次数及相应工作定额，然后据此制定修理周期结构，编制修理计划，设备的保养及修理即严格按计划执行。

计划保修制克服了计划预修制重修理不重保养的缺陷，但由于其基础仍是计划预修制，因而计划预修制的许多固有的缺陷它亦存在。

3．预知维修制度。由于计划预修制或计划保修制这种按时进行的维修，有着执行计划太机械，缺乏灵活性的缺点，因此随着设备状态监测和诊断技术的发展，人们逐步开始采用预知维修制度。

所谓的预知维修制度，是指不规定固定的修理间隔期，而是根据设备诊断技术监测设备有无劣化和故障，在必要时进行必要的维修的设备修理制度。因此，设备的修理工作更切合实际，既可控制过剩维修造成的人力、物力的浪费，又可预防故障发生。但也应看到，预知维修所采用的某些状态监测仪器设备和精密诊断技术，所需的投资是较大的。另外，故障诊断技术目前也还不很成熟，因此，预知维修制度在我国的应用尚不普及，还在发展之中。

任务落实

试用画图的方式表示设备的磨损规律。

任务三　设备的更新与改造

任务目标

能够养成设备合理使用的意识。

情境导入

设备的寿命

某工业企业最近在进行设备更新和改造，请问，你知道设备的寿命要考虑哪些方面的内容吗？

知识广场

一、设备的寿命

（一）设备的物质寿命

设备的物质寿命（也称设备的自然寿命）是指设备从投入使用到报废为止所经历的时

间。设备的物质寿命是根据设备的有形磨损确定的，主要取决于设备本身的质量及其使用和维修的状况。如果设备使用和维修工作做得好，则设备的物质寿命相对较长。然而，随着设备物质寿命的延长，维修费用也会提高。

（二）设备的经济寿命

设备的经济寿命是指设备从投入使用，到因继续使用不经济而被淘汰时所经历的时间。设备经济寿命取决于经济性无形磨损。由于随着设备使用时间的增长，维修费用也会增加，设备的使用成本提高，这时依靠高额的维修费用来维持设备的使用往往是不经济的，所以应淘汰旧设备，重置新设备。

（三）设备的技术寿命

设备的技术寿命是指设备从投入使用到因科学技术的发展，出现技术性能更优越的设备或设备所生产的产品已不为市场所需要时，而在设备物质寿命尚未结束之前就被淘汰所经历的时间。它的长短取决于设备的技术性无形磨损。一般说来，技术发展越快，设备的技术寿命就越短。

（四）设备的折旧寿命

设备的折旧寿命（亦称设备折旧年限）是指财务部门为了收回设备投资以便日后重置或更新设备而把设备投资逐步摊入产品成本，当设备价值的余额折旧到接近于零时所经历的时间。设备的折旧寿命一般是根据设备的有形磨损和无形磨损规定的，它对企业淘汰设备决策的影响很大。

（五）设备的役龄

设备的役龄是指设备已经使用的时间。设备的役龄是与设备寿命密切相关的一个指标，它反映了设备新旧程度，可供制定设备的更新改造方案时参考。

在过去，我国的大部分企业基本上是以设备的物质寿命为标准来更新设备，这种做法造成维修费用过高，设备过分陈旧，不能适应生产发展和技术进步的要求。今后，随着技术进步、产品开发速度加快，企业之间竞争加强，确定设备最佳使用年限时，应以物质寿命、经济寿命和技术寿命三者综合加以考虑，以求获得最佳技术经济效果。

二、设备的更新

（一）设备更新及其方法

1. 设备更新

设备更新是指用技术性能更完善、经济效益更显著的新型设备来替换原有技术上不能继续使用或经济上不宜继续使用的设备。

设备更新是消除设备的有形磨损和无形磨损的重要手段，进行设备更新的目的是适应新的生产工艺和操作方法，更好地提高企业装备的现代化水平，提高企业的经济效益。

我国在过去相当长一段时间内，企业的设备管理执行以修为主的策略，往往能修就修，设备更新速度十分缓慢。这种状况严重阻碍了企业的发展和经济效益的提高。今后，应把设备更新作为企业装备现代化的一项重要内容。

2. 设备更新的方式

设备更新有两种类型：

（1）原型更新（简单更新），即当设备因有严重磨损不断继续使用时，用结构相同的新设备去更换。原型更新主要解决设备损坏问题。

（2）新型更新（技术更新），即当设备因技术或经济原因不宜继续使用时，用技术更先进、结构更完善、性能更好、效率更高、耗能和原材料更少的新设备去更换。从技术进步的角度，新型更新比原型更新意义更大。所以，只要条件允许应尽量采用新型更新，以加快提高企业装备的现代化水平。

（二）设备更新决策

在进行设备更新时，要很好地了解所需设备的技术发展动向和市场供应状况，制订目标明确、切实可行的更新计划，以确保设备更新的正确进行。

一般说来，在进行设备更新的决策时，应从技术和经济两方面进行分析论证。

1. 设备更新决策的技术性分析

在进行设备的新型更新时，应对以下问题进行分析论证：

（1）更新后新设备的基本规格和主要参数能否满足生产发展的要求。

（2）新设备在技术性能上比原有设备有多大改进和提高。

（3）新设备比原有设备在劳动条件和环境保护方面是否有所改善。

2. 设备更新决策的经济性评价

在进行设备更新决策时，除了应进行技术性分析，还需要进行经济论证。经济论证的主要内容，包括计算设备的投资回收期和设备的投资收益率等。有关的算法在技术经济学中都有介绍，此处不再赘述。

三、设备的技术改造

（一）设备技术改造的意义

设备的技术改造是指应用新技术和先进经济改变现有设备的原有结构，给旧设备装上新部件、新装置、新附件，或将单机组成流水线、自动线等所采取的较重大的技术措施。

通过技术改造能改进现有设备的技术性能，提高设备的工作能力，使其主要输出参数接近或达到新型设备的技术水平，而所需费用则低于购置新设备的费用。尤其当开发新产品而市场上又难以购置到所需特殊规格和性能的设备时，对原有设备进行技术改造就成了唯一可行的方法。

我国广大企业中有大量设备处于老化和超期服役状态，亟待更新和改造。限于资金和资源，对这些设备要全部更新短期内是不可能的。所以，在进行必要的更新的同时，应把对老设备的技术改造作为提高企业生产现代化水平的重要措施。

（二）设备技术改造的特点

设备技术履行具有如下特点：

1．针对性强。设备技术改造一般均由设备的使用单位提出，许多时候还由使用单位自己进行或配合进行。由于设备使用单位对设备的现状最熟悉，对使用要求最清楚，因而能结合企业实际情况对技术改造提出明确而具体的要求，能够抓住设备的关键部位进行改造。

2．适应性强。设备的技术改造往往和工艺革新密切结合，在许多情况下，只要对原有设备稍作改造，就能适应新的生产工艺和操作方法。

3．经济性好。设备技术改造是在原有设备基础上进行的，往往投资少、周期短、见效快。尤其对一些大型、精密、稀有设备进行改造，往往能节约大量的资金，取得显著的经济效益。

设备的更新和改造是企业提高技术装备水平、改进生产工艺的重要措施，关系到企业的竞争力和长远发展，是企业设备管理中具有战略意义的重要内容。

任务落实

就学校的电脑是否需要更新问题，提出你的建议。

项目十　生产现场管理

生产现场管理就是用科学的管理制度、工艺流程、标准和方法，对生产现场内的生产力诸要素进行合理配置，对生产全过程进行有效的计划、组织、指挥、协调和控制，建立良好的生产秩序，使人流、物流、信息流合理高效地运行，实现均衡、安全、文明生产，达到优质、低耗、高效的目的。本项目主要是对生产现场管理的特点与方法、"5S"活动、定置管理、目视管理等作简要的阐述。

任务一　生产现场管理概述

任务目标

在生产现场，能够有意识地了解生产现场管理。

情境导入

了解生产现场管理

新闻中经常会提到某领导视察某工厂，假如你是领导，你知道要从哪些方面了解生产现场管理吗？

知识广场

一、生产现场管理的特点

（一）生产现场的含义

现场一般是指作业场所。生产现场就是从事产品生产、制造或提供生产服务的场所。它既包括各基本生产车间的作业场所，又包括各辅助生产部门的作业场所，如库房、试验室、锅炉房等。生产现场集中着工厂主要的人力、物力、财力，它由劳动者、机器设备、原材料（在制品、半成品、成品）、加工方法、生产环境、信息等要素组成。

（二）生产现场管理的特点

1. 基层性。现场管理的基层性是相对于企业经营决策层而言的。生产现场管理是为了实现企业的经营目标而对现场生产要素进行合理配置，是对产品制造过程的合理组织，处于执行性地位。企业管理覆盖面大，带有普遍的指导性，而生产现场管理针对性强，它要根据不同的生产技术组织条件，采用不同的管理方法和手段，具有特殊性和可操作性。

2. 动态性。现场管理是按人、机保证工艺，工艺保证产品技术标准，产品适应市场需求的基本模式，实现生产要素的优化组合。所以，它是一个相对稳定、不断发展的动态过程。从发展的观点看，随着市场的变化，新产品、新技术和管理水平不断发展，相应的新工艺、新材料及新方法的应用，促使原有的生产要素组合不能适应这种发展的要求时，就要对生产要素重新进行优化组合，同时，在生产现场范围内的人、财、物、信息等都处于持续的相互配合协调的运动中。所以，现场管理又是一个不断演变的动态发展过程，它要求生产现场管理工作由维持型向改善型转变，不断改进，永不满足。

3. 协调性。生产现场是企业各项工作贯彻执行的落脚点，各职能部门的工作计划与要求，都要通过生产现场管理去贯彻完成，即所谓的"许多线穿一根针"。因此，在生产现场经常不可避免地会发生一些专业工作之间互不协调的交叉重复和工作的空白点。所以，生产现场的管理者要针对出现的问题适时地进行协调，围绕企业目标实行综合治理，使生产现场管理达到整体优化。当然，企业各职能部门要树立为生产现场服务的观点，克服部门的本位主义，主动帮助生产现场解决困难和矛盾，做到不推诿、不扯皮。

4. 群众性。现场管理的核心是人。人与人、人与物的组合是现场生产要素最基本的组合，不能见物不见人。现场的一切生产活动，各项管理工作都要由现场的人去掌握、去操作、去完成。优化现场管理仅靠少数专业管理人员是不够的，必须发挥现场所有职工的积极性和创造性，发动广大工人群众参与管理。生产工人在岗位工作过程中，要按照统一标准和规定的要求，实行自我管理，自我控制，以及实行岗位工人之间的相互监督。要实行工人自主管理，开展职工民主管理活动，就必须改变人们的旧观念，培养工人大生产的习惯和参与管理的能力，不断提高工人的素质。工人素质中突出的是责任心问题，有了责任心，工作就会主动，不会干的也可以学会。如果没有责任心，再好的管理制度和管理方法也无济于事。

二、现场管理人员及其任务

（一）现场管理人员

企业现场管理人员因公司、行业或时代的不同，他们的称呼也有所不同，他们往往被称为组长、领班、班长或师傅等等，也有被称为现场管理。企业生产运作管理人员占比例最大的是现场管理人员。我国历史上的监工制度可以看做是管理制度的雏形。当然，监工与现场管理人员有本质的区别，随着时代的进步，监工已被历史淘汰，而现场管理人员在企业运行中将起到越来越重要的作用。现场管理是一项目标性很明确的具体行为，通过巡视、检查、评价、控制等措施从旁纠偏，以督促目标实现。实施企业现场管理的目的在于建立一种比较科学的制约机制，以规范现场秩序，使员工的行为达到有序、高效。

在现代企业中，现场管理人员担负起重要的职责，发挥着不同寻常的作用。他们是督促企业重视现场、指导员工有效工作并促进团队高效能干的不可或缺的人物。现场管理人员必须接受不断增加的任务，在企业中发挥自己的积极作用。

这一点不论是对于在银行里柜台后面的管理人员，还是对在企业里随处走动的现场管理人员都是同样适用的。今天，管理人员不再被认为是警察、监视员或发号施令的人、恶霸、向管理层告密的人，而被尊称为指导员、支持者、推动者、领导者、优秀工作模式的讲解员、为正确决策而提供帮助的人。

（二）现场管理人员的任务

现场管理人员的工作除了要完成生产运作管理所要求的 Q、C、T、S（质量、成本、时间、服务）外，还应该把士气（Morale）和安全（Safety）列为自己的主要工作之一。因此，现场管理人员的任务为：

1. 生产计划的完成。不管是预定生产还是接单式生产，作为现场管理人员，有责任完成每日的生产计划。完不成生产计划也就完不成营销计划，对企业来说就不能产生利润，这种状态继续下去企业也就不存在了。当然，生产任务的完成是建立在保证质量、成本、时间（QCT）的基础之上的。

2. 产品质量的维持和提高。现场管理人员还负有防止不良品的发生，生产出符合规格产品的责任。现场管理人员不仅要保证生产符合规格的产品，还有必要在不提高成本的基础上设法提高质量。否则，企业将在竞争中失去生存的机会。

3. 遵守交货期和缩短交货期。遵守与客户约定的交货期的责任主要在于生产现场。但是生产现场往往会发生使用的材料送来迟了、工程中途发生不良、生产设备出现故障、劳动灾害的发生、预计不到的多数人缺勤等意外的情况。即使发生了这些情况，现场管理人员也要尽一切力量遵守交货期。此外，还要想办法缩短工期，从而达到缩短交货期的目的。

4. 标准成本的维持和降低。生产现场有控制制造成本的责任，不仅要维持标准成本，还要谋求降低成本，在市场竞争中取得价格优势。

5. 机械设备的正常运转和保养、点检。正确使用生产现场的机械设备，定期地进行规定内容的点检、保养工作。在异常情况发生时，修复设备也是生产现场管理人员的工作，否则完成不了计划预定的生产数量。

6. 开展 5S 活动、定置管理和目视管理。

7. 防止安全事故的发生。生产现场管理人员有防止安全事故发生的责任，有责任排除不安全因素，并且排除不安全的操作行为。

8. 开展现场人员培训，用激励手段提高下属士气。现场管理人员必须明白提高岗位工人素质的重要性，现场管理人员作为下属员工的指导者，要重视对他们的培训，这种培训是以在岗培训的形式进行的。培训时可以由基础到应用，从简单到复杂，要让他们亲自动手，并让他们积极提问，当取得一些进步时，要给予鼓励。还要用多种激励手段，来保持和提高下属员工的士气。

（三）企业现场管理人员工作时应注意的 4 个问题

1．经常查看现场。作为企业现场管理人员，如果不查看生产线，也不关心企业发生了什么事，就失去了当管理人员的资格。因为他不能检查自己规定的工作标准，不能区别异常现象和正常现象，所以，他在原有的基础上也不会进一步改进工作。这样的管理人员就失去了他扮演的角色所应发挥的作用，他就形同虚设了。所以，现场管理人员必须具有吃苦耐劳的精神。

2．善于管理和指导下属员工。要使下属员工按照自己的意图工作，并且不停地培训他们。这不是随便讨好或者讲客气话就能搞好的人际关系。在工作做得好的现场，精益求精的管理人员对下属员工（他们不久以后也会成为同自己一样的管理人员）进行必要的指导与培训，督促每一位员工为改善现场的环境等做出自己的努力。在下属员工看来，这样的管理人员才是值得信赖的，他们才会心悦诚服地为企业发展着想。

3．从全面观察做出判断。作为企业现场管理人员，排除工作现场的异常现象，是其主要工作之一。造成异常现象的状况通常有以下 5 点：①没有遵守标准工作程序；②员工的工作程序、材料或零件有偏差；③发生机器设备或工具的失效现象；④生产出不合格品，或者有不合格品产生的征兆；⑤流程在控制之外或者在控制图上出现异常现象。

当现场发生了异常情况时，不可凭主观臆测妄下断言。一定要深入现场冷静思考，从几个角度分析问题，做出正确判断，从而将问题解决。如果处置失当，就会影响员工的情绪，也会影响整个操作流程，给企业造成损失。

4．确立具有挑战性的目标。在这个动荡且充满竞争的社会里，管理层面对着来自顾客日益增多的对更好的质量、更低的价格和迅速交货的要求，只有制订出一个明确的管理计划，经常改进 QCT，才能满足顾客的这些需求。因此，管理层必须经常设定更高的 QCT 目标，并鼓励属下员工永无止境地改善。成功的企业之所以能持续不断地成功，是因为其管理人员能够领导下属员工从事这种永无止境的改善，以及建立富有魅力的企业文化。这些企业也明白，一旦丧失了这种精神，特别是在现场的管理人员，企业就没有未来。现场管理人员是否具有挑战精神，是决定管理一家企业成败的关键所在。这样的挑战精神，应当是现场管理人员的主要支柱。

然而，许多企业的现场管理人员已经丧失了对挑战的热忱。有些管理人员仅是勉强维持现状的水平，终日苦干、东奔西忙，而没有一个明确的追求进步的目标。制定挑战性的目标是管理人员成功的主要要素。管理人员必须对现有流程有充分的认识，才能确立适当的具有挑战性的目标。

三、生产现场管理的要求和方法

（一）生产现场管理的要求

1. 环境整洁，包括各种设备、物品实行定置管理，厂区和车间地面整洁，道路畅通，标记明显，生产环境达到作业要求，环保符合国家规定，消除现场"脏、乱、差"状况，保持文明整洁的生产环境等。

2. 纪律严明，包括工艺规程、操作规程和安全规程齐全、合理并得到严格执行；关键岗位、特殊工种实行持证上岗，劳动保护用品配备齐全，使用得当；职工坚守岗位，严格遵守劳动纪律等。

3. 设备完好，包括遵守设备操作、维护、检修规程，各类设备及附件保持齐全、完好、整洁，设备运行正常，完好率达到规定要求等。

4. 物流有序，包括现场流动物实行定量化，按规定及时转库或入库，减少或消除各种无效劳动，各种物品摆放整齐、标志清楚，做到账、卡、物相符等。

5. 信息准确，包括对各种原始记录、台账、报表的填写要符合规范、字迹工整、数字准确、传递及时等。

6. 生产均衡，包括工艺布局、劳动组织合理；生产条件准备充分，按工艺流程、期量标准有节奏地进行生产；生产岗位、生产线的负荷波动达到最低限度。

（二）优化现场管理的方法——三直三现主义

三直三现主义是由日本《现场管理者》一书提出的，即马上现场、马上现品、马上现象，意思是：直接到现场、直接看现品、直接查现象。

1. 目的。其目的是为了帮助生产现场的管理者，培养正确的管理作风。一名真正合格的现场管理者的工作态度，从以上三个方面可以得到验证。

2. 作用。准确地把握问题、查明原因、实施最有效的对策。当你听到问题汇报的时候，如果能够"马上来到现场"、"马上检查现品"、"马上查看现象"，就会对你准确地做出判断起到很大的帮助作用。因为班长等人的汇报不可能那么全面，有时也不能汇报关键问题，这样会使你的思路和判断出现偏差，因而不能很好地解决问题。听取汇报的同时马上来到现场，你往往会有异样的发现，对你提高解决问题能力也会有很大的帮助。

近年来，在各企业中应用较多的现场管理方法有："5S"活动、定置管理和目视管理等。通过这些方法的应用，各企业的生产现场管理水平可得到明显的改善。

任务落实

调查一个企业的生产现场管理，并做一份调查总结。

任务二 "5S"活动

任务目标

能够根据各项评定检查内容制定各种检查表。

情境导入

郑君的虚惊

郑君应聘到一家企业做助理，某天他看到一份报告上称，通过调查发现，公司的 5S 管理执行不到位，由此造成了员工对公司的信任度降低。继续往下看，他终于大概了解了 5S 的含义，一场虚惊才算过去。

知识广场

一、"5S"活动的含义

"5S"是整理（Seiri）、整顿（Seiton）、清扫（Seiso）、清洁（Seikeetsu）和素养（Shitsuke）这 5 个词的缩写。因为这 5 个词日语中罗马拼音的第一个字母都是"S"，所以简称为"5S"。开展以整理、整顿、清扫、清洁和素养为内容的活动，称为"5S"活动。

"5S"活动起源于日本，并在日本企业中广泛推行，它相当于我国企业开展的文明生产活动。"5S"活动的对象是现场的"环境"，它对生产现场环境全局进行综合考虑，并制订切实可行的计划与措施，从而达到规范化管理。"5S"活动的核心和精髓是素养，如果没有职工队伍素养的相应提高，"5S"活动就难以开展和坚持下去。

二、"5S"活动的内容

（一）整理

整理，是指把要与不要的人、事、物分开，再将不需要的人、事、物加以处理，这是开始改善生产现场的第一步。其要点是对生产现场的现实摆放和停滞的各种物品进行分类，区分什么是现场需要的，什么是现场不需要的；其次，对于现场不需要的物品，诸如用剩的材料、多余的半成品、切下的料头、切屑、垃圾、废品、多余的工具、报废的设备、工人的个人生活用品等，要坚决清理出生产现场。这项工作的重点在于坚决把现场不需要的东西清理掉。对于车间里各个工位或设备的前后、通道左右、厂房上下、工具箱内外，以及车间的各个死角，都要彻底搜寻和清理，达到现场无不用之物。坚决做好这一步，是树立好作风的开始。日本有的公司提出口号：效率和安全始于整理！

整理的目的是：改善和增加作业面积；现场无杂物，行道通畅，提高工作效率；减少磕碰的机会，保障安全，提高质量；消除管理上的混放、混料等差错事故；有利于减少库存量，节约资金；改变作风，提高工作情绪。

（二）整顿

整顿，是指把需要的人、事、物加以定量、定位。通过前一步整理后，对生产现场需要留下的物品进行科学合理的布置和摆放，以便用最快的速度取得所需之物，在最有效的规章、制度和最简捷的流程下完成作业。

整顿活动的要点是：物品摆放要有固定的地点和区域，以便于寻找，消除因混放而造成的差错；物品摆放地点要科学合理。例如，根据物品使用的频率，经常使用的东西应放得近些（如放在作业区内），偶尔使用或不常使用的东西则应放得远些（如集中放在车间某处）；物品摆放目视化，使定量装载的物品做到过目知数，摆放不同物品的区域采用不同的色彩和标记加以区别。

生产现场物品的合理摆放有利于提高工作效率和产品质量，保障生产安全。这项工作已发展成一项专门的现场管理方法——定置管理。

（三）清扫

清扫，是指把工作场所打扫干净，设备异常时马上修理，使之恢复正常。生产现场在生产过程中会产生灰尘、油污、铁屑、垃圾等，从而使现场变脏。不卫生的现场会使设备精度降低，故障多发，影响产品质量，使安全事故防不胜防；不卫生的现场更会影响人们的工作情绪，使人不愿久留。因此，必须通过清扫活动来清除那些脏物，创建一个明快、舒畅的工作环境。

清扫活动的要点是：自己使用的物品如设备、工具等，要自己清扫，而不要依赖他人，不增加专门的清扫工；对设备的清扫，着眼于对设备的维护保养。清扫设备要同设备的点检结合起来，清扫即点检；清扫设备要同时做设备的润滑工作，清扫也是保养；清扫也是为了改善。当清扫地面发现有飞屑和油水泄漏时，要查明原因，并采取措施加以改进。

（四）清洁

整理、整顿、清扫之后要认真维护，使现场保持完美和最佳状态。清洁，是对前三项活动的坚持与深入，从而消除发生安全事故的根源。创造一个良好的工作环境，使职工能愉快地工作。

清洁活动的要点是：车间环境不仅要整齐，而且要做到清洁卫生，保证工人身体健康，提高工人劳动热情；不仅物品要清洁，而且工人本身也要做到清洁，如工作服要清洁，仪表要整洁，及时理发、剃须、修指甲、洗澡等；工人不仅要做到形体上的清洁，而且要做到精神上的"清洁"，待人要讲礼貌、要尊重别人；要使环境不受污染，进一步消除混浊的空气、粉尘、噪声和污染源，消灭职业病。

（五）素养

素养即教养，努力提高人员的素养，养成严格遵守规章制度的习惯和作风，这是"5S"活动的核心。没有人员素质的提高，各项活动就不能顺利开展，即使开展了也坚持不了。所以，抓"5S"活动，要始终着眼于提高人的素质。

三、"5S"的 10 条基础

在生产现场导入"5S"，全员是否都会高高兴兴地参加并维持下去，关键在于管理者监督者能否把握住事情的命脉，在认真理解以下 10 条的基础上进行实践是成功的关键。

（一）高高兴兴地持续进行"5S"

如果不是自觉地高高兴兴地进行"5S"，就不能长期坚持下去，如果没兴趣，勉强去做了，"5S"也不能在生产现场延用下来，所以要在兴趣方面下工夫。

（二）"5S"是日常工作的一部分

"5S"按理就是工作的一部分，把"5S"作为工作的一环纳入工作内容，人的意识就会改变。

（三）"5S"是现场改善的入口

"5S"是改善生产现场的入口，为使生产现场浸透"5S"的气氛，要连续使用成功的"5S"的实例。

（四）仅喊"5S"的口号是不行的

在原有固定概念支配下的现场作业者，仅由监督者说教"5S"，员工是不会行动的，所以管理、监督者首先要树立榜样。

（五）现场管理、监督者是"5S"的关键人物

要想使"5S"运动成功，现场的管理者、监督者都必须成为"5S"的担当者，并自己亲自快乐地去进行"5S"的实践。

（六）"5S"真正的目的是改善工厂的体质

在企业之间日益激烈的生存竞争环境中，工厂担负着重要的角色，被迫要改善柔软的体质，而改善体质最基本的手段就是"5S"。

（七）培养"5S"人才

在各工作现场都要有推进"5S"的领头人，即使现在没有，也要在推进"5S"的过程中去培养。

（八）"5S" 是改善生产现场的宝库

"5S" 是改善生产现场的宝库，是获得舒适的工作环境，提高工作成果，进行工厂改革等不可或缺的基础。

（九）"5S" 依靠排除无效（浪费）来达到降低成本的目的

在生产现场降低成本的基础是 "5S"。因为每日作业潜在的无效都在积累，发生了不少成本的浪费现象，通过彻底地推行 "5S"，可以排除无效（浪费）的现象，从而达到降低成本的效果。

（十）"5S" 的基本功能就是发现无效（浪费）

生产现场是无效（浪费）最集中的地方，找出自己周围无效（浪费）的地方，应从抛弃不要的东西开始。通常区别要和不要的物品是发现无效（浪费）的基本方法，所以，"5S" 是宝库。

四、开展 "5S" 活动的原则

（一）自我管理的原则

良好的工作环境，不能单靠添置设备，也不能指望别人来创造。应当充分依靠现场人员，由现场的当事人员自己动手为自己创造一个整齐、清洁、方便、安全的工作环境，使他们在改造客观世界的同时，也改造自己的主观世界，产生 "美" 的意识，养成现代化大生产所要求的遵章守纪、严格要求的风气和习惯。因为是自己动手创造的成果，也就容易保持和坚持下去。

（二）勤俭办厂的原则

开展 "5S" 活动，要从生产现场清理出很多无用之物，其中，有的只是在现场无用，但可用于其他的地方；有的虽然是废物，但应本着废物利用、变废为宝的精神，该利用的应千方百计地利用，需要报废的也应按报废手续办理并收回其 "残值"，千万不可只图一时处理 "痛快"，不分青红皂白地当做垃圾一扔了之。对于那种大手大脚、置企业财产于不顾的 "败家子" 作风，应及时制止、批评、教育，情节严重的要给予适当处分。

（三）持之以恒的原则

"5S" 活动开展起来比较容易，可以搞得轰轰烈烈，并在短时间内取得明显的效果，但要坚持下去，持之以恒，不断优化就不太容易。不少企业发生过一紧、二松、三垮台、四重来的现象。因此，开展 "5S" 活动，贵在坚持。为将这项活动坚持下去，企业首先应将 "5S" 活动纳入岗位责任制，使每个部门、每个人员都有明确的岗位责任和工作标准；其次，要严格、认真地搞好检查、评比和考核工作，将考核结果同各部门和每个人员的经济利益挂钩；最后，要坚持 PDCA 循环，不断提高现场的 "5S" 水平，即要通过检查、不断发现问题。不断解决问题。因此，在检查考核后，还必须针对问题，提出改进的措施和计划，使"5S"活动坚持不断地开展下去。

五、"5S"推进法

尽管"5S"被认为是非常容易做到的事情，但是要持续地进行却是非常不容易的。

首先必须是全员参加"5S"活动。在此基础上为保证"5S"活动的持续进行，还要制订行动计划。

（一）实施计划

推进方法基本点是：如何去建立"5S"的推进组织。"5S"活动是由经营者、管理者、监督者等结为一体，按实施计划的方式，由全员参加进行推进的。

（二）巡视

从"5S"开始之日起，都要下决心推进"5S"，绝对不能退回到以往的状态。"5S"实施成员要定期地巡视，致力于不使其倒退的工作。

（三）"5S"的检查表

在"5S"的实施过程中，为达到整理、整顿的目的，把有关废弃不需要的规定、整理物品的规定、所有的放置物品场所的设定等都做成检查表。

（四）"5S"的时间

要把"5S"作为工作的一环，在生产现场一周几次把在工作开始之前的 10 分钟定为有全体员工参加的"5S"时间，全员对自己的周围进行彻底的清扫、清理、整顿。总之，"5S"不是顺手做的，而是工作的一环。

（五）"5S"的支持体制

无论怎么说，"5S"的中心都是作业者本身，大家的智慧和敬业精神不一致，就不会成功。因此，应确立以实施组织为中心的"5S"的支持体制。

（六）"5S"的题目

对"5S"的推进，应以现场为单位设定具体的题目。

（七）"5S"学习会

"5S"是在生产现场发挥智慧的场所，过去在日本的许多生产现场有着数不清的充分发挥智慧的实例。召开现场学习会，学习先进者的智慧很重要。

（八）活用目视管理

在"5S"的推进中，要做到无论谁一看就容易明白，用眼睛看的管理是不可或缺的。用眼睛看的管理是"5S"的关键所在。

六、评定检查表

可根据各项评定检查内容制定各种检查表。

（一）整理
制定的检查表见表 10-1。

表 10-1　整理检查表

No.	检查项目	采点	评定基准
1	通道	1. 2. 3. 4. 5.	物品堆放多，且杂乱无章 能通过，但要避开物品，推车不能通过 物品摆放超出通路或过高 虽超出超高，但很整齐且有标志 通畅、整洁
2	现场的设备和材料	1. 2. 3. 4. 5.	一个月以来使用品仍堆放在现场，而且混乱 堆放有不必要的物品，且不整齐（含保留品、不良品） 物品存放半个月以内且混乱 物品存放一周内，整理有序 只有当日、次日物品，干净、整洁
3	办公台面抽屉	1. 2. 3. 4. 5.	堆放长期无用物品且混乱 一个月前的资料仍放在台面，没处理 一周前的资料放在台面没处理 近两日待处理资料，整理有序 每日处理清楚、整理有序，台面、抽屉内物品均适量
4	货架	1. 2. 3. 4. 5.	不使用物品存放混乱 不使用物品但摆放整齐 半年内使用物品且摆放整齐 一个月内使用物品且摆放整齐 近日内使用物品摆放整齐且适量
5	仓库	1. 2. 3. 4. 5.	货物塞满通道，人行走困难 货物摆放混乱，同一物品多处放置 有区域之分，但摆放却不遵守区分 不用、近期不用和近期物品区分摆放 用与不用分类清楚且摆放整齐

（二）整顿
制定的检查表见表 10-2。

表 10-2　整顿的检查表

No.	检查项目	采点	评定基准
1	零件、部件	1. 2. 3. 4. 5.	无分门别类，同类物品异地摆放且混乱 分类放置，但无大小、轻重之分 大里、小外、轻上、重下区分，但无规格尺寸、品名区别 规格尺寸、顺序排列，但无明确标签、标示 标示明确、一目了然、先入先出有序

续表

No.	检查项目	采 点	评定基准
2	工具	1. 2. 3. 4. 5.	工具混装（机械、电气工具）混在一起 机械、电气工具虽有分类，但无常用和非常用之分 常用之分清楚，但无分类摆放 分类摆放有序，但用后不归原处 固定工具放置位置图示化（看板）管理
3	设备、仪器、模具	1. 2. 3. 4. 5.	地面随意堆放且混乱 按区域、货架摆放，但无明确分类 根据用途分类，但无常用和非常用区分放置 常用类处在通道两侧，拿取方便，但无标示 固定工具放置场所标示清楚，一目了然
4	图纸、作业基准书、文件	1. 2. 3. 4. 5.	图样、作业基准书、文件等资料混杂在一个文件中 各类资料文件分类放入文件夹，但同类资料无新旧区分 虽有新旧区分，但无废却记录及更换履历 废却更换履历清楚，但无文件目录 目录清晰，原件、复印件分类明确，有担当者管理
5	仓库	1. 2. 3. 4. 5.	同类物品多处放置且混乱 同类物品同区域放置，但无物品区分 物品按名、用途区分放置，但无物品区分 按大小、轻重、先入先出原则摆放，但无标示 仓库平面图、货物区域图以及货架部品 * 标示

注：部品源自日本语，它的英文为 Parts，中文也译作配件，多用在机械设计图纸中。它是直接构成成品的最基本组成部分，但是与零件不同的是，它不一定是零件，也可以是半成品或其他公司的成品。

（三）清扫

制定的检查表见表 10-3。

表 10-3　清扫的检查表

No.	检查项目	采 点	评定基准
1	通路	1. 2. 3. 4. 5.	有烟蒂、纸屑、铁屑、部品弃落、其他杂物等其中之一 虽无上述杂物，但地面凹凸不平 有水渍、油污或灰尘 有清扫，但有拖布污水痕迹 地面清洁、明亮
2	作业场所	1. 2. 3. 4. 5.	有烟蒂、纸屑、铁屑、部品弃落、其他杂物等其中之一 虽无上述杂物，但地面凹凸不平 有水渍、油污或灰尘，材料直接放在地面 材料部品卡扳位置，周围有灰尘 地面清洁、明亮，死角处都干净无尘
3	办公桌、作业台	1. 2. 3. 4. 5.	台面污迹或布满灰尘 台面干净无尘，但内侧、背面布满灰尘 虽然干净，但台面凹凸、破损 台面干净亮丽，但抽屉内有异物 桌、椅及周围都干净整洁

续表

No.	检查项目	采 点	评定基准
4	窗、墙壁、天花板灯管、 线槽	1. 2. 3. 4. 5.	有泥土、灰尘、破损、水渍其中之一 虽无泥土、破损那么严重，但无清扫、擦拭 虽有擦拭，但还有抹布痕迹和水迹 干净无尘，但昏暗无光泽 窗明、墙壁、天花板光洁亮丽，灯光明亮舒爽
5	设备、工具、仪器	1. 2. 3. 4. 5.	油污、腐蚀 虽无油污、生锈情况，但多灰尘 外表无灰尘，但内部灰尘较多 内外无尘 光洁亮丽，而且有防尘、防锈措施

（四）清洁

清洁的标准就是长期坚持，用以上述三项检查基准定期和随机进行检查，如果经长期检查都能确保优秀，那么我们"5S"的推行工作中的"4S"就基本合格了，但要切忌"5S"工作一阵风，要持之以恒、坚持不懈。在进行3S检查中，如果发现问题，就要运用前面所学的方法将问题提出并交由"5S"小组加以解决，并要每个问题都有一套对应解决方案，并要有改善后照片出台，与问题照片相对应，检讨改善结果是否最优。

（五）素养

制定的检查表见表10-4。

表 10-4　素养的检查表

No.	检查项目	采 点	检查基准
1	日 常 "5S" 活动	1. 2. 3. 4. 5.	成立了小组，但没有组织小组活动 进行了"SS"工作，但不是"5S"计划内实施的工作 "5S"宣传，有计划实施，但处于被动地位 活用"5S"，主动从事"5S"工作 活动热烈，并有好的方案涌现，而且从中有感
2	服装	1. 2. 3. 4. 5.	穿着不整，而且污浊 工鞋后跟踩在脚下 纽扣未扣好，拉链未拉到位，毛巾、头巾佩戴不工整 厂牌及公司规定的徽章未按规定佩戴 佩戴、穿着整齐，充满活力
3	仪表	1. 2. 3. 4. 5.	不修边幅（欠缺修正） 头发、胡须过长 指甲过长，无修剪 头发欠梳理（披、散） 精神、有活力
4	行为规范	1. 2. 3. 4. 5.	举止粗鲁，满口脏话 不遵守规定（经常违规、迟到、早退） 不守信用，不守时间 遵守规则，团结同事，能很好地完成任务 主动参与公司各项工作，具有团队精神

续表

No.	检查项目	采 点	检查基准
5	时间观念	1. 2. 3. 4. 5.	缺乏时间观念，不守时 时间观念淡薄，经常迟到 不愿受时间约束，但会尽力去做 在约定时间全力完成 约定时间内，有计划地提早完成

（六）"5S"检查表

"5S"总检查表见表10-5。

表10-5 "5S"总检查表

项 目	采 点	审查内容	得 分	不足项目
整理	1. 2. 3. 4. 5.	不必要物品是否全部清理出现场？ 使用完后应归还的工具、夹具是否还留在现场？ 上一机种的剩余材料部品有无滞留现场？ 作业基准书及加工规格书等是否与该机种吻合？ 部品盒、不良品盒中是否清理干净？ 小计：	5 4 4 4 3 20	
整顿	1. 2. 3. 4. 5. 6.	仓库是否按货物分类进行区域管理？ 货架是否按材料规格分别进行顺序定位放置？ 整顿时有没有充分考虑方便拿取、先入先出原则？ 仓库货物较多，是否进行分类色别目视管理？ 特殊材料（温度）是否进行特殊（冷藏）管理？ 保留品、不良品、废料是否定期处理？ 小计：	4 4 5 4 5 3 25	
清扫	1. 2. 3. 4. 5.	作业场所是否清扫干净？是否有杂物？ 作业台面是否擦拭干净，是否有残留物品？ 设备与工具是否有油污、灰尘等？ 作业中是否有部品或产品掉落地面？ 作业结束是否有"5S"清扫，灯管架有无定期清洁？ 小计：	3 3 3 3 3 15	
清洁	1. 2. 3. 4. 5.	5S是否规范化（是否长期坚持）？ 工厂内是否适当适量设置垃圾桶（袋）？ 工厂内标语揭示物是否清洁整齐？ 通路是否设置合理？是否顺畅？ 安全门通路、楼层标示等是否齐备、干净？ 小计：	3 3 3 3 3 15	
素养	1. 2. 3. 4. 5. 6. 7.	工作是否按计划进行？是否有改善计划？ 有无部门重点管理项目，目标管理是否明确？ 会议、工作是否按预定时间进行、开始、结束等？ 小组改善活动是否积极参与，并有提案？ 是否遵守公司各项规定？ 对上司、同事是否有礼貌，是否使用礼貌用语？ 晨操、早会是否认真、专心？ 小计：	4 4 4 4 3 3 3 25	

任务落实

请选择一家你比较了解的公司，为其设计 5S 检查表。

任务三　定制管理

任务目标

能够制定比较简单的定制管理，能够识别定制管理的优劣。

情境导入

全员设备维修制

全员设备维修制，又叫全员生产维修制，简称 TPM。

全员参加的生产维修制，是日本企业在学习设备综合工程学基础上，结合全日本企业的传统经验，于 20 世纪 70 年代开始推行的一种设备管理制度。其主要目的是将设备的利用提高到极限；强化生产条件，保证不生产不良品；追求一切"零损失"。

知识广场

一、定置管理的含义

定置管理起源于日本，由日本青木能率（工业工程）研究所的文明生产创导者青木龟男先生始创。他从 20 世纪 50 年代开始，根据日本企业生产现场管理实践，经过潜心钻研，提出了定置管理这一新的概念。后来，日本企业管理专家清水千里先生在应用的基础上，发展了定置管理，把定置管理总结和提炼成为一种科学的管理方法，并于 1982 年出版了《定置管理入门》一书。此后，这一科学方法在日本许多公司得到推广应用，并且都取得了明显的效果。

定置管理是对生产现场中的人、物、场所三者之间的关系进行科学的分析研究，使之达到最佳结合状态的一门科学管理方法。它以物在场所的科学定置为前提，以完善的信息系统为媒介，以实现人和物的有效结合为目的，通过对生产现场的整理、整顿，把生产中不需要的物品清除掉，把需要的物品放在规定位置上，使其随手可得，促进生产现场管理文明化、科学化，达到高效生产、优质生产、安全生产。定置管理是"5S"活动的一项基本内容，是"5S"活动的深入和发展。

二、定置管理的基本理论

（一）人与物的三种结合状态及其经济效益

1. A 状态：人与物处于立即结合的状态（伸手即可拿到所需物件）。

2. B 状态：人与物处于寻找状态（因现场杂乱无章，需用的物件未放在固定位置，必须寻找）。

3. C 状态：物与人、生产、工作无关（如现场中已报废的设备、工具等）。

当人与物处于这三种状态时，其工时消耗是不一样的。处于 A 状态时，其工时消耗可以不计，因为所需物件伸手可得，不需工时；处于 B 状态时，要花时间去寻找所需物件，用于寻找的工时越长，其工时消耗与费用就越多；处于 C 状态时，物已与人及生产无关，则应按"5S"活动中的"整理"，清理出现场。由此可知，使人与物的结合保持 A 状态，是降低工时消耗及成本的好方法。

（二）人与物及场所的关系

1. 人的状态

操作者在生产现场中按其工作的状态也可分为 3 种。

（1）A 状态：良好状态应保持下去。

（2）B 状态：有部分工作需改进。

（3）C 状态：无效劳动过多，应避免发生。

2. 场所本身状态及其对人的影响

（1）A 状态：良好的作业环境及作业条件，能保证操作者精神集中、心情舒畅，操作过程中无多余动作，疲劳因素最少。

（2）B 状态：需改进的环境及作业条件，对操作者有一定影响，劳动强度大，无法连续作业，易疲劳。

（3）C 状态：需彻底改进的环境。如作业者无效劳动过多，因作业现场管理杂乱无章、物品无固定位置，人与物的结合处于寻找状态等。

3. 物与场所的结合，即定置（确定物在场内的位置）

（1）区域定置。

①划分现场区域：分为半成品区、成品区、返修品区、废品区。

②信息标准化：用不同颜色标明各种区域，如返修品区用红色，合格品区用绿色，处理品区用黄色等。

（2）设备定置。根据设备的不同类型及在生产过程中的作用，确定每台设备的固定位置、运行路线。

（3）仓库定置。通过调整各种储备物品的位置，使仓库秩序化，消除混乱，做到及时、准确地向各生产工序提供所需的材料、零件、计量器等各种物品。

（4）人员定置。现场作业人员在相对固定的位置保持稳定，按规定的时间工作，按规定的道路通行。

4．信息媒介与定置的关系

信息媒介是指在生产现场的各种标志牌、标志线，以及车间里的各种物品的台账。它们可以引导人们很快地找到所需物品的位置。生产现场的信息媒介应达到下面的要求：

（1）场所标志清楚。

（2）场所设有定置图。

（3）物品台账齐全。

（4）存放物的序号、编号齐备。

（5）信息标准化，区域所放物品有标牌显示。

三、开展定置管理的步骤

开展定置管理应按照以下步骤进行：

（一）进行工艺研究

工艺研究是定置管理开展程序的起点。它是对生产现场现有的加工方法、机器设备、工艺流程进行详细研究，确定工艺在技术水平上的先进性和经济上的合理性，分析是否需要和可能用更先进的工艺手段及加工方法，从而确定生产现场产品制造的工艺路线和搬运路线。工艺研究是一个提出问题、分析问题和解决问题的过程，包括以下 3 个步骤：

1．对现场进行调查，详细记录现行方法。

2．分析记录的事实，寻找存在的问题。

3．拟定改进方案。提出改进方向后，定置管理人员要对新的改进方案作具体的技术经济分析，并和旧的工作方法、工艺流程和搬运线路作对比。在确认是比较理想的方案后，才可作为标准化的方法实施。这一阶段主要是发现问题，以明确定置管理的方向。调查内容为：

（1）人机操作情况。

（2）物流情况。

（3）作业者情况。

（4）生产作业面积和空间利用情况。

（5）原材料、在制品管理情况。

（6）半成品库和中间库的管理情况。

（7）工位器具的配备和事业情况。

（8）生产现场物品摆放情况。

（9）生产现场物品搬运情况。

（10）质量保证和安全生产情况。

（11）设备运转和利用情况。

（12）生产中各类消耗情况。

（二）在严格分析的基础上提出改善方案

主要分析以下几个方面：

1. 人与物的结合情况。
2. 现场物流及搬运情况。
3. 现场信息流情况。
4. 工艺路线和工艺方法情况。
5. 现场利用情况等。

采用 5W1H 提问技术和 ECRS 原则来分析。

（三）对人、物结合的状态分析

人、物结合状态分析，是开展定置管理中最关键的一个环节。在生产过程中必不可少的是人与物，只有人与物的结合才能进行工作。而工作效果如何，则需要根据人与物的结合状态来定，人与物的结合是定置管理的本质和主体。定置管理要在生产现场实现人、物、场所三者最佳结合，首先应解决人与物的有效结合问题，这就必须对人、物结合状态进行分析。

在生产现场，人与物的结合有两种形式，即直接结合和间接结合。直接结合是指需要的东西能立即拿到手，不存在由于寻找物品而发生时间的耗费。如加工的原材料、半成品就在自己岗位周围，工检量具、贮存容器就在自己的工作台上或工作地周围，随手即得。间接结合是指人与物呈分离状态，为使其结合则需要信息媒介的指引。信息媒介的准确可靠程度影响着人和物结合的效果。

（四）开展对信息流的分析

信息媒介就是人与物、物与场所合理结合过程中起指导、控制和确认等作用的信息载体。由于生产中使用的物品品种多、规格杂，它们不可能都放置在操作者的手边，如何找到各种物品，需要有一定的信息来指引；许多物品在流动中是不回归的，它们的流向和数量也要有信息来指导和控制；为了便于寻找和避免混放物品，也需要有信息来确认。因此，在定置管理中，完善而准确的信息媒介是很重要的，它影响到人、物、场所的有效结合程度。

人与物的结合，需要有四个信息媒介物：第一个信息媒介物是位置台账，它表明"该物在何处"。通过查看位置台账，可以了解所需物品的存放场所。第二个信息媒介物是平面布置图，它表明"该处在哪里"。在平面布置图上可以看到物品存放场所的具体位置。第三个信息媒介物是场所标志，它表明"这儿就是该处"。它是指物品存放场所的标志，通常用名称、图示、编号等表示。第四个信息媒介物是现货标示，它表明"此物即该物"。它是物品的自我标示，一般用各种标牌表示，标牌上有货物本身的名称及有关事项（质量管理中称为标志）。

建立人与物之间的连接信息，是定置管理这一管理技术的特色。是否能按照定置管理的要求，认真地建立、健全连接信息系统，并形成通畅的信息流，有效地引导和控制物流，是推行定置管理成败的关键。

（五）定置管理设计

定置管理设计，就是对各种场地（厂区、车间、仓库）及物品（机台、货架、箱柜、工位器具等）如何科学、合理定置的统筹安排。定置管理设计主要包括定置图设计和信息媒介物设计。

1. 定置图设计

定置图是对生产现场所在物进行定置，并通过调整物品来改善场所中人与物、人与场所、物与场所相互关系的综合反映图。其种类有室外区域定置图，车间定置图，各作业区定置图，仓库、资料室、工具室、计量室、办公室等定置图和特殊要求定置图（如工作台面、工具箱内，以及对安全、质量有特殊要求的物品定置图）。

2. 信息媒介物设计

信息媒介物设计，包括信息符号设计和示板图、标牌设计。在推行定置管理，进行工艺研究、各类物品停放布置、场所区域划分等都需要运用各种信息符号表示，以便人们形象地、直观地分析问题和实现目视管理。各个企业应根据实际情况设计和应用有关信息符号，并纳入定置管理标准。在信息符号设计时，如有国家规定的（如安全、环保、搬运、消防、交通等）应直接采用国家标准。其他符号，企业应根据行业特点、产品特点、生产特点进行设计。设计符号应简明、形象、美观。

定置示板图是现场定置情况的综合信息标志，它是定置图的艺术表现和反映。标牌是指示定置物所处状态、标志区域、指示定置类型的标志，包括建筑物标牌，货架、货柜标牌，原材料、在制品、成品标牌等。它们都是实现目视管理的手段。各生产现场，库房、办公室及其他场所都应悬挂示板图和标牌。示板图中内容应与蓝图一致。示板图和标牌的底色宜选用淡色调，图面应清洁、醒目且不易脱落。各类定置物、区（点）应分类规定颜色标准。

各种场地和各种物品的定置设计必须符合工作布置要求，主要有：

（1）单一的流向和看得见的搬运路线。

（2）最大限度地利用空间。

（3）最大的操作方便和最小的不愉快。

（4）最短的运输距离和最少的装卸次数。

（5）切实的安全防护保障。

（6）最少的改进费用和统一标准。

信息媒介物的标准设计。例如各种区域、通道、活动器具和位置信息符号的设计；各种料架、工具箱等的结构和编号的标准设计；物品台账、物品确认卡片的标准设计；制定各种物品的进出、收发的设计等。

（六）定置实施

定置实施是理论付诸实践的阶段，也是定置管理工作的重点。其包括以下三个步骤：

1. 清除与生产无关之物。

2. 按定置图实施定置。

3. 放置标准信息标牌。

总之,定置实施必须做到:有图必有物,有物必有区。有区必挂牌,有牌必分类;按图定置,按类存放,账(图)物一致。

(七)定置检查与考核

定置管理的一条重要原则就是持之以恒。只有这样,才能巩固定置成果,并使之不断发展。因此,必须建立定置管理的检查、考核制度,制定检查与考核办法,并按标准进行奖罚,以实现定置的长期化、制度化和标准化。

定置管理的检查与考核一般分为两种情况:一是定置后的验收检查,检查不合格的不予通过,必须重新定置,直到合格为止。二是定期对定置管理进行检查与考核。这是要长期进行的工作,它比定置后的验收检查工作更为复杂,更为重要。

定置考核的基本指标是定置率,它表明生产现场中必须定置的物品已经实现定置的程度,即按照设计要求对现场的人、机、物进行定置。为使定置管理能不断坚持、不断完善,必须坚持考核工作,考核指标就是定置率。其计算公式为:

$$定置率 = \frac{实际定量的物品个数(种类)}{定置图规定的定置物品个数(种类)} \times 100\%$$

例:检查某车间的三个定置区域,其中合格区(绿色标牌区)摆放15种零件,有1种没有定置;等检区(蓝色标牌区)摆放20种零件,其中有2种没有定置;返修区(红色标牌区)摆放3种零件,其中有1种没有定置。则该场所的定置率为:

$$定置率 = [(15+20+3) - (1+2+1)] / (15+20+3) \times 100\% = 89\%$$

(八)分厂(或车间)的定置要求

1. 分厂场地的定置要求

(1)要有标准设计的分厂定置图。

(2)生产场地、通道、工具箱、交检区、物品存放区,都要有标准的信息显示。

(3)对易燃易爆物品、消防设施、有污染的物品,要符合工厂有关特别定置的规定。

(4)要有车间、工段、班组卫生责任区的定置,并设有责任区信息牌。

(5)临时停滞物品区域的定置规定。

(6)垃圾、废品回收点的定置。

(7)按定置图的要求,清除与区域无关的物品。

2. 分厂(或车间)各工序、工位、机台的定置要求

(1)须有各工序、工位、机台的定置图。

(2)要有图纸架、工艺文件等资料的定置规定。

(3)工卡、量具、仪表、小型工具、工位器具在工序、工位、机台停放的定置要求。

(4)材料、半成品及工位器具等,在工序、工位摆放的数量、方式的定置要求。

(5)附件箱、零件货架的编号必须同零件账、卡、目录一致,账卡等信息要有流水号目录。

3. 工具箱的定置要求

(1)按标准设计定置图。

（2）工具摆放要严格遵守定置图，不准随便堆放。

（3）定置图及工具卡片，一律贴在工具箱内门壁上。

（4）工具箱的摆放地点要标准化。

（5）同工种、工序的工具摆放要标准化。

4. 库房的定置要求

（1）要设计库房定置总图，按指定的地点定置。

（2）易燃、易爆、易污染及有贮存期要求的物品，要按工厂安全定置要求，实行特别定置。

（3）有储存期物品的定置，要求超期物品有单独区域放置；接近超期 $1 \sim 3$ 个月的物品要设置期限标志；在库存报表上对超期物品也要有特定符号表示。

（4）账本前页应有序号及物品目录。

（5）特定定置区域，要用标准的信息符号显示。

（6）物品存放的区域、架号、序号，必须同账本的物品目录一致。

5. 坚持现场的定置要求

（1）要有检查现场定置图。

（2）要划分不同区域并用不同颜色标示：①半成品的等检区及合格区；②成品的等检区及合格区；③废品区；④返修区；⑤等处理区。

等检区为蓝色、合格区为绿色、返修区为红色、等处理区为黄色、废品区为白色，即"绿色通、红色停、黄色绕道行、蓝色没检查、白色不能用"。

（3）小件物品可装在不同颜色的大容器内，以示区别。

任务落实

请选择一个公司，参考所学的知识，按照开展定制管理的步骤进行一次完整的定制管理。

任务四　目视管理

任务目标

了解目视管理的内容，掌握目视管理的着眼点，能够进行目视管理。

情境导入

两位同学关于目视管理的讨论

A 同学：上自习的时候，老师们在教室里走来走去就是目视管理吧？

B同学：不对，目视管理就是将所有的管理方法以及管理内容全部展示出来让人看得清清楚楚。

请问，你认为他们的说法正确吗？

知识广场

一、目视管理的含义及特点

（一）目视管理的含义

所谓的目视管理，就是将所有的管理方法以及管制内容全部展示出来，让人一目了然。

目视管理是利用形象直观、色彩适宜的各种视觉感知信息组织现场生产活动，以达到提高劳动生产率目的的一种管理方式。它以视觉信号显示为基本手段，以公开化为基本原则，尽可能地将管理者的要求和意图让大家都看得见，借以推动自主管理、自我控制。所以，目视管理是一种以公开化和视觉显示为特征的管理方式，也可称之为"看得见的管理"。同其他管理工作相比，目视管理具有独特之处。

目视管理可说是涉及工厂整体管理的最有效的实施手法。简单的、容易明白的定义如下：从制造现场到办公室，从经营者到第一线的作业者，全体员工都能通过看就能了解现在工厂的生产状况如何，各部门为提高生产效率应该如何去做等。目视管理是为有效地进行工厂运作最行之有效的重要的管理手法。

目视管理的基本目的是：在工作现场所发生的许多问题都是全体员工共有的。为尽快地采取行动解决问题，先要制造出寻找问题和异常活动的氛围，使工作现场活性化。

（二）目视管理的特点

1. 目视管理形象直观，有利于提高工作效率。现场管理人员组织指挥生产，实质就是在发布各种信息，操作工人有秩序地进行生产作业，就是接受信息后采取行动的过程。在机器生产的条件下，生产系统高速运转，要求信息传递和处理既快又准。如果与每个操作工人有关的信息都要由管理人员直接传达，那么不难想象，拥有成百上千工人的生产现场，将要配备多少管理员。目视管理为解决这个问题找到了捷径。它告诉我们，迄今为止，操作工人接受信息最常用的感觉器官是眼、耳和神经，其中又以利用视觉最为普遍。可以发出视觉信号的手段有电视、信号灯、标示牌、图表等。其特点是形象直观，容易认读识别，简单方便。在有条件的岗位，充分利用视觉信号显示手段，迅速而准确地传递信息，无需管理人员现场指挥即可有效地组织生产。

2. 目视管理透明度高，便于现场人员互相监督，发挥激励作用。实行目视管理，对生产作业的各种要求可以做到公开化。干什么、怎样干、干多少、什么时间干、在何处干等问题一目了然，这就有利于人们默契配合、互相监督，使违反劳动纪律的现象不容易隐藏。例如，根据不同车间和工种的特点，规定穿戴不同的工作服和工作帽，很容易使那些擅离职守、串岗聊天的人处于众目睽睽之下，促使其自我约束，逐渐养成良好的习惯。又如，有些地方对企业实行了挂牌制度，单位经过考核，按优秀、良好、较差、劣等4个等级挂上不同颜色的标志牌；个人经过考核，优秀与合格者佩戴不同颜色的臂章，不合格者无标志。这样，目视管理就能起到鼓励先进、鞭策后进的激励作用。总之，大机器生产既要求有严格的管理，又需要培养人们自主管理、自我控制的习惯与能力，目视管理为此提供了有效的具体方式。

3. 目视管理有利于产生良好的生理和心理效应。对于改善生产条件和环境，人们往往比较注意从物质技术方面着手，而忽视现场人员生理、心理和社会特点。例如，控制机器设备和生产流程的仪器、仪表必须配齐，这是加强现场管理不可缺少的物质条件。不过，如果要问：哪种形状的刻度表容易认读，数字和字母的线条粗细的比例多少才最好，白底黑字是否优于黑底白字，等等，人们对此一般考虑不多。然而，这些却是降低误读率、减少事故所必须认真考虑的生理和心理需要。又如，谁都承认车间环境必须干净整洁。但是，不同车间（如机加工车间和热处理车间），其墙壁是否均应"四白落地"，还是采用不同颜色，什么颜色最适宜，诸如此类的色彩问题也同人们的生理、心理和社会特征有关。目视管理的长处就在于，它十分重视综合运用管理学、生理学、心理学和社会学等多学科的研究成果，能够比较科学地改善同现场人员视觉感知有关的各种环境因素，使之既符合现代技术要求，又适应人们的生理和心理特点，这样，就会产生良好的生理和心理效应，调动并保护工人的生产积极性。

二、目视管理的内容

（一）规章制度与工作标准的公开化

为了维护统一的组织和严格的纪律，保持大工业生产所要求的连续性、比例性和节奏性，提高劳动生产率，实现安全生产和文明生产，凡是与现场工人密切相关的规章制度、标准、定额等，都需要公布于众；与岗位工人直接有关的，应分别展示在岗位上。如岗位责任制、操作程序图、工艺卡片等，并要始终保持完整、齐全、正确和洁净。

（二）生产任务与完成情况的图表化

现场是协作劳动的场所，因此，凡是需要大家共同完成的任务都应公布。计划指标要定期层层分解，落实到车间、班组和个人，并列表张贴在墙上；实际完成情况也要相应地按期公布，并用作图法，使大家看出各项计划指标完成中出现的问题和发展的趋势，以促使集体和个人都能按质、按量、按期地完成各自的任务。

（三）与定置管理相结合，实现视觉显示信息的标准化

在定置管理中，为了消除物品混放和误置，必须有完善而准确的信息显示，包括标志线、标志牌和标志色。因此，目视管理在这里便自然而然地与定置管理融为一体，按定置设计的要求，采用清晰的、标准化的信息显示符号，将各种区域、通道、各种物品的摆放位置鲜明地标示出来；机器设备和各种辅助器具（如料架、工具箱、工位器具、生活柜等）均应运用标准颜色，不得任意涂抹。

（四）生产作业控制手段的形象直观与使用方便化

为了有效地进行生产作业控制，使每个生产环节、每道工序能严格按照期量标准进行生产，杜绝过量生产、过量储备，要采用与现场工作状况相适应的、简便实用的信息传导信号，以便在后道工序发生故障或由于其他原因停止生产，不需要前道工序供应在制品时，操作人员看到信号，能及时停止投入。例如，"看板"就是一种能起到这种作用的信息传导手段。

各生产环节和工种之间的联络，也要设立方便实用的信息传导信号，以尽量减少工时损失，提高生产的连续性。例如，在机器设备上安装红灯，在流水线上配置工位故障显示屏，一旦发生停机，即可发出信号，巡回检修工看到后就会及时前来修理。

生产作业控制除了期量控制外，还要有质量和成本控制，也要实行目视管理。例如，质量控制，在各质量管理点（控制点），要有质量控制图，以便清楚地显示质量波动情况，及时发现异常，及时处理。车间要利用板报形式，将"不良品统计日报"公布于众，当天出现的废品要陈列在展示台上，由有关人员会诊分析，确定改进措施，防止再度发生。

（五）物品的码放和运送的数量标准化

物品码放和运送实行标准化，可以充分发挥目视管理的长处。例如，各种物品实行"五五码放"，各类工位器具，包括箱、盒、盘、小车等，均应按规定的标准数量盛装，这样，操作、搬运和检验人员点数时既方便又准确。

（六）现场人员着装的统一化与实行挂牌制度

现场人员的着装不仅起劳动保护的作用，在机器生产条件下，也是正规化、标准化的内容之一。它可以体现职工队伍的优良素养，显示企业内部不同单位、工种和职务之间的区别，因而还具有一定的心理作用，使人产生归属感、荣誉感、责任心等，对于组织指挥生产，也可创造一定的方便条件。

挂牌制度包括单位挂牌和个人佩戴标志。按照企业内部各种检查评比制度，将那些与实现企业战略任务和目标有重要关系的考评项目的结果，以形象、直观的方式给单位挂牌，能够激励先进单位更上一层楼，鞭策后进单位奋起直追。个人佩戴标志，如胸章、胸标、臂章等，其作用同着装类似。另外，还可同考评相结合，给人以压力和动力，达到催人进取、推动工作的目的。

（七）色彩的标准化管理

色彩是现场管理中常用的一种视觉信号，目视管理要求科学、合理、巧妙地运用色彩，并实行统一的标准化管理，不允许随意涂抹。这是因为色彩的运用受多种因素制约。

1. 技术因素。不同色彩有不同的物理指标，如波长、反射系数等。强光照射的设备，多涂成蓝灰色，是因其反射系数适度，不会过分刺激眼睛。危险信号多用红色，这既是传统的习惯，也是因其穿透力强、信号鲜明的缘故。

2. 生理和心理因素。不同色彩会给人以不同的重量感、空间感、冷暖感、软硬感、清洁感等情感效应。例如，高温车间的涂色应以浅蓝、蓝绿、白色等冷色为基调，可给人清爽舒心之感；低温车间则相反，适宜用红、橙、黄等暖色，使人感觉温暖。热处理设备多用属冷色的铅灰色，能起到降低"心理温度"的作用。家具厂整天看到的是属暖色的木质颜色，木料加工设备则宜涂浅绿色，可缓解操作者被暖色包围所涌起的烦躁之感。从生理上看，长时间受一种或几种杂乱的颜色刺激，会产生视觉疲劳，因此，就要讲究工人休息室的色彩。如纺织工人的休息室宜用暖色；冶炼工人的休息室宜用冷色。这样，有利于消除职业疲劳。

3. 社会因素。不同国家、地区和民族，都有不同的色彩偏好。例如，我国人民普遍喜欢绿色，因为它是生命、青春的象征；而日本人则认为绿色是不吉祥的。

总之，色彩包含着丰富的内涵，现场中凡是需要用到色彩的，都应有标准化的要求。

三、推行目视管理的基本要求

推行目视管理，要防止搞形式主义，一定要从企业实际出发，有重点、有计划地逐步展开。在这个过程中，应做到的基本要求是：统一、简约、鲜明、实用、严格。

（一）统一

统一，即目视管理要实行标准化，消除五花八门的杂乱现象。

（二）简约

简约，即各种视觉显示信号应易懂，一目了然。

（三）鲜明

鲜明，即各种视觉显示信号要清晰，位置适宜，现场人员都能看得见、看得清。

（四）实用

实用，即不摆花架子，少花钱、多办事、讲究实效。

（五）严格

严格，即现场所有人员都必须严格遵守和执行有关规定，有错必纠，赏罚分明。

四、目视管理的着眼点

（一）作业流程

大家知道出门旅游都需要一份导游图，为的是方便行程安排，最大限度地减少旅途疲劳。同样一个好的作业流程也需要精心设计，以满足以下要求：

1. 作业的有序连接。各作业工程有序连接，可以减少移动及重复流动所造成人员和时间的浪费。其作用是节省时间、提高生产效率、增加生产数量。作业流程图如图10-1所示。

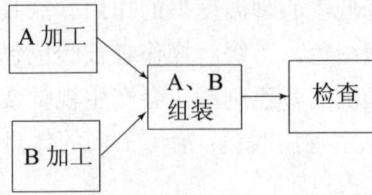

图 10-1　作业流程图

这可杜绝后工程完成品再投入前工程加工这种逆转流程，流水线方向左进右出为作业流程的基本方式。

2. 材料加工、部品——成品流程目视化。部品（材料）投入前放置区要明确化，生产线投入中的未加工品、加工完成品、生产线中间停滞品以及完成品、不良品、修理品、落下品的明确区分或者放置场所明确化并要进行标示。

物品放置示意图如图10-2所示。

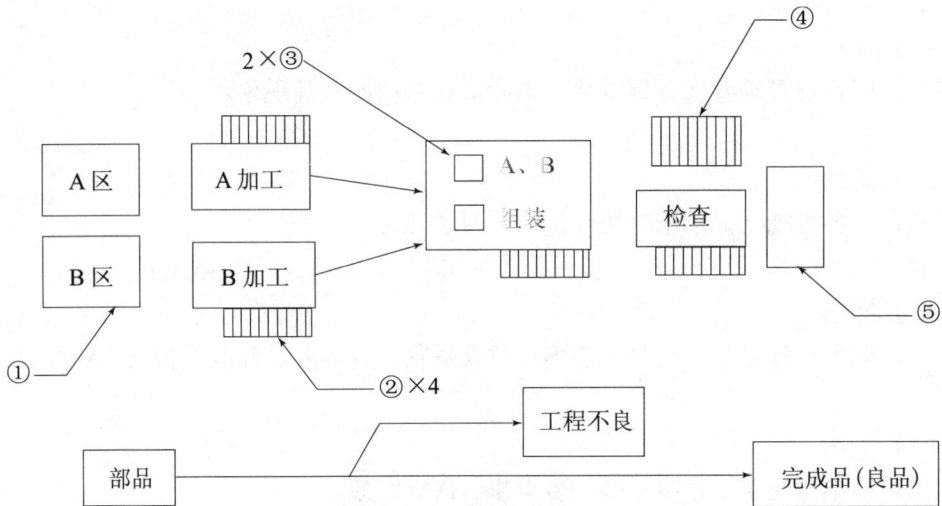

图 10-2　物品放置示意图

部品的处置情况见表10-6。

表 10-6　部品的处置

内容区分	内　　容
①	材料部品置场（当日份）
②	生产线各工位不良置场（2 小时 / 份）
③	工程间停滞品（3 ～ 5pcs）
④	当日不良品置场（项目不区分）
⑤	良品（完成品）置场（定量入库）

（二）置场定位标示

部品（材料）、工程间半成品（停滞品）、不良品以及完成品（良品）置场一旦确定后，就必须定位并作标示，不得用作他用，而且要固定坚持使用，久而久之习惯就会养成，而且无论谁到现场，一看就知道投入前部品放在何处，哪个工位不良较多，都是些什么不良，完成品与不良品区分明确等等，这就会让人清楚明白，让人放心。如果部品材料混放，各工位没有不良品放置区，不良品盒也不分类，没有明确的不良品置场（全日不良品）就很难让人相信，是不是真的没有不良品，不良品放在哪里，是不是混在良品中流下去了，生产管理混乱等等一些疑问让参观者猜测，很难放心将订单交给这样的工厂，虽然这些都是顾客心理，但往往这种心理会使人改变主意。

以上置场区分定位完成后，下一步工作就是对具体位置进行标示，在每个置场的正上方做出标示（包括置场名、工程名、加工名等），特别需要细分的要属不良品置场（不良品盒），要具体地在每个不良品盒上贴上不良内容，让人一看就知道不良品盒中装的是什么，是哪个工程制造出来的，这样可为每日不良品分析提供方便。如果分类不清楚，就无法对不良品进行管理跟踪，也就没有改善对策，改善品质也就成了一句空话，另外，不良品盒一定要用红色。

（三）作业指导、基准类资料现场揭示

作业指导书、加工条件表、管理图（X-R管理）、QC工程图、每日生产进度管理图、每周生产计划、生产计划实绩管理看板。

1. 作业指导书。它是一种指导作业员进行正确操作的基准类文件，挂在各工位的正上方，员工时常能看得见的地方。作业指导书包括以下内容：

（1）该工程的工程配置图（如图10-3所示）。标示出该作业的基本配置以及部品、设备、工具的摆放位置。从图中就可以看出此工位的基本布局，同时也可跟实绩对照确认。

（2）作业顺序以及每一项的作业方法、作业内容。要具体详细地对每一顺序的要领及作业重点、内容先后顺序逐一讲解说明。

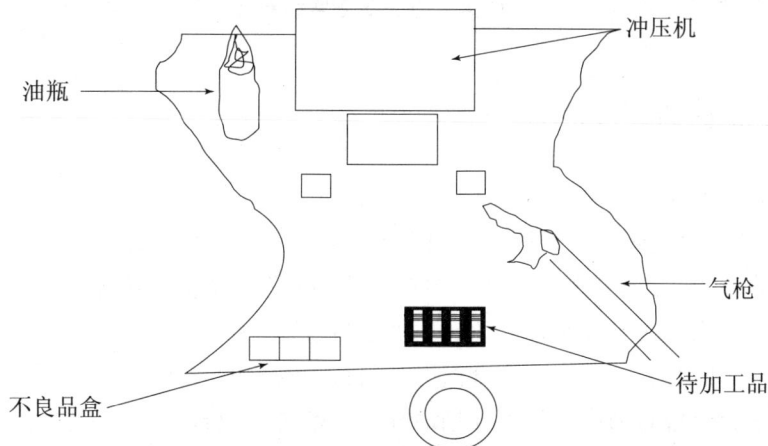

图 10-3　工程配置图

例：第一，左手从部品盒中取一粒待加工的部品放入冲压机下模上，并用右手辅助定位放好。

第二，确认放置好后，双手同时按下左、右开关，进行冲压成形。

第三，冲压完成，上模复位后，右手持钢针牙刷、气枪，取下制品。刷净模芯，吹落废料。

第四，重复第一项。

（3）管理重点（注意事项）：按作业顺序逐项逐条指出作业要领、管理重点以及注意事项。

例：第一，要注意部品放置位置，确认是否放入模具凹槽内，可以感觉到"咔嚓"声，就证明放入正确。

第二，双手一定要同时按开关，如果其中一个开关失灵时要报告维修，切不可故障状态下使用，防止压伤手。

第三，残余废料是否清除干净。

第四，特记：如该工程有特别要求等项目记入。

第五，工具、道具等，是否需要配备何种作业防护（如手指套、手套、口罩等）。

2. 生产计划实绩管理看板。此管理看板是用来确认该班、组长在单位时间内是否按计划完成预定生产数量的一项现场管理。如图10-4所示。

生产计划实绩看板

班　名：A-01班主管组长班长

制品名：SH-1102

目标：200件/小时

日生产目标：2000件18秒/PCS

时间项目	8:00～10:00	10:00～12:00	13:00～15:00	15:00～17:00	18:00～20:00
计划	400	400	400	400	400
实绩	380	410	405	400	415
实累加	380	790	1 195	1 595	2 010

图10-4　生产计划实绩看板

五、目视管理的方法

（一）如何进行目视管理

为有效地实施目视管理，有固定的规则，希望把力量集中在以下几点：

1. 前期阶段：在工作现场彻底地实施"5S"，以确立现场改善的基础。

2. 现场全体人员讨论什么样的信息适用于目视管理。

3. 以管理、监督者为中心，充分商讨活用目视管理的方法。

4. 以管理、监督者为中心，有计划地导入、推进目视管理。

5. 导入后检查其效果。

（二）目视管理导入的顺序

为使目视管理确实地着陆于生产现场，有以下的基本导入顺序。按此顺序致力于导入工作，工厂全体人员努力是最有效果的，当然也有先以某工作现场为试行点，待进入正常轨道后，再采用水平式的横向展开法。

总之，决定后，全体员工就要成为一个整体，共同推进。其顺序如下：

1．明确导入目视管理的目的。

2．明确工厂整体、工作现场存在的问题和课题。

3．为解决这些问题、课题，明确设定改善的项目和指标。

4．设定目视管理的道具。

5．召开工厂全体人员的说明大会，以取得有关人员的理解。

6．实施目视管理。

7．确认实施效果。

（三）没有目视管理会发生的问题

没有进行目视管理的工作现场，是以维持现状、事后追踪管理为中心的，对在工作现场发生的各种各样的问题，处理速度上有过慢的倾向。此外，以下问题也可能发生。

1．工作现场的活动方针和目标不能成为全体作业人员共有的。

2．共同努力的目标不清楚，在工作现场感觉不到生机。

3．即使发生了故障、异常，相互之间也难以迅速采取适当的协助体制。

4．公司内部发生了问题，信息在内部难以相互传送。

5．在工作上总感到难以在整体情况上进行交流。

（四）目视管理产生的效果

导入目视管理可期待取得以下的效果，为使期待的效果出现，其前提条件就是公司全体员工连续不断地努力。

1．提高生产效率。

2．降低成本。

3．促进公司内部的情报交流。

4．提高作业效率。

5．提高事务处理的效率。

6．提高管理、监督者的能力。

7．彻底地进行预防性管理。

8．提高品质。

最终目的是：形成人际关系良好，使人有干劲地、愉快地进行工作的作业现场。

任务落实

请联系一个公司，参考所学的知识，调查公司的目视管理。

参考文献

[1] 李陶然. 现代生产运作管理实务. 北京：北京大学出版社，2010

[2] 孙永波. 生产与运作管理. 北京：科学出版社，2010

[3] 许兆祥，汪政. 生产与运作管理. 北京：机械工业出版社，2011

[4] 陈荣秋. 现代生产运作管理. 北京：北京师范大学出版社，2010

[5] 刘丽文. 生产与运作管理. 北京：清华大学出版社，2010